中公文庫

回想十年（下）

吉田　茂

中央公論新社

目次

第二十三章　超均衡予算をめぐる苦心　21

一、第三次内閣劈頭の諸問題　22

大蔵大臣に池田勇人君を／初閣議に経費節約を強調

ドッジ顧問の腹を探る／公約丸潰れのドッジ案

減税ついに容れられず／追及された公約不履行

二、昭和二十四年度予算の特色　31

総合的均衡ということ／狙われた復興金融金庫

価格調整補給金の整理

三、単一為替レートの設定　37
突然言い渡された三百六十円
単一為替設定対策審議会のこと
経済安定政策の波紋／早くも流れる円価切下説
已むを得ない或る程度の摩擦
四、シャウプ勧告と減税の実現　44
シャウプ勧告に減税を期待／経済安定より経済復興へ
ドッジ公使二度目の来訪／病床から病床へ手紙で指示
減税九百十三億円に成功
五、ドッジ・ラインの緩和　49
漸く高まる緩和要請の声／池田渡米に託した使命
いわゆる渡米土産事件のこと／総司令部の誤解を解く
苦心の作文〝総理大臣談話〟

第二十四章　朝鮮戦争から講和独立へ　63
一、日本経済の様相一変す　64
新しい姿のインフレーション／経済統制復活論も出る
選挙公約の実現を急ぐ／お流れとなった米の統制撤廃
二、朝鮮ブーム以後の財政経済　68
頻りに起った金融上の諸問題
対日援助打切りと日米経済協力
減税強行にドッジ氏の不満／再び米の統制撤廃で逸機
閣僚の不満を説得す
第二十五章　〝一兆円予算〟に至るまで　75
一、四ヵ月遅れた二十八年度予算　76
政局安定を求めて安定を得ず
向井忠晴君を大蔵大臣に迎える／インフレ予算の非難起る

二、二十九年度予算と緊縮財政　80
〝一兆円予算〟ということ／予算規模膨脹の要素増す
小笠原大蔵大臣を督励する／成果を収めた一兆円予算

第二十六章　三度に亘る行政整理　87

一、第三次内閣劈頭の大整理　88
出来れば避けたい嫌な仕事／経済九原則の線に沿って
定員法という特別立法／険悪な空気の中で整理を完了

二、第二回の機構改革と人員整理　96
機構改革に竜頭蛇尾の評／十二万余名の整理を予定す
またも難航した定員法改正案

三、待命制度による人員整理　100
常例によって社会党が猛反対／特別待命と臨時待命

【回想余話】行政整理のお手伝いをして（増田甲子七）

第二十七章　復興再建の跡を顧みて　107

一、戦後流行した悲観論の実体　108
日本国民の優れた能力／横行した根拠なき悲観論
〝アジアの孤児〟になったか
破壊活動防止法と警察法との場合
教育立法に向けられた歪曲誹謗

二、国民に残された重大課題　114
日本は〝隷属〟していない
米国の対日観にも思い過ぎがあった
改革は自発的に、且つ着実に／考慮を要する選挙の在り方
日本国民よ、自信を持て

第二十八章　わが国の進むべき道　123

一、外交と国際信義　124
興隆衰頽の跡を省みて／外交は権謀術数に非ず
日本の誠実を称える二つの著書／中立主義は二股主義
いわゆる反米感情の実体／時代の風潮に憚る言論人
新しい意味の「曲学阿世」

二、対米協調の必然性　133
巧まずして発展した事実関係／経済的にも必然の道程
欠くことのできぬ外資の導入／一切の前提は安全保障
日米共同防衛体制の真価

三、国家群結合の二つの姿　139
自由国家群と共産国家群／いわゆる英連邦の結合ぶり
記憶すべきネール首相の言葉

四、英、米両国民気質の比較　143
英国流外交と米国流外交／独善に陥り易い米国流
英国人の〝反米感情〟
五、新時代の国防体制　146
自衛隊創設育成の苦心／望ましい隊員への敬愛感
近代国防観念と日米共同防衛／基地反対の俗論に憚る勿れ
日本は狙われている
六、産業立国の諸問題　155
干拓、開拓による農耕地の拡張／わが国にも有望な酪農産業
〝修繕のための道路建設か〟／観光事業に一外人の忠言
交通通信の改善は外債によれ／イタリーの移民・日本の移民
賠償の履行は善隣友好の機会／世界貿易の悩みを救う道
七、民主政治の根本義　165
民主政治は寛容の政治／政党の争いを君子の争いとせよ
片山内閣に対処した私の信念／望ましきは政争の節度

選挙過多の弊を除け／民主政治における官僚の在り方
大蔵官僚は斯くありたし／特に外務官僚について
【回想余話】第一次吉田内閣の閣僚として（石橋湛山）
【回想余話】学者グループと吉田総理（和田博雄）
【回想余話】祖国再建の鬼（鈴木正文）

第二十九章　私の皇室観　189

一、君主制と民主主義　190
皇室と国民との不可分性／祭政一致ということ
道徳的中心としての皇室／日本の皇室と英国の王室
プリヴィ・カウンシルというもの／陛下の御諮問に応える機関
皇室と国民とを結びつける所以／〝国際的家族生活〟への道
「臣茂」の非難について／先進君主国は民主主義国歴史と伝統とを尊重せよ
二、天皇、皇后両陛下　203

第三十章　外交官生活の回想　211
一、外務省勤務の初期　212
外交官への道を選んだわけ／そのころの外務省
いわゆるチャイナ・サービス／ワシントン行き取消しとなる
二、パリ平和会議に随行　218
生れて初めての猟官運動／首席全権西園寺公のこと
人種平等の提案と牧野伯／別に高遠な先見や自覚は……
三、外務次官から駐英大使まで　224
お流れになった〝高等官一等〟／〝大丈夫か、大丈夫です〟
駐米大使を断わる／駐英大使二年有余の印象
四、外交官生活の教訓　229
枢軸の脅威と英国の隠忍／汲むべき宥和政策の意義
萩原先輩の処世訓を守る／惨憺たりし全権附秘書官の失敗

五、外交に関する二、三の所感　235
任官以来の外務大臣のこと／いわゆる〝お雇い外人〟の効能
何より必要な外国語の勉強／英語に関する幣原さんの逸話
斎藤博、白鳥敏夫両君の英語／玄人外交家と素人外交家
外交のことも〝餅は餅屋〟
【回想余話】内政、外交の高い識見（田中耕太郎）
【回想余話】吉田さん出馬（石井光次郎）
【回想余話】和田農林大臣の由来（武見太郎）

第三十一章　思い出す人々　257

一、西園寺公と牧野伯　258
温厚にして峻烈な西園寺公
連盟脱退反対を説いてたしなめらる
先輩にして義父たりし牧野伯／質素だった伯の生活ぶり

二、寺内元帥と山本権兵衛伯　263
陸軍大臣と領事官補／寺内さんに叱られた話
海軍の大御所山本大将／烈々たる気魄と温い教訓
後輩を指導する思いやり
三、外務省の諸先輩　269
剛腹で緻密だった加藤高明伯／得難い国際人本野一郎子
粘り強さで知られた珍田捨巳伯
カーゾン卿を参らせた珍田さん／原敬総理のフランス語
四、田中男と幣原男　275
田中外務大臣の下で次官勤務／大臣直接に自薦の談判
〝こいつ馬鹿じゃなかろうか〟／張作霖将軍から虎の皮
最も外務省的だった幣原さん／幣原さんに楯ついた話
幣原さんとペニシリン／後藤新平大臣と幣原次官
田中外交と幣原外交
五、英国の二人の首相　287

チェンバレン英首相のこと／返上したいチャーチル卿の吉田評
ブランデーではない、ウィスキーだ
コップの水・地中海の水／チャーチル卿の名言
六、マッカーサー元帥のこと　293
わが皇室の理解者としての元帥／北海道の赤化を防いだ元帥
玩具の驢馬と老将軍
七、近衛公に繋がる失敗談　300
スパイ禍も公と縁つづき／不覚、酒に酔って乗り越し
シャンペン化して靴となる
第三十二章　書簡と論文　305
一、憲法調査会に対する公述書　306
憲法改正草案要綱の生まれるまで
マッカーサー元帥との関係について

日本政府の立場、特に戦争放棄について
枢密院及び帝国議会審議経過
最近の憲法改正意見に対する私見
二、重光全権に与うるの書　323
三、平和条約締結五周年を迎えて　326
【回想余話】大蔵大臣から見た吉田総理（小笠原三九郎）
【回想余話】吉田総理を偉いと思ったこと（水田三喜男）
第三十三章　施政方針演説（衆議院）　341
第九十帝国議会の施政演説——昭和二十一年六月二十一日　342
第九十一帝国議会の施政演説
——昭和二十一年十一月二十七日　346
第九十二帝国議会の施政演説——昭和二十二年二月十四日　351
第四国会の施政演説——昭和二十三年十二月四日　359

第五国会の施政演説――昭和二十四年四月四日 364
第六国会の施政演説――昭和二十四年十一月八日 370
第七国会の施政演説――昭和二十五年一月二十三日 379
第八国会の施政演説――昭和二十五年七月十四日 384
第九国会の施政演説
――昭和二十五年十一月二十四日 390
第十国会の施政演説――昭和二十六年一月二十六日 395
第十一国会の講和問題報告演説（省略） 400
第十二国会の施政演説――昭和二十六年十月十二日 401
第十三国会の施政演説――昭和二十七年一月二十三日 403
第十四国会の施政演説（解散のため行われず） 411
第十五国会の施政演説
――昭和二十七年十一月二十四日及び翌二十八年一月三十日 411
第十六国会の施政演説――昭和二十八年六月十六日 420
第十七国会の施政演説（施政演説なし） 425
第十八国会の施政演説――昭和二十八年十一月三十日 425
第十九国会の施政演説――昭和二十九年一月二十七日 428
第二十国会の施政演説――昭和二十九年十一月三十日 433

【回想余話】娘の立場から（麻生和子）

〈附録〉問題となった本書著者の発言　449
「不逞の輩」の年頭の辞／「曲学阿世の徒」ということ
「汚職は流言飛語」

解説　井上寿一　465

本文中、【編集者註】は、底本刊行当時のものです。〔　〕は、今回の文庫化にあたって編集部で補ったものです。

回想十年（下）

第二十三章　超均衡予算をめぐる苦心

一、第三次内閣劈頭の諸問題

大蔵大臣に池田勇人君を

特にいうまでもないことであるが、私が予《かね》て痛感していたことは、先ず時局を安定せしめ、国家の再建、財政経済の復興の実行に強く踏み出すのには、どうしても強力にして比較的長期の政権が何よりも必要だということであった。幸いにして、昭和二十四年初頭の総選挙においては、私たちの民主自由党が絶対過半数を得た上に、民主党連立派の協力を得ることが出来たので、第三次内閣は大体において私の期待に近い長期安定政権として生れることとなった。それにつけても、大蔵大臣の選定には、従来になく私自身大いに慎重を期したいと思った。というのは、誰を選ぶにせよ、私としては強力にその後楯となって、経済の安定から復興へという難事業に力を揮《ふる》って貰うようにしたい、と固く決心していたからである。

一方総司令部の方にも色々動きがあり、特に米本国の意を受けて、日本の経済立て直しのためには相当思い切った荒療治もしなければならぬ、というような声明もあって、二月一日にロイヤル陸軍長官に同行して来たドッジ氏（註）がそのまま公使の資格で財政経済問題処理の顧問として残るという時であり、既《すで》に大屋《おおや》〔晋三《しんぞう》〕兼任蔵相からも、ドッジ氏の意見として、インフレーション収束のためには絶対に均衡予算を組むべきであること、国民には耐乏の覚悟がなくてはならぬこと、そういう風にして、はじめて米国の援助も有効に役立ちうるものであること、従って、二十四年度の予算については、多少時間を掛けていいから、慎重に練り上げるようにしたいと言っていること、などを聞いていたので、この際、この衝に当る大蔵大臣には、十分総司令部側とも自信を以て折衝しうるような人を選びたいと思っていた。そういうわけで経験もあり、計数にも明るい、真面目な、大蔵省出身の池田勇人《いけだはやと》君のことが頭に浮んだのは、それほど考えた揚句《あげく》という程のことではなかった。入党間もない池田君ではあったけれども、その人物も大体知っていたし、大蔵省の仕事にはよく通じてもおり、存分に働いて貰えると考えたわけだ。

【編集者註】 ドッジ氏（Joseph M. Dodge）はデトロイト銀行頭取がその本職で、日本来訪前には、西独の幣制改革を指導した。後にアイゼンハウアー政府の予算局長を務めたこともある。

初閣議に経費節約を強調

さて、組閣直後の初閣議で、私は特に発言を求め、「いわゆる九原則をはじめ、経済安定政策の遂行のためには、どうしても均衡予算の実現を図らなければならぬ、このため、各省は徹底的な冗費の節減を励行して貰いたい。三月の年度末になって、その年度の予算を使い切っておかないと、次年度の予算が貰えないなどという考えで、旅費その他を浪費するようなことは、断じてやめて欲しい」と強く希望を述べたが、それは私が、是非ともインフレーションの収束をやらねばならぬ、経済を立て直さなければならぬ、そのためには財政の面が弛緩《しかん》していてはいけない、どうしても締めるところは締めるという体制を固めなければならないという気持を持っていたからで、人に智恵をつけられたり、誰かが書いたものを読み上げたりしたわけではなく、全く自分でそう考えての発言だった(註)。そして全閣僚がこれを諒承してくれたのである。

【編集者註】吉田総理は第三次内閣の初閣議後(二月十六日)、直《ただ》ちに新聞記者会見を行い、次の如き「首相談話」を発表するとともに、記者団との一問一答において、共産党の反税闘争及び小学校教員の赤化活動を厳重取締る旨も言明した。
『今次総選挙の結果、健全な保守主義を基調とする政党が最多数を占めた事実は国民諸君が全然主義政見を異にする政党間の妥協による不明朗な政局にあきたらず、真に志を同じゅうする政党による政局の長期にわたる強力な安定を切望していると同時に、着実穏健な民主主義を擁護していることを現わすもので、極めて意を強くする。敗戦により、我国は困苦と欠乏のどん底に落ちこんだのであるが、連合国、特に米国の援助を得て、我国経済が復興の徴候を見せつつあることは慶賀にたえない。この際政府は、均衡財政の堅持、行政機構の刷新整理ならびに綱紀の粛正を断行して、時局の要請にこたえるとともに、一切の浪費を除こうとするのであるが、国民諸君は最大限度に勤勉の成果を発揮されたい。政府は国民と一体となって、経済九原則を強力かつ忠実に実行することを誓うものである。然るに、敗戦後の国民思想の混乱に乗じ、現下の国情をいささかも省みず、無責任な言動をほしいままにし、破壊的な意図のもとに行動しているものもあるが、われわれは祖国の安寧と国民の幸福を擁護するため、断乎としてこれを排撃せんとするものである。』

ドッジ顧問の腹を探る

ところで問題の二十四年度予算だが、これには過ぐる総選挙における党の公的である減税もとり入れ、価格調整費や行政費を削り、公共事業費や失業対策費は増額し、特別会計の独立採算制を貫いて運賃や料金の引上げも已《や》むを得ずということで、可成《かな》り思い切った緊縮財政方針の下に、その編成を準備した。大体のところは解散前からそういう気持でいたから、大蔵省の方でも事務的に準備を進めていたので、組閣早々ではあったけれど、時期の関係もあるので、一応総司令部の方に提示して折衝を始めることにした。

総司令部との折衝といっても、池田君は専《もっぱ》らドッジ氏と会い、いわばドッジ氏の腹を探るといった類《たぐい》のものだった。ドッジ氏の考え方と自分の考え方とを色々とつき合せていったわけで、従来のように課長とか部長とかいうところとの細かい折衝には仲々入らなかったようであった。池田君の話で、ドッジ氏が、今までの総司令部の人達とは相当違った考え方を持っており、殊《こと》に総司令部内のニュー・ディーラー達のやり方に対しては批判的であるということであった。例えば国内物資に価格差補給金を出していることや、輸入価格を低く抑えて物価を抑制していることを、「竹馬の足」と呼んで、これは切らねばならぬといったことなどを聞き、大体私達と同じような考え方をしている人だという印象をうけ、池田君がドッジ氏ととっくり話し合って、いい予算を作ってくれればよいが、と思っていた。ただ、取引高税の廃止や所得税の減税という、党としては表看板のようになっている公約には、ドッジ氏があまり賛成していないということを聞いて、それは日本の国民負担の実体をまだよく知らないためのことだろうから、それは是非とも実現するように話をつけて欲しいと池田君には頼んでおいた。

公約丸潰れのドッジ案

そのうちに総司令部の方でもドッジ氏を中心にして予算案の大綱を練り上げ、三月二十日頃だったか、わが方にこれを内示して来たが、その内容は、切る切るといった価格差補給金がわが方の案の七百億円の約三倍の二千億円くらいに膨《ふく》れ上っていて、私達が望んでいた公共事業費は七百五十億円が五百億円に削られている。税の方は一切希望が容《い》れられていない。まさに党の公約は完膚なきまでに潰されてしまったものであった。

池田君もあとになってからは随分強気になったけれど、この時は大臣になって最初のことであり、色々努力した結果がこのようなことになって、申訳《もうしわけ》ない、党に対しても辛いと考えたらしく、一時は大臣を辞任するというところまで思い詰めたらしい。私は別の筋から、ドッジ氏が大いに池田君を買っていて、特に物の考え方といい、計数の折衝といい、是非池田を辞めさせずに今後も仕事を続けさせるようにした方がよいという意見であることを聞いてもいたし、大体これくらいのことで投げ出すのは早い、問題はまだまだこれからだと思っていたから、池田君を大いに激励して、もう一度でも二度でも総司令部と交渉するがよい、大体考え方は自分達と同じ線なのだから、その線に乗って纏《まと》めたらいい、党の方は私が抑えるからといって、とにかく大死一番奮起して貰ったような次第だった(註)。

減税ついに容れられず

総司令部からの予算案の内示があったことは、私の一存で一応伏せておくことにして、一週間程の間は特に減税の交渉を強く進めて貰った。しかし結局、話は一向に打開されず、ドッジという人も頑固な人だけに、思い立って云い出したら、そう簡単に折れる見透しもないことが判ったので、党の方にも随分不満も多いようだったが、総司令部の内示案を受け入れることにした。しかし、私には池田君からの説明で、減税の問題については、いずれ税制全体の問題を洗い直しのため、米本国から専門家が来る予定で、その上で一つ考えようという話になっていること、価格調整費の二千億というのも、今まで隠れていた補助金を洗いざらいとり出して、それを二千億に切り詰めたものであり、年度内にでも何度か検討して、段々これを切ってゆくつもりであること、援助物資の見返り円収入はこれを別途資金として積立て、この資金の出し方を絞って、金融全体の調節をやり乍ら、場合によっては、これで復興資金を出すつもりであることなど、当時は表にはいえなかったけれども、ドッジ氏の考え方というものが判《わか》っていたから、まず第一段階のところは、総司令部のいう通りやってみたらいい、と決心したわけだったのである。

追及された公約不履行

四月に入って、国会で本格的な予算審議が始まったが、私は施政方針演説でも、特にこの予算の作成が政府の責任において具体化されたものであることを強調したつもりである。世間では、総司令部に押しつけられ、ドッジ氏に抑え込まれ、自主性のない大変な予算を作ったものだ、というような声もないわけではなかったから、特にその点ははっきり述べ、政府は幾多困難な事情のあるにも拘らず、まず均衡予算を作成し、真の自立再建をはかる決心であること、しかし、早急に根本的な行政税制の改革を断行し、均衡予算実施の途上においても税制及び徴税方法の改善を図り、他方歳出の面でも節約を行い、実績を得るに従って予算の補正を行い、国民負担の軽減に努力する覚悟であることなどを明かにした。今、手許にある当時の私の演説や、池田君の財政演説、青木《あおき》（孝義《たかよし》）安定本部長官の経済演説など、読み返してみて、誠に感慨深いものがある。

この画期的な予算の審議は、提案以来僅《わず》か十七日で可決されるという異例の速さだった。与党の内部にも、前述のように色々の不満はあったらしく、予算委員会で与党の一代議士が、大蔵大臣に対し公約不履行の責任を追及する質問をしたりした一幕があったが、私としては、出過ぎたことをいうものだという気持もあり、また大蔵大臣の立場を立てなければならないという気持でもいたので、あとでその代議士にはきつく注意しておいたようなことあった。野党側からは、予算の自主性喪失と、公約不履行の二点が主として追及され、最後には組替動議まで出たが、絶対多数で一蹴してしまった。多数党としての安定政権の強みを、まずこの国会で、はっきり知ったわけである。

【編集者註】池田勇人著『均衡財政』（二一六頁以下）中に次の如く記してある。

「こうして昭和二十四年度の予算案を議会に出す運びになったが、最初の予定にくらべると大変違い、極端な緊縮予算なので、与党の内部からひどい攻撃をうけた。ことに、私は政治に入ったばかりであり、一年生で生意気だという空気が強かったから、予算案はできたものの、私はまず辞職せねばなるまいかと考えた。その時私を助けてくれたのは吉田総理大臣である。吉田さんは経済のことなど分らぬにちがいないのに、とにかくやり給えといったきりで、それ以後はどんなことがあってもその立場を変えなかった。三年間に経済が安定したのは、ドッジの卓抜な功績だが、あの時吉田さんがぐらぐらすれば、たとえドッジがどういう注文を出そうと、絶対多数を持つ自由党が動かないかぎり、何ともできなかったに相違ない。今から考えると実に立派な見識だったと思う。

それから、そのときのことを別の意味で大野伴睦さんに感謝している。大野さんは党の長老で、私もいろいろ指導してもらっていたので、辞職せねばならぬと思ったとき、それを大野さんに伝えるのが礼儀だと思って、夜中に探し出して会った。大野さんも面倒な話は分らぬ方だが、黙って私の手を握って〝国家百年のためだ〟というようなことをいったきりだった。」

二、昭和二十四年度予算の特色

昭和二十四年度予算案は、以上のような経過で成立したが、この年の予算はドッジ・ラインだの、超均衡予算だのと俗称せられ、いわば画期的な財政の立て方であったので、ここにその特色について略記して置きたい。

総合的均衡ということ

まず、財政の均衡ということについては、従来はいわゆる一般会計予算が主として考えられ、それが均衡を得ておることが肝要とされ、且《か》つ、均衡を得ておりさえすればそれで事足るという風に考えられていた。然《しか》るに、昭和二十四年度予算においてはそのような安易な考え方を全く捨てて、一般会計のみならず、特別会計から、さらに政府関係諸機関を通じて、総合的に均衡を図るという方針を徹底した。これはもちろんインフレーションの進行を止めるための根本的措置として採られた方針であって、重大な意義と効果があったものと信ずる。

前年度までの予算の立て方では、一般会計は収支均衡を得ていたけれど、特別会計その他においては、公債または借入金が多分に利用されてきた。たとえば食糧管理特別会計では、米麦など食糧の買入資金は、一般租税を財源とすることなく、主として日本銀行にこれを仰いだ。また最も問題になった復興金融金庫の資金なども、大部分は日本銀行によって賄《まかな》われた。そうした遣り方が通貨増発の原因となり、ひいてインフレーションの誘因となっているということは、議論としては異論のないことであるけれど、そうかといって理論の教える理想の通りに厳格にこれらの資金を調達することも、それまでの習慣からも、実情からも容易なことではなかったもののようである。

ところが当時の事情、特に米国方面の要請は、年々巨額の対日援助を行うからには、日本の経済的安定と自立とが絶対的に必要であるというのであって、これは誠に尤《もっと》も千万のことであった。固《もと》よりそのような要請がなくても、終戦以来のインフレーションの進行を抑えて、国民生活の安定を図るためにも、政府として踏み切らねばならぬ当然の責任はあったわけで、その意味ではむしろ遅しとせねばならなかったかも知れないのである。

狙われた復興金融金庫

当時生産方面を見るに、非常に好調をたどっていたことは事実である。しかしその真相はといえば、年々数億ドルに上る米国の物資援助を受けつつあった賜《たまもの》というべきで、わが国自身の経済力の実体を示すものではなかったといわねばならぬ。むしろ生産増強に焦慮するのあまり、資金の濫費を招いたと非難されても致し方のない状態であったといえよう。

そうした濫費の代表的なものとして復興金融金庫の融資が指摘された。そのため復興金融金庫は昭和二十三年度限りその機能を停止され、別に援助物資の見返代金を積立てて、見返資金勘定と称せられる金融方式を設定し、これによって重要生産の資金を賄うこととなった。そういうわけで、昭和二十四年度予算においては、復興金融金庫に対する政府出資金三百三十億円が計上されたけれど、それは全額この金庫の債務の消却に充《あ》てられた。のみならず、新規貸出業務は一切停止され、当時残っていた千数百億円の既往貸付を専ら回収する機関となってしまった。

また右の外に、外国貿易特別会計の所要資金についても、一般会計から四百余億円が繰り入れられた。このように一般行政費の収支と性格を異にする会計の資金を、租税によって支弁することは、多年の慣行に対しては異例の事に属するものだというので、政府部内でも随分議論が多かった。しかし当時の情勢は、そうした異例の措置をでも、思い切って断行するのでなければならなかった。そして私としてはその衝に当る大蔵大臣を、飽《あ》くまで支持する外はなかった。このようにして、国民の税金によって、一般行政費を支弁するに止まらず、さらに特別会計の運転資金を賄い、その上に既往の債務の償還をまで行うといった遣り方を指して、世間で超均衡予算と称したのであろうが、誠に正に均衡以上の均衡予算であったわけである。

価格調整補給金の整理

次にこの年の予算の特色とすべきものは、価格調整費と称せられる補給金が整理されたことである。ドッジ公使によって当時「竹馬の足」と呼ばれた日本経済の不自然の一つは、多額の補給金が国庫の負担において支出せられていた点であった。当時の対外貿易は総司令部によって管理されていたが、為替換算率は品物によって区々《まちまち》であり、且つ大差があったために、貿易の収支を扱う特別会計の中で価格補給の操作が行われながら、その正体は必ずしも明かでなかった。それは実質的にいって、特定の製造業者や消費者に対する政府の補助であるが、これを適当に整理改廃するには、まず第一着手として予算上に明白に現わす必要があった。そうした趣旨から、昭和二十四度においては、価格調整費として二千二十二億円が洗い上げられて歳出面に計上された。前年度の六百二十五億円に対比して、一見異常なる膨脹ぶりであったが、これは右に述べたように、従来貿易会計の中に姿を隠していたものを、改めて目に見える形に計上し直したためであった。然もそれは実質的には前年度より削減されたものだということであった。

【編集者註】以上のようないわゆる超均衡予算における支出を賄うためには、勢い収入面における増収が必要であったが、この年の国税、地方税、専売益金を合わせて国民一人当りの負担は、前年度の六千百四十円から九千五百四十二円へと約五割を増したと計算された。これについては、世間では増税だとか、苛斂誅求《かれんちゅうきゅう》だとかの非難が強かったが、ドッジ公使はその特別声明の中でこれを否定し、「本年度予算の税収は、既存の税率のままであり、ただ税率の適用される収入と価格の水準が高くなっているだけである。これはインフレーションの一産物である」といっている。そしてさらに「税率そのものは確かに高い。しかし徴収能率は極めて低い。国民の一人一人が各自の税負担を進んで引受けるのでなければ、税率の公正化も能率化も期し難い。国民が心から納税の義務を果すときにのみ現行税率の緩和が許される」と、財政に対するその厳しい態度を半面から示している。

【編集者註】池田勇人氏はその著『均衡財政』（二一七頁以下）の中で次の如く記述している。

「この予算案で、一つ私に思い残しがあるのは、減税のことである。補給金を切れば生計費が上るからそれを幾分でも緩和する意味で所得税を減ずべきだ、ことに自由党は選挙で減税を公約したのだから、その方向だけは具体化すべきだというのが私の議論で、ドッジと十日程も渡り合ったが、先方は眉一つ動かさない。随分ひどい爺さんだと思った。ところが、ある土曜日の午後になって、司令部の中の私と親しいある人から、月曜日の昼過ぎもう一度折衝してみろ、できるかも知れない、という話があった。その人は滅多にいい加減なことはいわぬ人だから、私は天に昇る心持だった。結果はやっぱり駄目で、その時のことを私は長く不思議に思っていたのだが、二年ほど後になって事情がわかった。それは月曜日の朝、自由党の幹部が何人かドッジを訪ねて減税の談判をした。その人達は、私を側面援助する積りで、国民のためと思って渡り合ってくれたのだが、それが全く反対の効果を生じて、ドッジは一度はきめかけた決心をまた引込めたらしい。『占領軍が日本の国内のポリティックスのために動かされたといわれるのがいやだったから』というのがその理由のようである。ドッジの頑固さがこれでも良くわかる。もっともその時はドッジも日本の一年生で、吉田さんとその自由党が日本の安定のためにどれほど大切か、ということも、まだはっきり実感できなかったためでもあったろう。」

三、単一為替レートの設定

突然言い渡された三百六十円

先にも述べたことだが、日本経済の国際経済への復帰ということが、経済についての私の基本的な考え方だった。それは、日本が一日も早く国際社会の一員として、真の独立国家として占領から解放される日の到来を待望したからに外ならなかった。経済の自立なきところに、真の政治の自由と独立とは望み得ない。当時「温室経済からの脱却」という言葉もあったが、あまり温い居心地のよい温室ではなかったけれど、日本という狭い枠の中で封鎖的な経済の動きでいつまでもやっていてはいけない、そういう意味のことはよくわかっていた。

昭和二十四年度予算の成立に続いて日本経済の直面したのは、四月二十五日の単一為替レートの設定だった。これは私達政府の方としてもかねがね用意して待ち受けていたことであり、ただもう少し時期は遅れるというような観測をしていたときに、突然外電を通じて新聞に報道されると同時に、総司令部から言い渡されたものだった（註）。

【編集者註】 一ドル三百六十円の公定為替率の決定はワシントン政府によって行われたものであって、米国務省の発表は、「一ドル三百六十円のレートは一切の許可された外国貿易および為替取引に適用される。現在軍用レートの適用をうけている取引にも同様に新レートを適用する。ドル以外の通貨に対するレートは、国際通貨基金に登録されている当該通貨の対米公定レートを円・ドルの比率にもとづいて換算する」というのであった。この発表はUP電として四月二十三日附の日本の各新聞の朝刊に掲載されたが、同日午後に至り、総司令部はその特別発表として、右国務省発表通り、新為替率を設定し、これを四月二十五日より実施するよう日本政府に命じたことを明かにし、さらに次の如き説明を加えた。「㈠今回の措置は昨年十二月十九日の経済安定九原則を実施するための主要な施策である、㈡円レート設定は日本の官民ともに渇望していたものだが、今回これが実施されたのは日本が経済安定に向って進んでいることを反映するものであり、さきごろの日本国会が新予算を採択したことも同じく経済安定への発展の一つである、㈢新円為替レートは外国貿易をさらに常態化するための重要な要素となるばかりでなく、さらに日本産業の合理化を目的とする現行計画を促進するにも役立つであろう。」

単一為替設定対策審議会のこと

これよりさき、九原則の指令を受けるとともに、それまでは経済安定本部を中心として、大蔵省や商工省で事務的に研究していたのが、為替レート単一化の問題を、「単一為替設定対策審議会」（註）という特別の機関に移して、学者や実務家の人達にも研究して貰った。大体の結論としては、一ドル三百五十円くらいが適当なところかということと、予算を実施してしばらく経済の動き方を見た上で単一レートの設定に移ることが望ましいというようなことであったと思う。それだけに、突然の単一レートの指示に対しては、財界、特に貿易界は可成り衝撃を受けたようだった。しかし、池田君がドッジ氏から聞いたところでは、予算編成の基礎には一ドル三百三十円というレートを事実上使ったということだったから、大体そんな見当かと予想していたのに対して、一割方円安の三百六十円ということだったたから、その点では、少し手加減が加えられたな、という風に思った。何《いず》れにしても、それから後は、この一ドル三百六十円というレートを、日本経済運営の中軸として、このレートで日本の経済を安定させ、このレートで日本の輸出が伸び、このレートで日本の経済が復興する、そういう風にしなければならない。辛い産業も出てこようし、血の出るような努力も払わねばならぬだろう。そういった気持で、四月二十六日の閣議では、このレートの設定による輸入原材料の値上りは、企業努力によって吸収し、物価改訂は行わないこと、予算の単価は補正しないことなどを決定した。

【編集者註】単一為替設定対策審議会の設立されたのは二十三年十二月三十日で、

吉田首相を会長とし、民間から日銀総裁一万田尚登《いちまだひさと》、経団連会長石川一郎《いしかわいちろう》、東京商大学長中山伊知郎《なかやまいちろう》、東大教授東畑精一《とうはたせいいち》、同有沢広巳《ありさわひろみ》、慶大講師永田清《ながたきよし》、富士紡社長堀《ほり》文平《ぶんぺい》、江商社長駒村資正《こまむらすけまさ》、産業復興公団総裁長崎英造《ながさきえいぞう》の諸氏を委員とするものであった。二十四年一月にはこの審議会の一応の結論として次の如く日本側としての意向をまとめた。㈠レート設定は出来るだけ早いことを原則とする、㈡予算実施期たる四月ごろが望ましい、㈢レート基準は三百五十円見当を適当する。

経済安定政策の波紋

経済安定政策の実施が、色々な面で摩擦を起したことは否めない。たまたま世界経済の状況が、米国の景気後退と、英国のポンド不安と、そういったことで振わなかったこともあったのか、輸出が予期した程に出なかったのも一つの原因にはなったと思う。また復興金庫貸出の停止といったようなことが、金融面で大きく引締めの力になったこともあったろう。均衡予算による政府発注の激減ということもその原因だったろうし、見返資金や大蔵省の預金部が、資金を出さなかったことも要因の一つであるのかも知れない。価格差補給金の削減による企業の採算割れということは可成り大きな要素になっていたろう。ともかく、いわゆる企業整備とか、人員整理とかいうことが、五、六月の頃から本格的になり出して来た。日銀券が六月の四日に、三千億円の台割れになって、それがデフレーション的な兆候を示すものだという説明も聞かされた。政府としても行政整理の案を立て、下山事件などもあったが、ともかくやり遂げた。その代り、窮屈な財政の中で、失業対策や、行政整理に伴う退職手当のことは色々工夫もし検討も加えて、万全というわけには行かないまでも、できるだけのことはしたつもりである。

企業の合理化が主として人員整理という形で進められたのに加え、統制の撤廃がいわゆる闇ルートによって生活していた人々の職を奪う結果となり、またいわゆるデフレーションのしわ寄せが中小企業に対して強く響いたため、二十四年度の下期以降は、色々な意味での社会不安が大きな底流のようなものになって動き出して来たように思える。何月危機説というような言葉が流行して、今にも経済は参ってしまいそうな説をなす人もいた。私も、もとより覚悟していたことではあったが、こういうような摩擦や、不安も、畢竟《ひっきょう》新しい時代の生れ出る悩みであり、この悩みを克服しなければ元の木阿弥になるばかりだと思っていたから、出来るだけ手当はするように皆で考えて貰ったけれども、基本的な方針は断乎貫く決心で頑張った。

早くも流れる円価切下説

九月にポンドの切下げが行われたときなども、一部では愈々《いよいよ》輸出の先行を悲観したりする向きもあったようだったが、政府としては絶対に三百六十円レートを動かす必要なしという態度を、議論するまでもなく、早速に明かにしたのは、或《あ》る程度経済の進んでいる方向について自信が出来ていたせいもあったろうが、折角、安定政策の中軸として決めたレートに軽々に手をつけるなどということは到底考えられないという固い気持だったのだと思う。総司令部の方が案外あわてて「目下のところ円の対ドルレートは変更しない」などという曖昧な声明をしたため、却《かえ》って円レートについて、自信がないのではないかというような噂が出る結果になってしまった。

その後も一ヵ月位の間は円レート切下説が可成り有力に報道されたり、それがまたドッジ・ラインの修正緩和であるといったような議論をするものがあって、多少の動揺が見られたが、結局十月の中旬に、私どもの断乎たる決意の程をマッカーサー元帥の口から声明して貰って、やっと終止符を打つに至ったような始末だった。

已むを得ない或る程度の摩擦

財政の方を綜合予算の収支均衡ということでぐっと締め上げ、しかもその実行面も可成り徹底して締めて行ったので、金融の方でこれを適当に調整してゆかなければならないのだという話も、度々《たびたび》池田君から聞かされた。財政が資金を吸い上げて、それが過ぎると、デフレーションがひどくなって、いわゆる金詰りというのが度を越すと、経済全体が廻《まわ》らなくなってしまう、というような議論だった。日本銀行と一般の銀行の間の資金の出入りの関係をどうするかとか、何か色々難しい問題があり、日本銀行に新たに政策委員会というものを設けて、ここに産業界出身の人も入れて、広い視野から金融政策の問題を決めて貰うということになって、その委員の人選で色々と相談をした。委員会には相当骨のある人に入って貰わなければいけないと思っていたから、年来の知己である宮島清次郎《みやじませいじろう》君を説いて出馬して貰うことにした。宮島君は、そういう仕事をすることになると、会社や事業に関係を持つわけにはいかなくなるし、いわば第一線を退くような形になるので、どうかと懸念しないでもなかったが、快く引受けてくれたので大いに有難かった。

とにかく、今になってその当時のことを考えると、色々難しい問題はあったけれども、財政の均衡ということを中心にして、経済安定策の筋を通してゆくということが私どもの固い決意だったし、そのためには、或る程度の摩擦も已むを得ない、しばらくの辛抱だ、という気持だった。池田君などが、つい端的な物の言い方をする癖《くせ》で——尤も私も口はそう上手な方ではないが——例の放言をやったのは、もうたしか年が明けて昭和二十五年になってからのことだと思うが、その池田君自身にしてからが、やり抜こうという決意は強いものだったにせよ、二十四年の六月頃には、色々の摩擦をどういう風に緩和してゆくかということは考えていたと思う。緩和というと言葉は悪いが、要するに経済安定政策の展開の方法、進め方、そういったことを考え、また私にも色々報告してくれたものである。

四、シャウプ勧告と減税の実現

シャウプ勧告に減税を期待

私たちが何より残念だったことは、絶対多数の信任を受けた内閣で初めて組んだ予算において、かねがね公約していた減税が出来なかったことだった。苦しい経済の実情の中で、少しでも明るい気持を出して貰いたいという気持も手伝って、何とかして減税が実現出来ないものかという考えだった。しかし、徴税そのものがしっかりしていないのに、減税はやれないというのがドッジ氏の考え方で、それも誠に以て尤も至極のことだった。五月にシャウプ博士がわが税制改革のために来朝するときまったときは、これを減税の契機にしようと考え、博士の来朝を何となく味方の援兵が来てくれるような感じで迎えた。

ところが、折角来朝した博士の一行は、全国を歩き廻って、税制の実情を仔細に調査した上で勧告を出すということになった。慎重というか悠長というか、一刻も早く「減税の勧告」を出して、ドッジ氏等の総司令部側を説得してもらうように期待していたわが方としては、実に気を揉まされたものである。何しろ減税は、選挙の際の公約でもあるし、また国会の施政演説でも述べているところであっただけに、何とかものにしたいと考えた次第であった。

経済安定より経済復興へ

そこで一方では二十四年度予算の補正の用意も進める。またその後につづく二十五年度予算の姿というものを描いてみる。そうして税制改正についての勧告が出た場合に、それを具体的にどうはめ込むかということを準備しておく。それで秋にはドッジ氏にもう一度来て貰って話を決めたい。そういう風な心組みでいた。だから、この年は実に手早く予算編成の方針なども決めるような運びになり、八月のはじめ頃に、もう閣議をやって、均衡財政は続けるけれど、価格の調整費などは切って、財政規模全体の縮減を図り——これは減税のことを或る意味ではいっているつもりだったのだが——一方、失業対策などの費用も出しながら、公共事業とか、輸出促進とか、そういう経済基盤の充実という方向に経費の重点を指向していきたい、というようなことを決めた。安定から復興へ、といったような気持が、ここに出ているわけである。

八月の下旬に、待ち焦《こが》れていたシャウプの勧告が出た。いろいろの報告や勧告が含まれていたが、ともかく取引高税の廃止とか、所得税の軽減とか、私どもが期待していたような点は盛られていたので、ドッジ氏や総司令部方面をいち早く牽制する意味も含めて、この勧告を受け入れて実施に移したい、というような総理大臣声明を出したが、そのシャウプ勧告を機会に、補正予算と、二十五年度予算の計画は急速に進んで、具体的に減税額をどう見積るかというようなところまで行くようになった。

ドッジ公使二度目の来訪

シャウプ勧告の中にもわが方から見れば少からず無理な点もあった。例えば、所得税の最高税率の適用される線を三十万円にしているのは低過ぎるから五十万円ぐらいにする方がよいとか、勤労控除の一〇パーセントは、せめて一五パーセントとしたいとか、そのような手直しを日本側としては考えていたわけで、補正予算ではたしか百五十億円の減税というシャウプ案を、もう少し余計に、二百億円くらいまで見積りたい、というようなことだった。それで一方では歳入の自然増加の外に、どのくらい補給金が切れるか、物価体系がどう変って、そのため支出の殖《ふ》えるものと、支出の減るものとがどういう風になるか、給与問題をどうするかといったような交渉を総司令部側ともはじめるようになった。

次の第六回臨時国会は十月二十五日に召集されていた。ところが肝心のドッジ氏はなかなかやって来ない。予算は早く出せ出せと責められるけれど、総司令部の方としても、ドッジ氏が来ないことには決められないというわけで、可成りやきもきさせられた。十月三十日にドッジ氏が来ると、一週間くらいの間に、池田大蔵大臣といろいろ話し合って大体の線が纏まった。その時のことで記憶に残っているのは、値上げでも減税でもなんでもすべて一月一日以後実行ということ、いわゆる二十四年度から二十五年度にかけての十五ヵ月予算であるということ、米価問題、特に超過供出の場合の代金を二倍にするか三倍にするか、また食糧輸入量をどのくらいと見込むか、といったような食糧の問題がなかなか難しかったことなどである。

病床から病床へ手紙で指示

もう一つ、そのときのことを思い出すと、予算の話も大体目鼻がついた頃になって、池田君が慶応病院だったかに入院してしまったことがあった。病名は何だったか覚えていないが、ドッジ氏が「今、大蔵大臣に寝込まれては困る、何とか早く癒《なお》るように」ということで、マッカーサー元帥に頼んで、その侍医に何とかいう高貴薬を持たせて病院まで見舞に行ってもらったことがあった。ところが、御当人のドッジ氏の方も風邪を引いてしまい、明日が予算案の閣議決定という日に、病床から病床へ手紙を送って、池田君に色々難しい注文をつけたという。注文といえば、ドッジ氏は、私の施政方針演説にも予《あらかじ》め目を通して、「内閣成立以来、インフレーションも収まった云々」というところに、特に「今日までのところ（so far）」という言葉を入れるよう、訂正加筆をいってきたことを憶《おぼ》えている。

十一月の十四日に、やっとのことで閣議決定に運んで、補正予算を国会に出すこととなったが、あとで池田君に聞いた話によると、その日、ドッジ氏も閣議が無事済んだことを

非常に喜んで、

「これで池田のドッジ・フィーヴァー（ドッジ熱病）も治るし、私の池田フィーヴァー（池田熱病）も治るだろう」といったそうで、難しいことばかりいうかと思うと、なかなか、ユーモラスなところもある人だとその時思った。

減税九百十三億円に成功

ドッジ氏は十二月四日に離日したが、それまでの間、池田君は二十五年度予算の問題に絡んで、金融問題の考え方や、減税のことなどで話し合ったようだった。特に減税の問題では、ドッジ氏はシャウプ勧告以上の減税はしない、という大きな線を示し、しかも税収を完全に確保するような措置を採れ、ということを強く要請していたから、話を解きほぐすのもなかなか大変のように思われた。税制及び租税行政に関して総理大臣宛に書簡を送り、その中で脱税行為に対しては、刑事訴追の措置をとれ、とまで書いてあったくらいだったから、減税がもたらす財政上の効果については、余程慎重というか、徹底した考えのようだった。しかし、その後総司令部の方と強く交渉した結果、先に問題になった勤労控除の引上げや、最高税率のかかる線を五十万円に引上げることなど、日本側で希望していた線が認められ、九百十三億円という、シャウプ勧告の線を上廻る減税を二十五年度予算に盛り込むことができた。この九百何十億円というのは、減税には違いないが、税収がそれだけ減るのではなくて、税法を改正しなかったらどのくらい、税法改正後はどのくらいという見積額の差であって、当初予算を立てた税収額との差ではない。そこで税法上の減税とか、予算上の減税とか、難しい論議の種となった。

昭和二十五年度の予算案は、ドッジ氏が離日する前に大体の線はもう決めていたから、この減税の問題が片付くと、殆《ほとん》ど出来上った形になった。終戦処理費などの関係でも前年に比べて減ったし、特に価格調整費などは半分くらいになったと思う。失業対策費や公共事業費は増額になったから大体考えていたような線は纏まったわけだが、何よりも前年度に比し財政規模が縮減されたことは上出来だったと思う。

五、ドッジ・ラインの緩和

漸く高まる緩和要請の声

このようにして出来上がった昭和二十五年度予算案については、国会審議の途上、なかなか問題が多かった。中でも多額の債務償還を計上していた点が、更《さら》にデフレーション政策を進めるものである、とされ、さなきだに中小企業の倒産や休業、社会不安が増大しているときに、今後財政政策をどう展開してゆく積りか、見返資金や預金部資金の出し方にも問題があるが、金融政策全体をどういう風にするつもりか、などという論議が盛んに出た。また国会ばかりではなく、その頃には財界においてもドッジ・ラインを緩和せよとか、ディスインフレーション政策を修正せよとかいう声が次第に強く出はじめた。そこで、この辺の政策については、池田君がもう少しドッジ氏とじっくり話し合ってくれた方がよかろうと思ったし、それもドッジ氏の再来訪を待っていたのでは遅い、六月の参議院選挙の前までには少くとも大体の目途《めど》をつけておいて貰った方がいいと思ったから、池田君の渡米を思い立った。

池田渡米に託した使命

それというのも、ドッジ氏が離日するまえに、何かのパーティの時だったか、一度池田蔵相を米国へ寄越《よこ》しては、というような話が出たことがあって、成る程《なるほど》占領下において、万事総司令部の意向を伺いながら、閉された目と塞《ふさ》がれた耳で世界の動きを模索しているのでは、国際経済への復帰だの、経済の復興再建だのといっても本当ではない、池田君も視野を広くして今後の活躍に備えてもらおうという気持にもなったわけである。

池田君の渡米の話が決まると、出発の間際に、同君が私を訪ねてきて、「日本国内でも講和問題が大分喧《やかま》しくなってきたし、今後の政府の政策を樹《た》てるにしても、講和に対する心構えをはっきりしておくことが必要であり、米国へ行っても当然こうした点を衝《つ》かれると思うから」とて、私の意見をきいて行きたいということであった。そこで本書の別章でも述べたような私の講和に対する意見を語り、機会があったら、それを米国の然るべき向きに伝え、また先方の意向も打診してきてもらうように頼んだ。池田君の渡米の直接の使命としては、前述のように、財政経済問題でドッジ氏と打合せるということも大切だったが、私としては、実のところ、講和問題の打診ということにも、それに劣らぬ多大の関心を抱いていたのである。

いわゆる渡米土産事件のこと

池田君は昭和二十五年四月二十五日に出発した。そしてともかく予定の期間内にドッジ氏や、国務省、陸軍省あたりの要人とも話し合って大体の見当はついた様子だったから、私も六月に予定されていた参議院選挙を控えて、関西遊説に廻ろうというときでもあり、帰国早々京都で落ち合うこととして、五月二十日には帰朝するようにという連絡をとった。なるべく早く池田君の話は聞きたいし、さりとて私の予定を色々変えるわけにもいかないので、そういう連絡の仕方になったのだが、結果からみて、それが図らずも「渡米土産事件」としてジャーナリズムを賑わした一件にまで発展しようとは、思いもよらないことだった。私もエチケットについて気にする方なので、総司令部に対する挨拶や、礼儀をつくすことなどには十分気をつけていたつもりだったが、その時のことはどうもそういった挨拶とか何とかいうことではなくて、総司令部が〝袖にされた〟という感じを根強く持ったことによるものらしい。いわば誤解が誤解を生んだようなことの結果が、妙な対立状態をつくってしまったのだろう。

ともかく私が池田君と一緒になって、渡米土産を種にして、参議院選挙を前に政治的効果を狙って一芝居しようとしていると見てとったのか、総司令部を差しおいて何だという気持もあったのだろう。マーカット少将とホイットニー少将との連名で、大層な剣幕の伝言が、西下途上の池田君のところに届いた。「いわゆるドッジ・ラインの緩和について、その成果を得たというようなことを、政治的に利用しようとするが如《ごと》きことは、それを総理大臣がしようと大蔵大臣がしようと、非常に礼譲にもとるものであると思料する。もしそういうことがあれば、将来現内閣が総司令部と協力して安定計画をやってゆく上に非常な困難が生ずるであろう」という警告だった。それで折角池田君は帰って来たものの、ワシントンでの話合いがどういうものだったかということは、表立って言い出せない羽目になってしまった。

総司令部の誤解を解く

それでも、池田君の報告では、講和問題のことは別として、財政政策などの面で、今後の行き方には相当明るい見透しがあるとのことだったから、その日の夕方の記者会見では、それとなくそういう気持のことを話したように憶えている。しかし、折角それまでもよく連絡をとってきた総司令部と妙な疎隔を来すのも困ったものと考えたから、局面打開のため私は急遽予定を変更して京都から帰京することとした。

池田君も帰京後、事務当局を通じていろいろと疏明していたようだったが、誰の工夫か忘れたけれど、一つ総理大臣から、池田報告を添えて、マッカーサー元帥へ手紙を書く、マッカーサー元帥からこれに対し、意見を述べて貰うという形で、話を解きほぐしてゆこうということになって、すぐその手を打った。折返し五月二十五日附でマッカーサー元帥から可成り長文の私宛の返書が来た。そして、その内容については、「池田報告中にある提言は、今直ちに行えばインフレーション的傾向に戻り、いわゆる経済安定九原則に矛盾する、日本の経済安定の努力は今までのところ世界の称讃を博している時なのに、かかることを行えば折角の国際的好評を傷つけるものだ」といった書出しで、一応は素気ない、否定的な調子で書かれてあったが、本文をよく読んでみると、池田蔵相がドッジ氏あたりと話し合って考えた提案の或る部分は『今直ぐやるということはいけないが、やるとすれば来年度予算の問題だ』という趣旨に善意解釈できないこともなかった。

苦心の作文〝総理大臣談話〟

それで、来年度予算の問題は或《あ》る意味では本年度予算補正の問題にもつながるではないかという話になり、池田君の智慧で来年度予算の話のような、また本年度補正の話のような、どっちともつかない一文を作って、実際には、補正に重点を置いて皆が読んでくれることを期待した発表をやり、それで池田蔵相渡米の成果を明かにすることにした。五月三十日の総理大臣談話というのがそれで、「明年度予算は、本年十二月末までに編成を完了するとともに、本年度予算の補正を行う予定であるが、その際予算均衡方針の堅持は勿論、次の諸点の実現に努力するとともに、緊急を要するものについては、来るべき臨時国会においてこれが実現を期する。すなわち(イ)予算総額の削減(ロ)既定経費を節約して財源を調達し、官吏給与ベースを改訂する(ハ)明年度予算において一般会計よりする債務償還は行わない(ニ)価格調整補給金は大幅に削減し又は廃止する(ホ)右の結果生ずる財政剰余を以てさらに減税を行う」と数項目を掲げ、その他輸出銀行——その時は輸出金融金庫とかいった——を創設するとか、中小企業貸付を増加するとか、国際通貨基金や国際小麦協定に参加する話が出ていることなどに触れたものであった。

これについては、財界の一部には楽観すぎる見解だとの評判もあったが、これが、いわば選挙の公約のようなことになり、事実、この公約したことは、その後の補正予算なり、二十六年度予算の編成に際して大体実現し、当初考えていた方向に財政金融政策を持って行くことに成功した。なお、ドッジ・ラインの緩和とか、ディスインフレーション政策の修正とかいうことも、引続いて起った朝鮮動乱の勃発という一大転機を迎えて、その様相はすっかり変ってしまった。

【編集者註】池田勇人氏はその著『均衡財政』中（同書二五〇頁以下）で、シャウプ博士につき次の如く記述している。

シャウプ博士がはじめにきたのは、昭和二十四年五月である。……シャウプにきてもらうという案は、私がその年の二月に、ドッジと減税交渉をやって遂に失敗した頃からであった。私はシャウプに、別段日本の税制について理論的な勧告をしてもらう、という積りはなかった。わが国の税制は、制度そのものとしては欧洲大陸諸国の例をかなりよく研究してできており、その理論的な裏付も相当高度に発達していたから、その限りでは特に外国人の指導を仰ぐ必要はなかったのである。税務の執行面、つまり税務行政では、その頃いろいろな混乱があったが、これは税制そのものの欠陥よりは、むしろ、当時の一般的な社会的無秩序と、インフレーションの急激な進行にくらべて基礎控除などが、おいてきぼりを食ったこと、したがって納税者の数が非常に多くなり、その結果経験の乏しい税務官吏を多数新たに採用しなければならなかったこと、などによるものであった。

シャウプにきてもらうことになった一番の理由は、当時の総司令部内の勢力関係を考慮したからである。前の年の末にワシントンから「経済安定九原則」という指令がでて、日本のインフレーションを収束するためにいろいろな手段がとられはじめた。

ドッジがきたのも、その一つである。こういうときは、とかく、購買力を吸収すればよい、そのためには、税金を高くするよりほかない、という種類の簡単な公式論が勝ちを占める。その年の二月から三月にかけて、ドッジと減税交渉をした時も、つまるところ彼の心底には、この気持があったたし、事を分けていかにわが国の税務行政に無理があるかを説明しても、彼は、自分は素人だから税金のことはよくわからぬ、ということをくり返していた。

事実、司令部の内部では、長い間租税は財政全般の一部門として、一つの課の中の一つの係が担当していたに過ぎなかった。それが前の年の夏頃に、モスという、今までアメリカの国税庁に勤めていた人がきてから、段々分離の気運にはあったが、なにかというと、歳出の圧迫に苦しめられて、いわゆる「入るを計って、出るを制す」という財政の理念にははるかに遠かった。

モスは、自分が税務官吏であった経験から、このような高い税金は事実上徴収は不可能である。あまり税率が高いから納税者は、自然、所得の額を少く申告し、税務官吏の側もそれを嘘と知りつつ承諾せねばならぬ、これでは、納得ずくの納税はいつまでたっても見込みがない、と考えたらしい。ただ、自分一人の力でこの現状を打破するために税率の引下げを行うことは、アメリカ国会の事情や司令部内の勢力関係上、無理であるから、アメリカから誰か偉い人を呼んできて、この事情を見てもらい、減税の勧告をしてもらおうと考えたもののようで、相談をうけた時、私はもちろんただちに賛成した。

こうして、シャウプがやってきたわけである。彼は五月から夏にかけて三ヵ月あまり、実に丹念に日本の実情を見て歩いた。その報告は八月末に大綱が公になったのであるが、その間に、私も何度となくシャウプと議論した。私の腹の中では、何はともあれ所得税の減税、つまり基礎控除、扶養控除などの引上げ、税率の引下げを彼に納得させねばならぬ、と考えていた。それから、過ぐる一月の選挙に自由党の公約した取引高税の撤廃も、納得してもらう必要があった。ところで、この取引高税の方は実際にやってきてみた結果の弊害や、理論上首尾一貫を欠く点など、少くなかったから、学者ばかりのシャウプ一行は最初から廃止の決心でいたようである。

所得税の減税は、歳出をどの程度に圧縮しうるか、という財政全般の問題とからんで、シャウプがかなり頭を悩ましたらしい。当時の状態では、きたるべき年度では、価格補給金をさらにどれほど削減できるか、賠償償還を幾ばく計上すべきか、という二つの要素が、財政の規模を左右する重大な点であった。この二つは、ドッジの分野の仕事で、シャウプには直接関係がない筋合だから、シャウプは下手に減税を勧告してドッジの仕事の邪魔をしてはならぬ、と考えたのも無理はない。

ことにドッジはマッカーサーの顧問であるのに対し、シャウプ一行は経済科学局の嘱託で、それも元をただせば、モスや私の思いつきで呼んだものであるから、両者の間では、アメリカにおいてはともかく、軍政下の日本では、おのずからウェイトが違っていた。ただ結果論からは、シャウプは何ヵ月かの間、国民の各層をよく調べつくし、広く一般に名を知られた上に、当時は国民の総てが重税に苦しんでいたから、彼の報告に対しては国民的な期待が寄せられるに至り、その点で、彼の仕事には重みがついていた。

八月末には、彼は勧告の大綱を発表して、日本を去った。その大筋は、取引高税の廃止、所得税の軽減、企業資産再評価の実施、法人の超過所得税の撤廃、富裕税の新設、その他いろいろあるが、この第一回の勧告は、日本を知らぬ外国人のした仕事としては、まずまず及第であったといえる。私の側からいえば、問題の取引高税をやめ所得税を軽減したことは満足というべきで、これで実質的に千億円の減税ができる結果になった。難をいえば、所得税の最高税率を所得三十万円のところにおいたことはなんとしても納得できなかった。三十万円という金額からみて非常識であるのみならず、これでは最低税率から最高税率に至る間の所得のいわゆる「刻み」が全くペシャンコで、猫も杓子もほぼ同じ額の税金を納める結果になる。その非難を免れるために金持ちには富裕税を課するという勧告をしたが、この税は、当時私が警告したとおり「鬼面人を驚かす」効果を挙げた程度で、今日に至っても徴税費と徴収する税金が、どっちこっちで、資本蓄積上の弊害はいうにおよばず、結局、学者の良心を満足せしめただけであった。

いかにも無理だと思われた所得税の最高税率が三十万円からはじまる点は、シャウプが帰ってからあと、モスと折衝して、なお不満ではあるが五十万円を超えるところからというように、修正してしまった。

とにかく、シャウプ勧告の結果は政府にとって大体満足であった。世間があれほど騒いだので、いかにドッジでもこれを無視するわけにゆかない形であった。司令部の中では、明年度の財政の規模がきまらぬうちに減税の勧告がでたこと、ことにそれが身分上は経済科学局の一嘱託によってなされたことなどに不満を抱くむきがあり、私もいち早くそれを察したので、大綱が発表になった翌日、総理大臣談を出して、勧告はまことに結構だから、実現に努力すると公表してしまった。

シャウプの思想の根底には、税制を通じて、地方自治の財政的な基礎を確立しよう、というねらいがあった。沢山の税源を地方に譲り、その上に、平衡交付金の制度を勧告したわけだが、この点は、その本意は諒としても、地方の実情からして、私は少しく理論に傾き過ぎていると思ったし、今日でもそう信じている。

この第一回の来訪の時、シャウプは法人資産の再評価を勧告した。再評価の問題は証券市場に密接な関係を持ち、その方面で特に注目された。

その時からちょうど一年して、昭和二十五年の八月、再びシャウプが前の時と同じメンバーでやってきた。シャウプは八月から九月にかけて、長駆北海道まで視察を行い、前年自分のした勧告の実施状況を研究しつづけた。

この昭和二十五年は、朝鮮動乱が起ったものの、財政的には比較的安定した年で、昭和二十六年度予算編成については、歳出をほぼ五千八百億円と抑え、歳入見込六千五百余億円との差額七百億円を減税の目標とした。私はそれを腹に入れて、九月初旬、ちょうど信州の軽井沢で第二次勧告の構想を纏めつつあったシャウプに会いに行った。

この時、私がシャウプと話し合った腹案は、所得税の基礎控除を二万五千円から三万円に上げる、扶養控除を一人一万二千円から一万五千円にする、税率の「刻み」を現行五十万円を超える額五十五％を百万円を超える額五十五％にする等々、結局平年度になおして五百億円程度の減税、そのほか物品税など小さいもので二百億円ぐらいを減らし、合計七百億円の減税を実行するというにあった。

私としては、一応歳出の見当をつけた上での事であるから、これは無理な提案ではなかったが、シャウプは、税制上の問題としてはともかく、来年度の予算でどのくらいの減税財源が残るかは、ドッジがきてみねばわからぬ、自分としては、仮りにこれこれの財政余剰があれば、まず幾らかを平衡交付金の増額にあてる、さらに余剰があれば、これこれの順序で、所得税などの減税を行う、というふうにいろいろな仮定に基いて勧告をする以外に方法はないという気配であった。前にも述べたように、シャウプは地方財政を豊かにするために、平衡交付金を増額すべきだというのが持論で、それに対し私は、地方に真剣に冗費を節約する気分が出てくるまでは、それは考えものだ、という意見であった。それで当日の議論もこのへんから出発して、だいぶん激論をした。しかしこの点がいずれかへまとまれば、シャウプはその他の税法上の問題は大体私の意見に同意していた。

問題になったのは酒の減税である。私は、酒の需給関係からいって、価格を下げればきっと売れるから、歳入は減らないこと、それによって密造が減少すること、明年度は米も多少楽になるし、甘藷の増産などからしても、増石の見込みがあるから、酒の価格を下げても、大丈夫であると力説したのであるが、シャウプは全然同意しない。しまいには「食糧を輸入している国が、主食で酒を造るとは何事だ」と怒りだしてしまい、これには私も全く手を焼いた。結局、シャウプ一行は酒税の引下げは遂に勧告しなかった。そこで私は、彼等の帰国後税制改正を行うにあたって、モスを説得し、私一個の責任で、昭和二十五年の十二月から酒の値下げを行うことにした。これが当時ようやく安定しかかった国民経済の現実と、年末年始の酒の需要期に、うまく当って、結局昭和二十五年度の決算では、酒税の歳入は当初の予算を上廻った。私のねらいは、酒税の確保もさることながら、政府自身が酒や煙草の値段を下げて、漸く下落気味だった物価の一般傾向にさらに拍車をかけたかったのである。

シャウプという人は学者らしく、真面目に国内を歩きまわり、各層の意見を聞いて、できるだけ実証的な研究をしようとつとめた。その点で私は敬意を払っている。

第二十四章　朝鮮戦争から講和独立へ

一、日本経済の様相一変す

新しい姿のインフレーション

朝鮮動乱の勃発で、経済の様子はすっかり変ってしまった。特需という名前が何時頃からか人々の口に上るようになった。在日米軍からの緊急発注が先ず経済に刺戟《しげき》を与え、これに海外物価の上昇がぐんぐん拍車を加えた形になって、そのうちに心理的にも先高人気というか、或《あるい》は物資欠乏感というか、そういう焦りが出てきて、物価も賃金も上る、通貨もふえるという、一種のインフレーション的な姿になった。私は折角苦労して安定政策をやって、経済が正常な姿に引きしまろうとしているときに、また逆戻りしてしまうのでは、と心配になってきた。しかし池田君の説明では、なるほど物価も上り、賃金も上って、インフレーション的様相ではあるけれども、それは終戦後に経験したようなインフレーションとは根本的に条件が違い、専ら海外需要と物価高に引きずられて起ったものだから、むしろ世界経済全体の動きに順応して、この機会に経済の規模も拡大し、企業の合理化も進めるよう策を考えるべきだ、とのことだった。

物価の問題も、三百六十円という為替レートを決めた今日では、このレートを通じて世界の物価と結びついているので、世界物価の影響を受けることは当然のことといわねばならない。為替レートを変更して、この物価の変動を国内に波及させないようにするなどということは出来ない相談である。一々の物資に輸出税をかけたり、輸入補給金を出したりして、海外物価と国内物価の調整を図るなどということも難しい。結局、国内的にインフレーションを誘発しないような措置をとりながら、海外物価に追随してゆくより外はない。そういう話だった。

経済統制復活論も出る

そこで、何よりも先ず、輸入の増進を図るということが大きな政策として推進されることになった。これで経済の均衡をとりながら、生産活動の拡大を裏付け、行き過ぎた物価の上昇を抑えようというわけである。そこで、外貨予算を修正して、輸入の枠を拡げ、広範囲の物資について輸入の自動承認制を採るなど、できるだけ輸入買付が自由活発に行える体制を整える一方、民間商社の輸入資金調整を促進するという意味で、外貨支払の猶予措置などがとられた。

その頃一番議論になったのは、統制を復活すべきや否や、ということだった。特に朝鮮の戦局が国連軍側に不利だった頃などは、今にも日本が太平洋の真中に孤立してしまって、食糧も原料も輸入が止まり、どうにもならないような姿になる、そうなるとどうしても統制でやって行かなくては駄目だ、第一アメリカでさえも色々統制の手を打っている、日本でもそれに倣《なら》うべきだといった議論で、まるで統制さえやれば、物価も上らないし、物資需給の均衡もとれるというような説だった。もちろん、底の浅いといわれる日本経済である。基盤もしっかり固まっていない。だから或る程度の調整を加えてゆくことは必要であろう。しかし、経済の調整といっても、それは主として財政なり金融なりの資金の面からの操作や為替貿易といった面からする総枠的な調整措置でよい、というのが当局方面の考えだった。そしてこの機会に、輸出を伸ばしながら、輸入も促進して、経済規模の拡大を図ることが国力を増進させる途である、そのためには世界物価の動きに少し低目のところで追随していって、世界の景気が一落着きしたときでも、直ちにそれに対応できるような構えをとりながら、経済を運営してゆけばよい、そのためには国内的には財政金融の面で幾分手綱を引きしめる努力が要る、というようなことだった。

選挙公約の実現を急ぐ

そうこうする中に、シャウプ博士も税制の再検討のために来日する、ドッジ氏も十月早々には来日するということで、二十五年度の補正と、二十六年度予算の方も早急に手をつけようということになった。もっとも、国内的な対策として、先の選挙公的は出来るだけ早い機会に具体化したいという気持があったから、割合に早く、七月中旬には予算編成方針の決定も済ましていたので、右の両氏が相前後して来る頃には、一応の形を作り上げることもそう難しいことではなかった。事実、シャウプ博士が第二次の勧告を出す前日の九月二十日には、多少牽制の意味も含めて、二十六年度予算の概算を閣議決定している。十月七日にドッジ氏が来朝して、池田君との折衝が始まったが、結果的には色々なことは大体うまく運んだといえるだろう。減税も盛り込めたし、輸出銀行も作ることになったし、価格調整費は切って、公共事業費は殖やせたし、給与改善も出来たし、例の債務償還もなくなった。もっとも、毎度のこととはいいながら、折衝は可成り難渋したらしく、特に今まであまり大きな問題にならなかった特別会計の運転資金が随分喧しい問題として論議され、従来の日本銀行からの借入れを廃して一般会計から繰入れることが強く要請された。預金部や見返資金の放出も随分論議の的となったようである。公団をやめたり補給金を撤廃したりして、大分統制の解除という方向に進み、今度は米をどうしようか、供出後自由販売とするか、麦はどうしようか、もう供出は止めにして、任意に買入れることにしようか、などという話が出ていたので、これが予算を作るときに色々と問題になった。

お流れとなった米の統制撤廃

米の方の話は、或る程度統制撤廃の構想が出来上っていたようだったが、朝鮮戦線への中共の介入という新事態が起ったため、ドッジ氏も急に慎重な態度をとるようになり、結局見送ることになった。麦の方には一寸した問題があった。何でも政府が麦の買入れに応ずるのは何百万石くらいだ、という約束をしろ、そうでないと食糧会計が一般会計からの繰入れだけで間に合うか、それとも別に借入金をしなくてはならなくなるか、その辺の目途が立たない、というのが司令部の言い分のようだった。

広川《ひろかわ》（弘禅《こうぜん》）農林大臣は「そんなことを一札書けといっても無理だ、肚で行こうじゃないか」といって仲々応じない。しかしこの話がつかぬと補正予算は承認しないというものだから、今度は池田君が困ってしまって、二人で色々やり合ったようだが、とうとう埒が明かない。結局私が間に入って、「ともかくサインだけはしてやれ」と広川君にいって片付けたことを憶えている。二十六年度予算は、三月二十八日に参議院を通った。終戦後はじめて年度前に成立した予算であった。

二、朝鮮ブーム以後の財政経済

頻りに起った金融上の諸問題

二十六年の春、世界の景気が漸く一落着きを示しはじめたころ、休戦会談も開始されることになって、朝鮮ブームといわれた日本の経済にも一種の反動が来た。損失を出した商社が銀行からの借金をうまく処理出来ないようなことがあった。その頃からオーバーローンの問題が色々議論され、それが非常に不健全な姿であるということであった。もう一つ、銀行のことは、輸出銀行が動き始めてから間もなく、今度は復興金融金庫を改組するような恰好で、開発銀行を作ることになり、眠っていた復興金融金庫もやっと息を吹き返すことになったが、魂は入れ替えるのだ、というような話であった。大体この頃は何かしら金融方面の話ばかり色々多くて、財政の方にはあまり喧しいことがなかったような気がする。滞貨融資が多すぎるとか、ビルディング建築その他不要不急資金が出過ぎるとか、そういうことが総司令部の方からいわれたり、世間から非難の声が挙がったりした。銀行の方で自主的に融資規制を行うようになったのは、確か秋になってからのことだったと思う。

対日援助打切りと日米経済協力

財政の面では七月以降対日援助打切りに伴う占領費の米側負担というような問題があったが、この問題は実は前々から論議されていた対日援助打切りと、日米経済協力の問題という一連の動きの一部をなすもので、殊に日米経済協力という題目は、講和問題とも絡んで、二十六年の一月にダレス氏が来朝したころから、政府内部でも色々の構想や研究があり、また、民間でもいろいろの動きがあった。四月の中頃だったか、総司令部経済科学局長マーカット少将が突然私を訪ねてきて、日本経済協力の問題について、日本政府に代って、ワシントンに自ら赴き、意向打診をしてくるということを伝え、早々に一団を率いて出発して行った頃から、問題が本格的になり始めたようだった。

私は予《かね》てから、日本のような資源も乏しい小さな国で人口ばかり多いところでは、余程の工夫をしなければ経済はやってゆけぬ、さりとて、大国の恩恵にあずかりながら暮してゆくのでは、国家としての誇りが許さない、独立国家として、対等の立場で、経済的に手を握ってゆくことなら結構だ、そのためには通常の貿易なり取引なりの体制を、より密接に結びつけることもいいし、またいわゆる外資を入れて、大いに国土を開発し、産業を振興して、経済を繁栄させることもいいことだと考えていた。そこで経済協力とか、外資導入とかいうことには全面的に賛意を表していた。政治的に考えても、米国とわが国とが、経済の面で、相互に緊密に結びつきながら、日本もしっかりした足場をつくるし、アジアの国々とも経済的に交流しつつお互いの繁栄を築き上げてゆく、そういう風になれば本当に結構なことだが、と考えていたのである。

さて、マーカット少将は五月十六日に帰任、直ちに声明を発表して、日米経済協力の問題について色々述べたが、大体が抽象的な、いわばお説教のような事柄が多かった。日本側でも何か方針を明かにすべきである、というようなことがいわれていたので、一ヵ月ほど遅れて日本政府の態度を表明した。この声明では、独立後の日本としては、早く独り立ちで世界経済への仲間入りをしたい、国際通貨基金などにも早く加盟したい、外資導入も促進したい、経済協力の実を挙げたい、というようなことを述べて、大いに張切ったというか、熱意のあるところを示したつもりだった。もっとも実際問題としては、経済協力とか、外資導入などといっても、なかなかそう円滑には運ばず、結局二十七年以降に具体化するようなことになった。

減税強行にドッジ氏の不満

講和会議の全権の一員としてサンフランシスコへ行った池田君は、それから先の財政方針などについて、ドッジ氏と話し合ったようだったが、帰国する早々に二十六年度補正予算の作成にとりかかった。何でもドッジ氏は、独立後の日本経済の運営は並大抵のことではないから、気を緩めずに締めてゆけ、減税は考えものだ、賠償、外債処理、援助資金の返済、防衛、遺家族問題等々いろいろ金の要ることを考えると、財政には相当弾力性を持たせておくことが必要だ、絶対に投資その他の関係でインフレーション的にならないようにすべきだ、という意見を池田君に述べ、帰国後も追掛けるようにして長々と手紙で、その趣旨を繰りかえして心配していたそうだ。池田君は、減税のことは、ともかく自分の責任でやり通すといって、ドッジ氏再来訪の前には、大体補正予算の恰好を作り上げてしまった。

総司令部の方も、従来のように喧しく言わず、「ドッジ待ち」ということもなしに、この補正案を承認してくれたが、それは講和会議直後のことでもあり、もはや独立は目の前というようなときに、細かい干渉はしない方がよいという気持だったのだろう。政府の方でも、もはや独立は確定し、これから先の仕事は、独自の立場で考え、自分の責任で処理すべきだという意気込みとなったことが、或る程度先方に反映したことだったろうと思う。

補正予算の方は、そういうわけで、ドッジ氏の来る前に国会の方に提出してしまったが、問題は二十七年度予算だった。減税の方は一足お先に補正で手を打ってしまったから、これはこれで押通す。しかし懸案の米の統制撤廃の問題もある。平和回復に伴う対内、対外の色々な問題もある。それらをどう纏め上げてゆくか。横浜に着く早々にドッジ氏が「減税をやるのはどうかと思う、米の問題も日本側の考え方は楽観に過ぎる」と述べたので、特別な新聞種にもなり、世間からも種々議論が出た。しかし結局減税は予定通り実施することにした。

再び米の統制撤廃で逸機

米の問題の方は、供出割当の知事会議が揉めたりなどした上に、政府内部にもいろいろな意見があったため時間切れのような形で、見送ることとなったが、この問題はそれまでも大体方針を決めて進んでいたことだったし、私としても多少残念な気がした。これは翌年、翌々年と尾を引く問題になったが、その頃から既に問題の本質は、〝農民に辛い〟統制から、〝農民に甘い〟統制へ転化していたように思われる。

総司令部との折衝は、防衛関係の経費を中心とした講和関係の諸経費を全体でどう纏めるかという点で一番難航したようだった。遺家族援護の経費までいれて、最初に出た数字が二千億円という大きな額で、前年度分に比べて相当大幅に増加し、一方で特別会計への繰入れなどを落しても、なお一般経費の方に或る程度手をつけなければならなかったから、予算の閣議では大分議論が沸騰した。天野《あまの》（貞祐《ていゆう》）文部大臣までが、文教関係費を切り過ぎるといって、大層憤慨していたし、厚生大臣の橋本《はしもと》（龍伍《りゅうご》）君は橋本君で、遺家族扶助料問題で不満の色が強かった。党の方も公共事業費をもう少し増加せよという要求を突きつけてくるというわけで、結論をその日は出さずに、次の閣議まで持ち越したようなことがあった。

閣僚の不満を説得す

予算閣議で色々な議論をきいていると、全く問題の複雑さと困難さに、どう片付けていいやらと思うときさえある。講和、独立、それは待望に待望を重ねて、やっと実現する。誠に結構なことだが、さて自らの責任と努力で国際社会に乗り出し乗り切って行くということは如何に難しいことであるか。賠償、対外債務の支払、安全保障、治安の確保、こういったことは、独立国として過去を清算し、将来に生きてゆく上に、どうしても考えなければならない。一方国内経済の開発、発展のために産業投資や、公共事業も必要だ。これも多いに越したことはないが、他方社会保障や遺家族援護などの民生関係の経費も多いに越したことはない。勿論財源としての税金は、軽いに越したことはない。こういったそれぞれの主張を皆立てるわけにはいかない。どう按配《あんばい》して纏めるか、それは結局、大蔵大臣の裁量に任せるより外はない。そういうわけで、私は池田君を信頼し、同君を支持した。閣僚の不満は、私が代って説得し、抑えた。

この頃からその年八月末の国会解散までは、政局の方がごたごたしているので、あまり財政や金融の方のことには記憶がない。国際通貨基金に加盟することに話が決って、池田君が日本代表として年次大会に出席することになったこと、外債処理の問題で米国や英国と話し合いをすることになり、津島《つしま》(寿一《じゅいち》)君が全権大使を引き受けてくれて、米国へ行ってくれたことなどが主なことであった。

第二十五章　〝一兆円予算〟に至るまで

一、四ヵ月遅れた二十八年度予算

政局安定を求めて安定を得ず

昭和二十七年四月、待望の講和独立を完了し、爾後日本政府の独自の判断と責任とにおいて内外の問題を処理することとなったが、さてそうなると一層大切なことは、政局の安定というか、強い政治力というか、とにかくそういったことの必要を私はかねがね考えていた。殊に経済の問題や、財政政策の面では、余程確乎たる考えで貫くものは貫いてゆかないと、途中で妥協したり、いわゆる八方美人になっては、折角築き上げた経済復興への努力も、空しくなってしまう恐れがある。私はそれが心配だった。公共事業費などもとかく総花的になり勝ちだし、その他補助金にも、そういう傾向が見られる。財政を確乎たるものにするためには、余程自ら慎み、自ら律する必要がある。占領下に在って総司令部の指図や支持で、辛うじて健全財政が保たれていた、というような程度で満足すべきでない。そんな風に私は考えていた。

然るに政治の実情は、そうした願望とはむしろ逆に、独立達成のころから、党内の事情が主因となって政局の安定は急速に脅かされるようになった。その年の八月のいわゆる

〝抜打解散〟の後で行われた総選挙の結果、自由党は重ねて絶対多数を占め、私の第四次組閣となったが、組閣は党内の紛争を克服した揚句完了し、その時の内紛は後に至るまで解消されることなく続いた。

向井忠晴君を大蔵大臣に迎える

そういうときに大蔵大臣にどういう人を得るかは、やはり一つの問題だった。池田君はもう在任も長くなるし、通産大臣として別の角度から国家の経済に努力貢献してもらうのも一案と考え、大蔵大臣には熟考の末、結局元三井物産重役の向井《むかい》忠晴《ただはる》君を迎えたわけだ。敢て党人を選ばずに財界から迎えたのは、向井君の識見や人柄を買ったことももちろんだが、出来るだけその立場が政治的に煩わされないようなことにしたいと思ったことにもよる。向井君なら、政争に捉われず、権力慾などにも憑かれずに、素直に、しかも強力に振舞って貰えると思ったのである。

向井君は同君一流の手腕を以て一生懸命にやってくれて、補正予算のことなども、同君に任せ切った恰好で再開国会に臨んだが、予算の審議自体には余り問題がなかったけれど、衆議院の委員会での討論採決をめぐって、党内一派の策動などがあり、向井君には相当面倒をかけたものだ。

二十八年度予算は、独立後初めて自分達の手で作るものだというところから、従来とは違った新味を出そうという論もあり、或る程度積極財政へ転換すべしという動きもあって、均衡財政の再検討などということがいわれた。そのせいか、段々膨れ上って九千六百億円くらいのものになってしまった。ここ二年ほどはだんだん財政規模が大きくなって来ているので、気にならないでもなかったが、国民所得も増加していることではあるし、世界経済もどちらかといえば沈滞気味のときであったので、この程度のことは大丈夫だろうとの関係者の意見だった。防衛関係費削減の話が最後までなかなか纏まらないで、向井君が米国大使館側と折衝したこと、公債発行の問題で色々議論があり、結局減税国債を出すことにしたことなど、断片的ながら思い出す。結局、予算は国会に提出されたものの、衆議院を通っただけで、そのうち三月の国会解散で不成立に終り、それから総選挙が終るまで、毎月毎月、暫定予算という始末だった。

向井君には全く気の毒なことをしたと思う。折角私も期待し、本人も恐らく意気込んでいたのに、政治の方が終始不安定で、これという仕事もやって貰えなかった。慾も得もない淡々たる態度で、しかも頭がいい人だけに、問題の要点は然るべく摑んで、面倒な問題と取組んでくれたことは、感謝の他はない。

インフレ予算の非難起る

さて、総選挙後の第五次内閣では、大蔵大臣に財政経済通の小笠原三九郎《おがさわらさんくろう》君を据えた。

第一党ではあったけれど、過半数を制していないので、何かと与党、野党との交渉や折衝も多かろうと思い、老練な人を頼んだわけである。

解散のために不成立に終った原案に多少手を加えて、六月早々、年度初から三ヵ月遅れて、二十八年度予算を国会に提出した。何しろ内閣は組織できたが、私の折角努力した改進党の参加は得られず、少数与党のままで政策を進めなければならぬ立場になったのであるから、国会審議に当っては、事前に改進党及び自由党から分離した鳩山《はとやま》〔一郎《いちろう》〕君一派との政策協定のようなことをせねばならなかった。その結果公共事業費、社会保障費、軍人恩給費などはいずれも増額し、義務教育費国庫負担金なども新たに設けて、地方財政関係の経費も増額した。世間では消費的支出が多過ぎるとの批評が多かった。千億を超える減税をやり、一方で財政投融資などに、過去の蓄積資金を使ったり、国有鉄道や電信電話公社の債券を公募したり、減税国債を出したりして、民間資金に依存しようとした方向に、そうひどくインフレーション的なものがあるとは私も思わなかったが、何分にも支払超過予算であるから、インフレーションの要因を孕《はら》んでいるという批評は、正面から、これを否定しようもなかった。

また、衆議院での審議が最終段階に来て、後に汚職騒ぎを生んだ造船利子補給のことなどで、改進党、分離派自由党と妥協して修正をしたことにも、予算の性格を、更に放漫なものにしたという批判が出た。この予算が成立する頃には、西日本の大水害などのため、補正予算必至というような状況でもあり、何となくインフレーションの危険に対する不安感が、世間で抱かれたのも、あながち無理ではなかったかも知れない。かくして二十八年度の財政は、四ヵ月を暫定予算で繋いだ揚句、ようやく八月から本予算が実施された。

二、二十九年度予算と緊縮財政

〝一兆円予算〟ということ

八月上旬、朝鮮を訪れたダレス長官が日本に立寄ったときに、米国大使館で会談したが、このときは、米国から武器貸与を受ける交渉の最中でもあり、日本経済の安定と、防衛力増強の問題をどう按配するかという議論をお互いにやり合った。そのときに私の感じたことは、やはり、米国側の日本経済に対する見方は随分厳しいということで、日本の経済力の中に、防衛力を増強する力がどのくらいあるか、援助や外資導入がどんなに必要であるかということも、畢竟するに日本経済の現実を理解して貰わねばならない。如何に経済の自立と安定に努力を払っているか、それを認識して貰わねばならない。そのためには、次の昭和二十九年度の財政経済政策などについても、もう少し真剣に肚を決めて掛からなければならない。そういう感じだった。私が池田君にもう一度米国へ行っていろいろこうしたことで話し合って来て貰いたいと思ったのは、大体このときにはじまっている。そして、そのことは、同時に、何とかして日本の経済を安定させたい、折角ここまでやってきたのに、またインフレーションになり、朝鮮動乱で稼いだ外貨を流出させるようなことをやってはならない、という決心を固めたことに繋がっていたのである。

小笠原大蔵大臣が国際通貨基金の総会に出席するため出掛けてゆき、次で池田君が私の特使という資格で出掛けてゆく頃に（註）、いわゆる一連の金融引締政策が、日本銀行によって強力に推進されはじめた。他方、それに呼応するかのように、政府内部にも、言論機関の方にも、一兆円予算という合言葉が唱えられはじめた。このままで行けば、国際収支は逆調になる、国際収支の均衡がまず経済運営の第一要件だ、消費購買力が強すぎる、投資が大きすぎる、資金を詰めなければいけない、贅肉を切り削がなければいけない、そういったような議論が次第に盛んになって来た。私はその通りだと思った。私が経済の健全化ということを強く考えたのは、何も米国との関係ばかりで考えたわけではない。それはいわば一つの切っかけのようなもので、私自身は戦後インフレーションの収束をやったときから、健全な財政、堅実な経済ということを考えていたわけで、どういう姿が健全なのかということがその時々によって違うものだから、はっきりしないでいたのが、たまたま思い当ったということではないかと思う。十月に「通貨価値の安定こそは、あらゆる経済政策の基本である」という政府声明を出したときに、私の考えは大体固まっていた。

予算規模膨脹の要素増す

皮肉なもので、私がこういうふうに考えているのに、水害に加えて冷害とか、公務員の給与引上げとか、予算の補正を必要とするようなことがどうしても起って来て、殊に米の作柄がよくなかったことは、一方では米価引上げなどの問題を起し、他方では貴重な外貨を使って、緊急に食糧の輸入を図らなければならぬというようなマイナスをもたらし、第一次の補正予算についで更に第二次の補正予算を臨時国会に出さねばならなくなった。第一次のときは、ともかく九千九百九十九億円という一兆円スレスレの線に止めて提案したのだが、第二次のときは、とうとう一兆円の線は破れてしまった。しかし、第一次補正のときには再び改進党並びに分離派自由党の両党から修正を迫られて、妥協を余儀なくされたが、第二次補正のときは、政府側としても、次に来るべき二十九年度予算についての考え方というものが相当はっきり決まって来ていたので、改進党が二重米価制を要求して来たけれども、とうとう妥協せずに押し通してしまった。

小笠原君は、米国で電力借款の問題で世界銀行当局と話し合った際、銀行側が日本の経済情勢について、必ずしも安定したものとは考えていないということを伝えられて帰って来たし、池田君も、「インフレーションに向いている国には、借款供与など出来ない」という米国側の意向を私に伝えた。五週間滞日した世界銀行調査団の離日声明も、わが国の経済健全化を強く要望したものだった。私の決心は愈々強まった。折柄、ニクソン米国副大統領やロバートソン国務次官補との会談で、私の考えはますますはっきりして来た。防衛問題についての私の考え方については別のところで触れたから、ここには述べないが、政治的独立、すなわち外国軍隊の撤退、防衛力の漸増という一連の問題と、経済的独立、すなわち特需依存からの脱却、外資導入、経済援助乃至《ないし》協力という一連の問題とが、いつも絡み合って私の頭の中にあって、そして、まず国力の充実、まず経済の安定復興という ことが、私には第一義的なものとして考えられていたから、経済の安定復興のために、どうしても強力な手を打たねばならないと決心したわけだ。

小笠原大蔵大臣を督励する

二十九年度予算は、厳に均衡財政を堅持し、これを是非とも一兆円の枠内に収め、金融引締めと相俟って、経済を立て直そうではないかという考え方が、その頃はもう世論になっていた。財界もこれを支持したし、党の考え方もそういう方向に向いていた。しかし種々な議員立法や国会での修正のために二十九年度になると経費の膨らむものがあって、それやこれやで、余程の大鉈《おおなた》を振わない限り、予算を一兆円の枠に収めることは難しいと思われたが、私はその時、こんどこそは自ら陣頭に立ってでも一兆円予算を守ろうと決意した。

十二月二十九日に九千九百四十三億円という大蔵省案が閣議に出され、これをもとにして党側と折衝し、若干の調整を加えたところで、一月十五日、九千九百九十五億円余りで、正式に提案する運びになった。物価を一割引下げる、国際収支の逆調を食い止める、投資は削減する、などの方針に対して、中小企業の窮境、失業の増大、社会不安などいろいろなことがいわれ、いろいろな批評が出たが、私は小笠原君を督励して断乎やり抜く決心でいた。ちょうどそれは四年前のインフレーション収束を決意したときの心境と同じものだった。ただ違うのは、経済の条件において、前の時程大きな不安感を持たなかったことだ。そういうわけで私は、地方遊説に出掛けたときに「このような予算を組むことで、政府に対する不平不満が起ろうと、自由党に対する不信が起ろうと、それはそういう風にする方が悪いので、断じて自分達は間違っていない」と可成り激しい口調で話したことを憶えている。

成果を収めた一兆円予算

国会の審議、予算の成立をめぐる政治の面では、造船疑獄だの、乱闘事件だの、嫌なことが多かったけれど、経済の面、財政の面では、一兆円予算は立派に成果を収めたと思っている。それは、もちろん世界経済の景況が立ち直ってきたということもあったろう。また財政だけではなくて、金融その他の面が、歩調を揃えて健全化政策を推進したからのことでもあったろう。しかし何よりも、独立国民として、自らの意志と、自らの責任で、自らの経済を守り、経済を繁栄させなければならないと考えた国民一般の努力の賜であったと思う。財政や、金融のことは、余りよく判らない私ではあるが、この一兆円予算については、自分でも本当に考え、自ら陣頭に立って、堅い決心でやったことだけに、私にとっては特に忘れ難い思い出である。

思うに、そのようにして国民諸君の耐乏と勤勉とによって、わが国経済の着実な地固めができたことは、その後の日本経済の拡大向上の基礎として、如何に有効な働きをしたことか、計り難きものがあるといわねばなるまい。日本の経済はその次の昭和三十年度あたりから、実に顕著な立ち直りを示し、折からの海外諸国の好況に支援せられて、翌三十一年度にかけて驚異的な発展を遂げた。これは西独の経済発展と並んで、世界注目の的となっていると聞くが、そうした発展の地固めとなって、私どもの緊縮努力がいささかでも貢献しているであろうことを考えることは、私として心嬉しき限りである。消極財政、緊縮予算となると、政治家も喜ばず、国民も歓迎しないことはわかり切っておりながら、敢てそれを強行せねばならぬ責任者としての苦労は、私は在任中に一再ならず経験したわけであるが、それが決して無駄でなかったことを知ることは、何よりも慰めとなる。いささか自画自讃の嫌いはあるが、ここに所懐を記して置く。

【編集者註】 昭和二十八年十月、自由党政務調査会長池田勇人氏が吉田総理の個人的特使という形で、政府代表愛知《あいち》揆一《きいち》大蔵政務次官等とともに、再度米国ワシントンに赴き、ロバートソン国務次官補等と会談し、米国のＭＳＡ（相互安全保障法）に基く対外軍事援助及び経済的援助等の諸問題につき折衝した。

第二十六章　三度に亘る行政整理

一、第三次内閣劈頭の大整理

以上私の在職中の財政経済政策について大略を記したが、そうした諸政策の中でも、特に私の印象に深く残っている行政整理の経緯について、いま少しく述べて置こう。

出来れば避けたい嫌な仕事

私は在任中一再ならず行政整理に手をつけ、時には十分に志を遂げなかったが、その中でも最初にして最大ともいうべきものは、第三次内閣の劈頭に手がけた整理であった。このときの整理は、官庁部局に関する大幅の縮減と併行して、中央地方に亘って数十万人の勤労者をして職を離れしめたのであるが、当時は、戦後経済の安定未だ全からず、職にあるものといえども、生活不安を脱し切れぬのが実情であったのだから、そうした際に、たとえ国家大局のためとはいえ、政府の施策として大量の解雇者を出すということは、情においては誠に忍び難きものがあったものである。

官庁の機構人員というものは、自然に放置する限り、いつの間にか膨脹するものであって、時機を見て春秋の大掃除の如きものを行う必要があるようである。ところが、部局の縮小もそうであるが、人員の整理となると、必ず、強い抵抗を避け難い。労働組合が必死に抵抗するは固よりであるが、社会党などの革新政党が理非を問わず反対し、また世論方面でも、しばしば反対の含みをもつ議論が行われる。

また人員整理といえば、一律に何割といういわゆる天引整理が最も実行性のある方式である。というよりも、それでなければ実行できないといっても過言ではない。しかし一方、もしも理論を通そうとするならば、この一律主義では、どうしても説明困難である。そこに欠点といえば欠点がある。そうした欠点を衝く反対の批判は、いつの場合でも行われたものであるが、それは、結局その効果において、整理そのものに反対すると同じであった。その上に、何千何万という人から、とにかくその職を奪うのである。情において忍び難いことというまでもない。従ってこの行政整理ということは、私などの体験においても、もし避けられればいつも避けたい嫌な仕事であった。

経済九原則の線に沿って

私が第三次内閣劈頭において手をつけねばならなかった行政整理も、そういった意味で、私情としては誠に好ましからぬことであったが、同時に大局的には已むを得ないことであった。何分にも敗戦の結果、国土の規模からいっても、経済力からみても、日本は甚だしく縮小しているに拘らず、行政の組織も職員も、戦時のままであったし、その上に占領下の要請から新しい国家機関の設置も少なからず加わったのであるから、いわゆる大掃除は、誰が局に当るとしても、必要だったわけである。その上に、いわゆる経済安定九原則の線に沿って、行政整理は最も強い要請の一つであった。すなわち、財政支出の適正化ということは、当時の実情として、この嫌な行政整理を必至ならしめたのである。

当初の目標としては、昭和二十四年三月末を期して、つまり新年度早々から実施したいということであったが、選挙だの、新内閣の組織だので準備が遅れた。そこで第三次内閣成立とともに、行政管理庁長官の本多市郎《ほんだいちろう》君を主任担当者として、大急ぎで行政機構の刷新及び人員整理に関する基本方針を決定し、六月一日実施を目安に計画を進めることとなった。そしてそれに必要な立法措置は、第五特別国会でこれが手続を完了するということとした。

右の内、行政機構の刷新というのは、主として各官庁の部局を整理簡素化して全体としての機構の縮小を図るにあったが、同時に能率の増進を図るための積極的な組織替えも含まれていた。人員整理の方は、現業二割、非現業三割、公団その他国庫で人件費を支弁する行政代行機関については二割という大体の目標を立て、官庁職員の減員を図ろうというので、この整理のための特別立法として、行政機関職員定員法と称する特別法を制定し、万事これによって処理した。そして国会、裁判所、人事院、地方公共団体などには、政府の趣旨に応じて、協力を求めることとした。

定員法という特別立法

この行政機関職員定員法というのは、官庁各部局の定員を法律で定め、この定員を超過する人員を整理するという建前のものであったが、それと同時に、この法律によって整理される退職者に対しては、特別の退職手当を与えることとし、よって以て整理の進行を円滑ならしめんとした外に、政府側の示す整理の基準については、これを団体交渉の対象としないこととし、この点を明文で特に示したものである。

右の特別の退職手当の方は、被整理者にとっても異存のあることではなかったわけで、その整理促進の効果も少くなかったようだが、団体交渉の対象としないという建前は、労働組合方面の強い抵抗に出会った。既に前年暮の改正で、一般公務員の罷業は禁止され、団体交渉権も認められぬことになっていたのであるが、国有鉄道などの公共企業体の従業員組合については、団体交渉だけは許されていた。そこでもし人員整理を組合との交渉によって進めるというのであれば、その結果は如何になるかわからなかったし、また実施の時期も予定し難かったのである。

その時の政府の案によれば、国有鉄道の場合は、組合員数が多いからでもあったが、整理予定人員は九万四千人の多数に上り、これが整理の成否は、大きく全計画の成行きを左右するほどに重大で、組合の出方如何は特に懸念された。ところが果して組合側は、政府側の整理基準の提示を迎えて、強い反抗の態度を示し、これを団体交渉の問題とすべしと主張し、単に納得を求めるための話合いに過ぎぬとする政府側の態度と正面から衝突した。飽くまで団体交渉に移せとする組合の主張と、法律によって団体交渉はできない、また整理の時期、人員、退職手当など変更の余地はないとする当局側の主張とは、平行線をなして一致の見込みなく、ついに七月二日、当局側は話合いを打ち切って、当局案のまま強行することとなった。

険悪な空気の中で整理を完了

組合側のそうした言分は、一応は理解できぬこともなかったけれど、何分にも問題はわが国経済再建の大局から止むを得ず採り上げられたものであった上に、当時の組合は、内部の過激急進分子に動かされている形跡が著しく、行政整理への反対を多分に政治的目的に利用している傾向があったので（註一）、政府としては、組合の主張に応じて、いわゆる民主的な話合いをすることは、その術策に陥る結果になる恐れが十分であった。当時政府側が断乎たる態度に出たのには、そうした裏面的事情もあったわけで、組合の空気の中には、非合法の罷業を含む実力行使に出る危険は看取されたけれど、政府としては既定方針を曲げることはできなかった。

そうした険悪な空気の中で、第一次三万七百名、第二次六万三千名と被整理者の公表を行ったが、七月五日に至って、国鉄側の最高責任者下山《しもやま》〔定則《さだのり》〕総裁の行方不明事件が発生し、越えて六日、同総裁が奇怪なる変死体となって発見されるに及んで、私たちは強い驚きに打たれざるを得なかった。この事件と、それから同じ月の十六日に起った東京都下三鷹駅の無人電車暴走事件とは、いずれも当時の人員整理をめぐる不可解な事件として、世間に強い衝撃を与えたこと、誰も知るところであろう。ところが、一方労働組合の険悪苛烈な空気の中に生起したこれらの事件は、組合内部に対しても、冷水三斗の逆効果があったとも思われるのであって、そうしたためか、国有鉄道の大量整理も、懸念されたような破局的場面に立ち至ることなく、案外順調に進められた。組合の内部に、左右の対立があったことも、組合の行動を牽制したものとも考えられるが、一方また特別な退職手当などの関係もあって、希望退職者が意外に多かったことにもよると報告された。

このようにして、その年の九月までの間に全官公庁に亘って、困難な整理をとにかく終った。その結果は、行政機構の刷新においては、部局の数でいって三割近い縮減を見（註二）、人員整理の結果においては、中央地方を併せて四十万名以上を整理、三百万の定員を二百六十万に削減することを得た。そして前にも述べたように、整理をめぐって険悪な空気が流れ、一部では不祥事件も起ったけれど、大局的には多くの混乱も来すことなく、大体において所期の目的を達成することができた。これについては、前記のようないろいろな事情もあったであろうが、当時の世論がよく行政整理の趣旨と必要とを認め、間接に政府支持の態度をとったことも、少からず関係があったとせねばなるまい。

【編集部註一】当時の新聞論調は、先きの二・一ストの頃と相違して、むしろ組合の暴走を誡《いまし》め、当局の人員整理方針を支持する態度を示していたが、国有鉄道の整理が最も険悪な状態に達した頃、七月四日附『朝日新聞』の社説は左の如く、組合の態度の背後に政治的意図の存することをさえ指摘しておる。当時の情勢の側面を示すものであろう。

「組合だけの立場を離れて、もっと高い観点に立ち、インフレ克服と経済再建とが国民的立場から、絶対に必要であることを考えるなら、行政整理は必要最小限度に止めるが、同時にその実施の適正を期し、整理される人々に対する退職条件や受入態勢に万全を期する、といった余裕と含みのある態度が生まれて来たはずである。ところが組合側は最初から、ただひたすらに行政整理反対の一本やりで突進して来た。しかもこういう態度を生んだ原因の一つは、行政整理を、遮二無二、吉田内閣打倒の政治闘争の好題目と予定し、整理問題そのものを実質的に解決しようとしない左派の強引なやり方のうちにあった。

問題をかように政治闘争の題目としてとり上げている限り、組合が非合法闘争に突入して多数の犠牲者を出すことは避けられないであろう。その場合左派が、国民大衆が組合側を支持し吉田内閣打倒あるいは政治革命を支持すると期待しているとすれば、それは大きな見当違いである。吉田内閣を支持するかしないかは別として、少くとも国民大衆は、民主主義制度を非合法手段で打ちこわすような行動は絶対に支持しないであろう。

闘争の中心にいて、戦術を練り煽動を事としている人々は、自ら自分の煽動に酔わされ勝ちである。行き過ぎた行動が如何なる反動を生むか、健全な組合運動がそれによってどんなに阻害されるかはもとより、幾多直接の犠牲者を出すことも、その犠牲者が今後どうなってゆくかも、これらの人々の頭の中にはない。これに反して、責任を知る指導者には、これら一切の事の軽重大小の判断がなければならぬ。これら、自分の足の上に立ち、自らの冷静な判断の上に立つ指導者たちがこの重大岐路に当って、あくまで理性と勇気とをもち、大局を誤らないことを願わざるを得ない」

【註二】　この時の機構改革において実現された官庁改組の主なるものは、㈠経済安定本部が総理庁から分離されて省並みの独立官庁となったこと、㈡九原則の外国貿易尊重の趣旨から、商工省、貿易庁が廃止されて、通商産業省に統一されたこと、㈢逓信省が郵政省と電気通信省とに分離されたこと（後に昭和二十七年七月限り、政府の電信電話事業が独立採算制の「日本電信電話公社」の経営に改められると同時に、再び統合されて郵政省一本となる）、㈣総理庁、法務庁が府に昇格され、宮内府が庁に改められて総理府の外局となったこと、などである。なお、㈤五月五日の総司令部からの「国税行政改組に関する覚書」に基き、国税徴収の業務が地方財務局から分離されて、専ら国税徴収を所管事務とする新設の国税庁に移され、同庁は六月一日から発足した。

二、第二回の機構改革と人員整理

機構改革に竜頭蛇尾の評

行政機構の改革と人員整理とが、二度目に問題になったのは、昭和二十六年五月三日のリッジウェー総司令官の声明に示唆されて、占領中の施策再検討のために、世にいわゆる政令諮問委員会が設置された頃からである。これより先に、私は官庁機構の整理統合については、政府部内の行政管理庁の仕事として研究立案を求めていたのであるが、この政令諮問委員会もこれを採り上げて、行政の簡素化のための改革を検討し、それにつれて政府与党方面でも真剣にこれと取組む機運となったようである。政令諮問委員会では東京大学教授の田中二郎《たなかじろう》という人が中心となり、政府部内では最初に広川弘禅君、後には橋本龍伍、木村篤太郎《きむらとくたろう》、野田卯一《のだういち》の諸君に、それぞれ担当責任者となってもらったと記憶する。

しかし、何分にもその研究立案の趣旨が、いずれにしても官庁機構の縮小にあったわけであるから、人員整理とはまた別の意味で、評判のよかろうはずはない。政府でも行政管理庁長官を中心に行政簡素化実施本部を特設して、改革の意見としては、たとえば運輸、郵政、電気通信の三省を交通省もしくは運輸通信省に統合するとか、厚生、労働の両省を併せて社会省にするとか、警察予備隊と海上保安庁と出入国管理庁とを一括して治安省を設置するとかの意見が現われ、その他省の名称として国土省だとか食糧省だとかいろいろ論をなすものもあり、その或るものは真剣に採り上げられたものもあったけれど、大部分は結局途中の障害に遭って実現されなかった。

省の廃止で実現されたのは、電気通信事業が新設公社の経営に移された関係から、電気通信省の郵政省への統合が実現されたのみであった。その他では、数多くの行政委員会の整理が若干行われただけで、人事院を廃止して国家人事委員会へ改組する案は、二十七年七月から実施の予定で、その他の簡素化案とともに第十三回国会に提案されたが、国会の審議はいたく難航し、特に参議院の反対が強く、大部分の法案は重要な修正を受け、且つ、その実施も八月一日に延び、人事院廃止案に至っては、ついに審議未了のまま、結局その後も存続することとなった。この経過を通じて、行政機構の縮小ということが、如何に言うに易く行うに難いかを痛感させられた次第であった。世間では竜頭蛇尾と評するものもあった。

十二万余名の整理を予定す

行政機構の改革の方は、そのようにして事志と違うといったような結果になったけれど、それと表裏をなす人員整理の方は、この度もまた或る程度実現することができた。機構改革の話と時期的には前後するが、改革を一先ず後廻しにして、前年の第十二回国会に提案し、大きく修正は受けたけれど、とにかく昭和二十七年一月から六月までの間に実施することができた。

この時の人員整理案は、人事院の廃止や主食統制の撤廃など、機構改革の構想との睨《にら》み合いで、部局によって整理の比率に相違はあったが、旧定員八十九万六千余名に対しては、八万七千余名の減少で、国有鉄道、専売などの現業公社をも含めれば、旧定員百五十二万余に対して、整理全人員十二万千余名を予定したものであった。尤もこの中には長期欠勤者、欠員などを考慮すると実人員は七万前後となり、さらにその中に希望退職者が三分の一程度はあるだろうとのことで、実質的被整理者はかなり少くなるであろうとの説明であった。

右の希望退職に関連することであるが、この時の退職手当にも特別な考慮を払ったことはいうまでもない。それは退職者に対しては、規定の退職手当の上にさらに割増をつけることとしたわけで、一月から三月までの退職者には八割増、四月から六月までの退職者には四割増とし、さらに整理を促進するために、十月五日（閣議決定の日）以後昭和二十六年中に自発的に退職するものに対しても、八割増の手当を支給することに決定した。

またも難航した定員法改正案

右の整理を織り込んだ行政機関職員定員法改正案に対する国会の審議は、この度も、やはり難航を極めた。右にも記す通り、主食統制撤廃の含みのあった点もいろいろ紛議の種となったが、それだけでなく、特に参議院での整理反対の妨害行為には悩まされた。その揚句、整理員数は二万七千余名を削られて、六万余名に減少してようやく妥協ができた。当初の政令諮問委員会の答申で十三万から十四万、行政簡素化実施本部の当初案で約十二万だった整理人員は、半分もしくは半分以下に後退したわけである。世間ではこれを骨抜きと批評したが、骨抜きといえば、骨抜きながら、とにかく一応第二回の整理も、或る程度の効果をもたらすことができた次第であった。

三、待命制度による人員整理

常例によって社会党が猛反対

三度目に人員整理に手をつけたのは、私の第四次、五次内閣の時代であった。整理といっても、国会での反対の動きがやはり激しかった割合には、被整理人員としては大きいものではなかった。それというのも、当時の欠員約一万名の三割程度を、定員法の枠から外すというのであって、実質的ないわゆる出血は殆ど伴わない整理であったからである。この時の担当国務大臣は、行政管理庁長官をしていた本多市郎君であった。昭和二十八年二月初に閣議で決定し、保安隊、警備隊、警察、検察関係、刑務所、学校教官などは除くこととした。若干事務整理による減員を含めて三千八百名程度を定員法で減らせる案を立てたが、三月の国会解散で、問題は五月以後の第五次内閣に持ち越された。

前にも述べたように、人員整理に対しては、革新政党は反対するのが常例で、この場合も強く反対した。定員法改正案は第十九回国会に提出されたが、法案を審議する内閣委員会の委員長は、両院とも社会党所属議員だった関係もあって、審議はなかなか進まなかった。特にこの国会には、いわゆる防衛二法案、すなわち、防衛庁設置法案及び自衛隊法案がかかっており、両派社会党必死の妨害の対象とされたので、その審議引延ばしの道連れとなって、定員法改正案も議事進まず、ついに例の乱闘国会の後に続く延長国会の最終日に至って成立した。減員分は欠員と希望退職者で埋める程度のものであった。

特別待命と臨時待命

この第三回目の整理に関して特に記して置きたいことは、これも時期的には前後するが、右の定員法改正に先立って実施された待命制度による整理である。ここで待命制度というのは、戦前に外交官や陸海軍人について行われた制度から思いついたもので、一定期間を限って、在籍のまま職場から離れ、その間従来の通常の給与を継続し、満期には退職するけれど、特別の退職金を支給するという建前をとった。昭和二十八年十月に閣議の決定をすませ、十一月一日から実施した。この待命制度のことを、いま少し詳しく記せば、これは特別待命と臨時待命とに区別された。特別待命というのは自発的希望による場合で、これに対しては待命期間を一ヵ年とすると同時に、退職の際の給付を多くする。臨時待命の方は、任命権者との話合いによる場合で、これについては、勤務年限によって待命期間を一ヵ月から十ヵ月の間で区別する。在勤三年未満は一ヵ月、二十年以上は十ヵ月とし、その間いろいろの段階があった。これも比較的問題なく順当に行われて効果があったように思う（註）。

【編集者註】 右の内、特別待命は締切日の昭和二十九年二月十五日までに九千百六十名の申出があり、臨時待命の方は、締切日の同年七月十五日までに六千八百五十二名が待命リストに上った。

【回想余話】 行政整理のお手伝いをして

増田甲子七

吉田さんは前後三回に亘って行政整理を断行されたが、その三回とも偶然にも私は、或る時は官房長官として、或る時は幹事長として、また或る時は党の行政改革委員会委員長として、この問題に当面した。

「行政費を節約して、国民のためにチープ・ガヴァメント (Cheap government) を造らなくては、祖国の再建は期し難い」ということは、吉田さんが口癖のように常に強調されたところで、私どもの耳朶に刻みつけられている言葉である。行政整理という題目は、当時どの政党も掲げていたが、終戦後今日まで十二年間、三回にも亘ってこれを実行したのは、吉田さんだけである。

行政費を成る可《べ》く節約し、或いはこれを事業費に回わすことは、国民の大切な税金を活かして使う所以であり、終戦後特に尨大化した行政費に手を入れないでは、いわゆる健全財政の確立は難かしい。そういった吉田さんの強い信念に従って、第一回は昭和二十四年六月から七月にかけて行われた。そのときは退職者総数二十六万五千にのぼる整理であって、当時私は官房長官であり、所管大臣は本多市郎氏で、行政管理庁長官として熱心に事に当られた。

明治政府始まって以来今日まで、このように多数の被整理者を出した整理はない。いわば政府、国会を挙げての一大騒動であった。最も多く犠牲者を出したのは国鉄の十二万名である。国鉄職員総数六十五万名の二割に近い、十二万名の割当を大屋運輸相が率先して引受けてくれたのは有難かった。

けれどもその間に在ってひときわ苦労したのは国鉄総裁下山定則君であろう。吉田さんはじめ我々は常に下山君を慰藉激励《いしゃげきれい》することを忘れなかった。何しろ官公労二百八十万中の二十六万五千、その内、国鉄が四割五分強を引受けさせられたのだから、国鉄内部に与えた衝撃は大きかった。

昭和二十四年の貨客運輸量は、昭和十二年頃とほぼ同様であったにも拘らず、戦時中の増員、引揚者の受入れなどのため、昭和十二年の職員二十七万人に対し、実に六十五万人に増加しておった。国鉄においては、成る可く将来性のある二十五歳以下の若い人とか、婦人職員を整理の対象とした。すなわち二十二、三歳以下の若い人は技能も比較的未熟であるし、他の仕事に転換して新しい人生への再出発を図って貰うことも容易であるとの配慮から、また婦人は戦時中男子職員の不足を補う意味から比較的重労働に就いておるのを、婦人本来の仕事である軽労働に移るとか家庭へ復帰するとかしてもらって、鉄道に全生命を懸けようとしておる熟練職務者に道を譲って貰うという趣旨だったのである。

この異例の配慮が却って猛反撃を買い、遂に豪胆な下山総裁は自他殺何れかわからぬまま犠牲者となり、平、三鷹、松川の各事件など相次いで勃発し、緊迫した空気が全国に漲《みなぎ》った。総理や私どもの身辺にも、断わっても断わっても、厳重な警官の警戒が行われたことは忘れ得ない。

その後、昭和二十七年三月、私の幹事長、担当大臣は橋本行政管理庁長官の時代、第二回九万三千の行政整理を断行した。第三回の行政整理は、私の党行政改革委員長、塚田行政管理庁長官の時、昭和二十九年春総数六万四千名減の定員法改正を行った。第二回、第三回の行政整理は、第一回の時と較べ出血が少く、尻切れトンボ、或いは竜頭蛇尾などという者があったが、定員一名を減ずる毎に、今日では四十万円近くの予算を計上しなくてもよいことに思いを致して頂きたい。また今日国鉄職員は四十三万名であり、総数六十五万を擁した第一回整理の時に較べ貨物、乗客ともに輸送量は倍以上になっていることを思えば、そうした評言は、罷《や》めてゆかれた方々にも気の毒な言葉になりはしないか。

なお、地方団体は何れも恐ろしい程の中央の決意に動かされ、それぞれ地方財政の整理を行ったが、吉田さんは国の方針に従わない二、三の府県知事があることを頻りに怒っておられた。そういう府県は国が三回に亘る行政整理の結果、黒字経済、健全財政となったにも拘らず、赤字で苦しみ、後年地方財政再建整備法の適用発動を仰ぐ始末となった。

祖国の再建振りについて、よく東洋においては日本、西洋においてはドイツといわれるが、ストライキ一つない西ドイツに較べ、日本には専ら破壊活動に従事する者があったり、極く一部には往々祖国再建の熱情に乏しい人々があったが、アデナウアー首相と同じく、わが吉田総理が、我こそ再建日本の背骨たらんとの信念に燃え、日本の再建興隆に力を致されたことは、今想起しても敬服を禁じ難い。

私は野党時代の自由党政調会長から始まって、独立前後の官房長官、幹事長など、いわゆる女房役として総理総裁としての吉田さんに親炙《しんしゃ》した期間が相当長く、回想の数々は尽きないが、ただ誰も言うだけで行い難かったこの行政整理を、吉田さんだけが断行された事実を特に記して置きたい。吉田さんの政治家としての信念が如何なる

ものであったかが偲《しの》ばれるのである。（元国務大臣兼内閣官房長官、元自由党幹事長）

第二十七章　復興再建の跡を顧みて

一、戦後流行した悲観論の実体

以上、私が主として戦後政治上の責任者として経験し施策したところについて、私自身の記憶並びに資料に基いて記したが、最後に、そのようにして今日まで達成された復興再建の跡を顧みて、特に感ずることの二、三について、思いつくままを述べて置くこととしよう。日本人の誰しも思うことであろうが、十余年前、戦後のあの混乱と動揺の中で、十年後の今日の状況を予想することは、到底不可能であったであろう。それほどに、敗戦日本の立直りは素晴しいものであることを、つくづく思わざるを得ないのである。

日本国民の優れた能力

そうした見事な復興再建をもたらした第一の力は、何よりも日本国民の勤勉と努力とであったであろう。そのことは、戦後東洋諸国民の立直りに協力と援助とを続けてきた米国の指導者たちが、アジアにおける最も優れた民族として、改めて日本国民を見直すに至った経過に照らしても明白である。

とはいうものの私は、日本再建の背後の大きな支援者としての米国の貢献を忘れているのではない。殊に焦土から立ち上らねばならなかった占領初期のこの国に対して、米国から与えられた物心両面に亘る幾多の援助が、如何に日本国民の努力を鼓舞し且つ効果あらしめたかは、測り知り難いものがある。しかしそれはそれとしても、日本国民自身の能力並びに勤勉さにおいて至らずとすれば、それらの援助も決して今日の如き効果を奏し得なかったに違いないのである。

そのような日本国民の能力は、単に経済の面においてのみならず、広く社会万般に亘って素晴しい進歩発展を示している。また、いわゆる民主化の面においても、一部には旧態依然たる分子も存在し、また履き違いの行過ぎもあるけれども、おおむね新しい制度を大過なく採り入れ、これが運用においても誤りなきに近からんとしている。少くとも、世界の多くの国民に比べて、日本国民がいささかも劣っているとは考えられない。そうした意味において、日本国民は十分に自信を持ち、且つ将来に関して楽観して然るべしと、私は思うのである。

横行した根拠なき悲観論

日本のそのような復興再建の跡を顧みて、私のひそかに不可解に思わざるを得ないことは、誇張された悲観論というか、被害妄想癖というか、とにかく国民の自信を培《つちか》うよりも、逆にこれを傷《きずつ》けて快しとするが如き言説が、世間の一部に根強く行われ、時にはそれが流行的に勢いを得る傾きの存することである。

若干の例を挙げれば、敗戦直後の混乱時代に、経済危機の到来を軽々しく予言し、且つ日本の再建は社会主義によるに非ざれば、また社会党政権によるに非ざれば、到底不可能であるというなどの言説が、一流の学者たちの間でさえ行われたことがある。社会主義については、私は詳しくは知らないけれど、いずれにしても、それらの言説が、当時のわが国民生活の拠って立つ基盤たる社会経済組織の原則を正面から否定し、国民をして現状に対する不信感、不安感を抱かしめる類のものであったことは間違いない。然るにその後十余年の今日、現実の経験はどうであったか。事実は何よりも雄弁である。それら尤もらしき主張や予言が、悉《ことごと》く全くの空論であったことを物語っているではないか。

社会主義の効果にしても、この十余年間で最早試験ずみであるといって差支えあるまい。最も高い程度に社会主義を採り入れているソ連はじめ共産諸国の依然たる貧困は、今日では隠れもない現実であり、これに反して米国はじめ西独、日本その他の自由経済の諸国は、いずれも素晴しい民生の向上を記録している。また最近に至っては、社会主義によらずとも、資本主義そのものの新しい姿は、次第に且つ顕著に、社会主義者の理想とするところに近づきつつありとする考え方が、漸く有力となりつつある。そのような論が自由経済論者の間に起るは固より異とするに足らぬが、最近では社会主義に失望した転向者の間においてのみならず、英国労働党の指導層に属する錚々たる社会主義者の間にも起りつつあると聞く。

〝アジアの孤児〟になったか

右のような極端なる病的悲観の癖は、その後に至っても、国際問題に関する愚かなる悲観論として依然跡を断たなかった。たとえば、サンフランシスコ平和体制に対する反対論の最も中心をなしたものは、斯《か》くては日本と中ソ両国との間の平和が危殆に瀕するとか、日本がアジアの孤児になるとかいう類の説であった。然るにその後の実際はどうであったか。これも改めて指摘するまでもなく、中ソ両国との間に外交的危機が生ずるどころか、反対に日本は両国からのいわゆる微笑外交の誘引に応接し兼ねる有様である。アジアの孤児になるどころか、サンフランシスコ条約を通じて、日本は曽《かつ》て侵略破壊した東南アジア諸国との国交を回復し、賠償その他の義務の履行も漸次緒《ちょ》に就き、相互の経済的接近も進められつつある。反対論者が大声叱呼したところは、悉く被害妄想的な極端論であったことが立証されている。

尤も、そうした議論の多くは、為《ため》にするところの政略論であったのが真相であろう。従って必ずしも正面から採り上げるに値しないのであろうが、一方また必ずしもそうばかりでなく、先に指摘した如き、偏った物の考え方、尤もらしき悲観癖の一つの現われであったとみてよい。このような傾向は、恐らく今後といえども、尽きるところなく、政治の批評の中に見られることであろうが、国民はこの戦後十年の経験に鑑《かんが》みて、軽々にこれに同ずることのないよう留意されたいものである。

破壊活動防止法と警察法との場合

被害妄想の最も甚しき事例は、例の破壊活動防止法に対する反対、警察制度再改正に対する非難などに見られた論議であった。破壊活動防止法及び警察制度再改正の詳細については既に記した（中巻十七章「共産党対策の表と裏」）。その際にもいささかこの点に触れたつもりであるが、破壊活動防止法とは、要するに、爆破、放火、殺人その他刑法上重大犯罪とされる行為を、政治的目的達成の手段として利用することを、特別に規制する立法であったし、また警察法の再改正は、戦後の改革の行過ぎから、極度に分散化、弱体化されていた警察の統合と統制とを図ったに過ぎない。

ところが、破壊活動防止法については、同法が前記のような犯罪的行為の教唆煽動をも刑罰の対象としている点を咎めて、同法を往年の治安警察法、あるいは治安維持法の再現として攻撃する論は、進歩的知識人を中心とする新聞その他の批判に数限りなく現われた。政治的自由が全く失われたとまで断ずる極端論さえ行われたものである。然るに今日、この法律が実施されてすでに五年以上になるが、思想取締りなどの形跡は全くなく、政治家も評論家も、新聞も雑誌も、言論報道の自由を極端にまで満喫し、自由は失われるどころか、日本は世界に稀なる自由の国であるとさえ評されていると聞く。当時反対論議に狂奔した人々の多くは、今日では法律の存在をすら忘れ去っていることであろう。

新警察法に対する反対に至っては、かの国会史上最大の汚辱ともいうべき乱闘事件をさえ惹き起している。そして当時行われた反対論を一口に纏めれば、要するに、戦前の政治警察、警察国家の再現だとする非難に尽きるのであるが、この場合にもまた、かくも非難された警察制度も、その後平穏に施行運営されて、現在立派に民主警察として治安の保持に貢献しており、論者の憂慮した如き事態は、少しも発生していない。このことは、多数国民の疑わぬところであろう。警察国家とか、政治警察とかの再現を恐れる説が、全く被害妄想的空論であったことを知るのである。

教育立法に向けられた歪曲誹謗

右のような誇大な被害妄想というよりも、むしろ歪曲誹謗の事例ともいうべきものは、教育の政治的中立を護る法律と、義務教育教職員の政治活動を禁ずる法律とに向って放たれた論難攻撃であったであろう。

多くの人々が夙《つと》に知るであろう通り、小中学校の教育の場を通じて行われる共産主義者の青少年への働きかけは、必ずしも全般に亘るものではなかったに違いないが、諸所方々に現われた組合活動の実例は、心あるものの目に余るものがあった。また一般公務員は政治活動を禁止されていたに拘らず、教職員には、特例的にその自由が認められ、その不合理と弊害とは、これまた甚しきものがあった。殊に教職員の政治活動の自由が、前にいう偏向教育と結びつく場合を考えれば、国民教育の責任を負う政府当局として、何らかの制限措置に出ざるを得なかったはずである。当時教育二法案といわれた特別の立法は、実にそうした切実な要求に押されて企てられたものであった。

然るにこの立法計画に対しては、当の教職員の組合が反対したのはまだしも、世の識者と目される多くの論客は、教育に対する国家支配に途を拓くものだとか、警察権の教育への侵犯を招くものだとか、極端な批判をほしいままにした。これらはいずれも、恐らく為にする曲解中傷だったのであろうが、同時に前から述べてきた被害妄想的悲観論横行の空気が、そうした根拠なき曲解中傷をさえも容易に受け入れた結果でもあろう。その後の実際が、憂えられた如き事態の毫《ごう》も現われぬことを立証していることは、虚心坦懐なる世人の納得するところであろう。

二、国民に残された重大課題

以上列記した若干の事例に徴するも、日本の政治、経済、社会は、一部論者の好んで批判する如き悲観を要せざるものであることがわかるのである。国際関係について見ても、日本の世界的立場は着々と向上強化されている。国際連合に対する加盟の如きも、ソ連の悪意ある政略的反対のため実現が遅れたのであるが、日本の実力、地位その他から見て、加盟の許されなかったことが、むしろ不自然であったといわねばならぬ。

日本は〝隷属〟していない

また世の共産主義者並びにその亜流は、米国の帝国主義下に日本が隷属しているかの如く誣《し》いるのが常であるが、架空の観念論的批評ならば知らず、現実に日本が支配を受けている事実がいずくにあるか。私は、独立以後の在職数年の経験を顧みて、日本政府が自己の打算と判断とによって行動する自由をいささかでも制限された記憶を持たない。殊に米軍駐留の事実が、日本政府に何らかの政治的圧力となった経験は全くない。日本に限らず、欧洲の自由諸国においても、米国その他の外国軍隊の駐留が、政治的干渉を意味する例は、恐らく全く認めることができないであろう。

二十世紀も後半に入った現代において、余りにも十九世紀的考え方の多いのに驚くと、或る人のいうのを聞いた。誠に第二次大戦後においては、降伏条件による占領時代は別として、軍隊の進駐によって相手国の内政を左右するなどは、全く論外の沙汰と化している。少くとも、自由陣営の諸国間においてはそうである。日米両国の共同防衛体制を批判して、これを隷属関係と解する人々は、右の実情を如何に見んとするか。彼らは恐らく、東欧その他共産衛星諸国において、軍隊の駐留を背景に、新しい意味の植民地的圧制と搾取との行われているのを、そのまま自由諸国に移して、これを解釈しているのであろう。むしろ、哀れむべしというべきである。

日本国民は須く過去十余年の以上の如き経験によって、十分なる自信を以て、周辺の問題につき考えて然るべきである。殊に戦後の改革も各方面に亘って、既に落ちつくべきは落ちつき、また改め得るものは、それぞれ改められている。これから以後も、過去の教訓を生かし、無責任なる言動に迷わされることなく、国民独自の判断によって、さらに改むべきを改めるよう、自信を以て進んで欲しいものである。

米国の対日観にも思い過ぎがあった

そうした意味においては、戦後の改革について、いま一度改めて振り返って見る時期として、今日は誠によい機会ではないかと思う。これまで私は幾度か述べてきたことであるが、日本に進駐した連合軍、特にその中心勢力たりし米国指導者の日本観の根底には、一つの大きな思い過ぎがあった。

すなわち、日本は極端な軍国主義の国で、この国の組織をそのままにして置いたのでは、世界平和の害になる。また日本はいわゆる警察国家であり、国民の思想を圧迫し、人権を極度に抑圧している国であると考えていた。従って日本の国家組織を根本的に破壊し、軍国主義思想を一掃せぬ限り、世界の秩序は保たれず、人類の安全は脅かされるという観点から、従来の国家、家族、社会の建前をすべて覆して、新しい民主主義国家を造ろうとした。もちろん、或る程度まではその通りでもあったし、その趣旨もまた不可とすべきではなかったが、歴史ある国の伝統、実情、環境を考慮に入れず、少くともこれを軽視しての改革が多かった。そこにおのずと行き過ぎも避けられなかったはずである。

戦後の皇室に対する扱い方なども、その考え過ぎ、行き過ぎの一例であったが、この点に関する私の見解は別の機会に譲る。また、教育に関する改革にしても、如何に民主主義だといっても、国の歴史、民族の伝統を無視して教育方針を立てるなどは無謀な話である。歴史もそうであるが、地理に至るまで教えてはならぬと強制したのは、軍国主義の再来を警戒したのかどうか、浅薄極まる考え方であったといわねばならぬ。

このような思想を背景として教育制度は、恐らくは改善のつもりで占領軍が手をつけたものであろうが、いずれは改革されねばならぬと思う。然もこの改革こそ、日本国民が独力でなすべきもので、これが改革にはかなりの時間を要することと思う。

改革は自発的に、且つ着実に

とかく日本人には外来の思想を尊重したがる傾向がある。日本人自身、己れを尊重することを知らぬは、実に恥ずべきことである。現在の日本各界における思想的混乱は、思うに外来思想の真意を取り違えていることにも由来するであろう。この混乱を一掃するためには、国民独自の確乎たる信念を打ち立てねばならぬ。それはいわば日本人の一人一人に与えられた課題である。それは重大にして、且つ困難な課題であろう。しかし、新しい国の建設ともいうべき新生日本に到達する仕事のためには、困難な課題といえども、これを果さなければならぬ。

そうした意味から、諸々の占領行政の遺産で、今後改革すべきことがまだまだあると思う。もちろん、改革といっても、政府の一方的に押しつけたものであってはならぬ。研究に研究を重ね、国民また甲論乙駁の間に適切な制度を生んでゆかねばならぬ。重ねていえば、こうしたことは、短日月の間に成就できるものではない。徐々に、然も適切に、時間をかけて対処することこそ肝要である。また何事も永久不変に妥当な制度などがあるはずはない。時間をかけて検討する間に、おのずと改革の機が熟するということもある。

憲法改正の問題なども、一時は性急にこれを採り上げ、一党一内閣の手柄にする腹かのように、改正を叫んだ政治家もあったが、そうした行き方が間違いであったことは、時の経過とともに立証せられた。このような問題は、右にもいうように、時間をかけ、甲論乙駁の経過を経て、自然と落ちつくべきところへ落ちつかせることが大切である。

考慮を要する選挙の在り方

新憲法によってわが国のいわゆる民主政治が確立されたが、現在の政治の形態が、果して当初に期待された如きものであるや否や。真に民主政治が確立されるまでは、国民は深き注意を以て、常に政治、政局の推移を監視せねばならぬ。

わが国の選挙の制度を見るに、余りにその種類が多すぎるといわざるを得ない。国会議員はいわずもがな、都道府県の知事、議員、市町村の長及び議員、はては農業委員に至るまで、貧乏なこの国としては、実に多くの選挙が国民の手を煩わしている。最近まではそれに教育委員の選挙が、全国都道府県市町村に亘って行われる制度になっていた。これが悉く費用がかかる。然もそれが決して軽少でないのみならず、年々増加する恐れさえある。そのために政治のあらゆる段階に人気取りが横行する。それは結局国民の負担となり、政治資金の乱費となる。ひいては政治の腐敗、道義の低下を助長するのである。

もちろん、そうかといって、選挙を廃止するわけにはゆかぬ。しかし、できるだけ簡単且つ費用のかからぬ制度を工夫するようにせねばならぬ。都市における区長を任命制に変えたことも、また教育委員の公選を廃止したことも、そうした工夫の一端としての価値あるものと信ずる。

また衆議院の選挙なども、成るべくよい機会に小選挙区に移行して、費用の節約、候補乱立の防止などに途を拓かねばなるまい。自己の個人的利害にこだわって、これが改正を阻止するなどは、誠に醜陋《しゅうろう》とすべきであろう。また参議院の制度も、徒らに衆議院と重複する今日の遣り方を改めて、その半数は選挙によるとするも、他の半数は、学識経験の豊かな人が選任せられるように、選挙法を何とか工夫する途はないものか。

現在の如き事態では、国会が二院制をとる意味は甚しく失われている。反対党は議事妨害、審議引延ばしには手段を選ばず、然もそれが衆議院も参議院も変らぬというのでは、何のために第二院があるのかわからぬ。この二院制度は、実は当初、総司令部から一院案を示唆されたのであるが、日本側で二院制の長所を説いて、現行のものを承認させた経緯もあるのであって、そうしたことから見ても、参議院の現状は、これを改めるための何らかの工夫が必要であると思うものである。

日本国民よ、自信を持て

以上のようなことを申すと、世間ではきっと反動だとか、逆コースだとかの悪評が行われることであろう。私が戦前の制度に立ち返ろうとか、古い体制にもどそうとか考えているという意味の非難が出ることであろう。しかし、このような論法は、それ自身が実は最初に述べた誇大な悲観癖にも相通ずる考え方によるものと思うのであるが、そもそも世の中のことは、そっくりそのまま元へもどそうと考えたとしても、決して元通りになるものではない。

改めたにせよ、改まったにせよ、それぞれ道理も理由もあったに違いないのであって、占領軍によって行われたいろいろの改革にも、前にもいった通り、その趣旨としては結構なことが多い。効果から見ても立派なものもある。大きな方向としては、大体あの通りでよかったと思う。しかし、そこには思い過ぎもあり、行き過ぎもある。人間が、然も短日月の間に実行したことであるから、多かれ少かれ、誤りのあるのは致し方がない。そこにまた再検討の余地が存することを、私は指摘するだけである。

私は決して戦前の元の体制へ立ち返れというのではない。何事をもそのような極端な受取り方をするのは、最初に指摘したように、時代の悪い傾向、軽薄な風潮の一つである。元の体制へなどは立ち返ろうとしても立ち返られるものではない。要はあらゆる改革において、伝統や環境を忘れぬこと、精神を没却せぬことである。日本が一部野心的政治家、軍人などに過られて、四隣の諸国に危害を加え、自らも史上未曽有の敗戦を喫したことが、大きな失敗であり、罪悪であったことは正に間違いないが、そうだからといって、ここに至った歴史の総てを否定し、国家社会の根本を覆すことが妥当であるとは思えない。国家社会の諸制度が、政治的野心のために悪用されたことは、国民の落度であった半面、また国民の不幸でもあったのである。制度そのものまでを、総て悪なりとする道理はないのである。

以上、私が誇大な悲観を非なりとするのも、日本国民よ、自信を持てということである。前述したような時代の風潮に慊《あきた》らぬからである。

第二十八章　わが国の進むべき道

一、外交と国際信義

興隆衰頽の跡を省みて

明治維新の新政に際しては、岩倉《いわくら》〔具視《ともみ》〕右大臣、大久保《おおくぼ》〔利通《としみち》〕、木戸《きど》〔孝允《たかよし》〕両参議以下数十名を欧米視察の途に上らしめ、広く海外の情勢を研究し、百般の国策立案の資たらしめた。当時名もなき一島国であった日本が、爾来半世紀を出でずして、日清、日露の両戦役を経て、第一次世界戦争の後には五大国の班に入り、国際連盟の五つの理事国の中に椅子を占めるに至ったことは、当時すでに世界の驚異であった。

然るにその後軍部を主力とする指導勢力が、国運の隆昌に心驕《おご》り、外交の進路に周到の思慮を欠き、無謀にも大戦に突入して惨敗し、先人の偉業を滅却し去り、国民挙げて茫然、何れの日にか昔日の盛運を取り返し得べきかの目途も立たぬ有様であったが、爾来十年を出でずして、今日再び戦前に優る繁栄を回復している。この優れたる国民努力の成果、復興再建の事績は、今日再び諸外国人の驚異の目を以て見るところである。

好んで自らを劣等視し、理由なく悲観する一部日本人の傾向は、戦後特に顕著なるを思わしめるものがあったが、日本国民はよろしく近代歴史の跡をたどり、再建復興の現状を直視して、十分の自信と矜持を持つべきであると私は思う。このことについては、既にいささか述べるところありたるも、重ねてわが国興隆衰頽の跡を省みて、日本の進むべき外交の大道について、所見を記してみたいと思う。

外交は権謀術数に非ず

外交は小手先の芸でもなければ、権謀術数でもない。国力を土台として細心の経営、不断の努力を以て、国運を開く外に正しい外交の道はない。小手先の芸や権謀術数によって国の利益を図ることは、一時は成功するやに思われても、長い目で見れば、その間おのずから失うところが、得るところを相殺し、却って永く不信の念を残すに至るもので、その事例は殊に近代の歴史に少くない。むしろ大局に着眼して、人類の平和、自由、繁栄に貢献するの覚悟を以て、主張すべきは主張し、妥協すべきは妥協する。そして列国の間に相互的信頼と理解とを深めてゆかねばならぬ、いささかも面従後言の挙に出て、信を外に失うべきではない。これが真の意味の外交である。

そうした点において、明治以来の先輩政治家が、外交の大道を誤るところなく、大国の一員たるにふさわしき道義を堅持してきたことは、私どもとして今日より省みて、これを多とせねばならぬ。日本が曽て、未曽有の国難ともいうべき日露戦争を勝ち抜くに当り、同盟国英国から陰に陽に効果的な支持を受けた事実、さらに同じ日英同盟の誼《よしみ》によって、第一次大戦当時の英国の苦境に際して、日本が惜しみなく支援の手を伸ばした事実などは、今日では多くの国民は知らざるところ、また忘れたるところであるかも知れぬが、当時英国の外務大臣であったエドワード・グレー卿が、その『回想二十五年』（"Twenty Five Years"）において、日英同盟に関連して、日本の忠実なる態度を賞揚している一節は、私の感銘深く記憶するところである。この点は既に第一章（上巻）において記したところであるけれど、重ねてここに述べて置きたい。

日本の誠実を称える二つの著書

当時、日本政府が中華民国政府に対して行った外交的諸要請は、欧洲における戦火の拡大を好機乗ずべしとなして、支那大陸に対する政治的野心の手を伸ばしたものと受け取られ、列国の猜疑《さいぎ》と警戒とを強める原因となったものであるが、この点についてさえもグレー卿は、「然らば西欧の如何なる国が、仮りに日本と同じ立場にあったとして、日本以上に、いや日本と同じ程度にさえ、自重することができたであろうか」という反問の形で、日本の態度を賞揚している。

またトレヴェリアンの『英国史』（註）という書物にも、日英同盟の由来を説いた一節において、「同盟の目的はロシヤの太平洋侵略に備え、列強による中国領土の分割を防止するためのものであったが、同時に英国としては、これによって極東水域に巨大な海軍力を擁する負担から免れることを得た」と記し、さらに「日露戦争後十年、第一次大戦に際しては、英国との同盟に終始忠実であった日本国民は、ただに極東水域において、敵国ドイツの跳梁を抑えてくれたのみならず、遠く地中海にまでも適切な援助の手を差伸べてくれたのであった」と、第一次大戦における同盟国日本の誠意を称えている。

【編集者註】George Macaulay Trevelyan　一八七六年生れの英国の歴史学者。ケンブリッジ大学に学び、同大学教授を経て、トリニティー・カレッジの学長。British History of the Nineteenth Century 及び History of England ほか著書が沢山ある。引用は後者の六九七―八頁からである。

思うに第一次大戦以来、日本が五大国の列に加わることを得て、国際外交場裡に漸次重きをなすに至ったというのも、国力のおのずから備わるものがあってのことには違いないが、同時にまた当時の先輩政治家が国策を誤らず、戦時中の日本の出処進退に、右のように真摯誠実なるものがあったからでもあると、私は確信するのである。

中立主義は二股主義

昭和二十八年の暮に、当時なお米軍の管理下にあった奄美群島の行政権が、日本に返還された経緯については、既に述べた（第十八章八節）。

知られる通り、北緯二十九度以南の南西諸島は、平和条約第三条により、講和独立後も米国行政権の下に留保された。琉球列島は固より、奄美大島もその範囲に含まれていた。この留保は、米国としては、その極東防衛の戦略的必要から求めたものであって、他国の行政権に煩わされることなく、自由に施設並びに運営に当りたいと考えたからに外ならぬ。本来、米国の大を以てしては、かかる東洋の小島に対して何ら領土的な関心があるはずはない。従って、日本が日米安全保障条約締結当時の精神を以て今後とも共産国に封する共同防衛の大義に忠実なるにおいては、琉球、小笠原などの復帰問題も、時至れば自然と解決するものと信ずるのである。

世には自由共産両勢力の間を彷徨する態度を、中立主義と唱えて価値ありげに思いなすものが少くない。甚だしきに至っては、両勢力のいずれにも、付くが如く付かざるが如き曖昧なる態度を持することによって、有利な取引が可能であるかの如き意見さえ行われている。そのような二股主義によって、国家的利益を図るなどの軽薄な行き方は、冒頭に述べた権謀術数の亜流であって、結局いずれの側よりも信頼されることなく、長い目で見れば、国家的不利に終るものである。

いわゆる反米感情の実体

このような二股主義が中立主義の美名を以て、尤もらしく唱えられる所以のものに関連して、いわゆる反米感情なるものについて少しく所見を述べて置こう。

そもそも敗戦国民が戦勝国の軍隊に占領せられ、内政外交のあらゆる面に亘ってその指図を受けるのみか、戦犯だの、追放だのと懲罰的な処分を受けるものが多数出たということから、多かれ少かれ、何らかの反感が湧くに至ったことは、蓋《けだ》し免れ難い自然の数であったであろう。ただ米軍によって管理された日本の占領政治は、国際情勢の変化という背景もあって、史上稀な寛大にして恩恵的なものとなったために、敗戦国と戦勝国という根本関係は変らぬながらも、その割に国民的反感といった風なものは強く残らなかったのではないかと思う。

もちろん、占領下に巧みに立ち廻って利益を得たものもあり、逆に占領政治のゆえに多くを失ったものもあって、現実の事情には人によって両極端の相違があったはずである。従って米国もしくは米国民に対する人々の感情は、一様でないのは当然であるし、且つまた中には強い反感を抱くに至った人々が少くないとしても不思議ではない。しかし、一口に国民感情といっても、そのような個人的な怨恨とでもいうべきものは、永くいつまでも残るものでもなく、またそんなに広く存在するものでもあるまい。

私の思うには、今日となっては、日本国民の大多数が、占領政治もしくは米国に対して抱いている感情というものは、決して悪いものではない。もはや、敗戦も忘れ、占領も忘れ、むしろ米国による占領であったればこそ、現在のような国民経済の復興と、生活の向上とが見られるのであることを知り、さらに自由と平和とを味わうことができるのだと考えているものと信ずるのである。

時代の風潮に憚る言論人

いわゆる反米感情として、もっと私の重要に思うのは、そんないわば具体的な、個人的な怨恨の類よりも、例のマルクス主義的世界観というか、とにかく米国を資本主義、帝国主義の権化と考え、その対外的働きかけを悉く何らか邪心ある行動の如く思いなす思想風潮である。もちろん、一般の人々は、共産主義者の言葉に倣って、日本を米国の属国だの、植民地だのとまでは考えぬにしても、とにかく米国の行動を善意に解したり、弁護したりすることを、何となく憚る気持を払拭し切れないのではないかと思う。それがむしろ、今時の知識人の通常の心理状態なのではないかとさえ考えるのである。

そこに、米国の好意を汲むよりは悪意を邪推したがる根本心理があり、米国の立場を理解する批評よりも、その意図を曲解する言論の方が、比較的容易に受け入れられる空気がある。半面からいえば、大多数の評論家や言論人にとっては、米国の好意を認めたり、その立場を弁護したりすることは、何となく気恥しいことなのではないかと想像されるのである。

そうした空気は、特に青年層、知識層において濃厚のようである。そのために、新聞や雑誌などが、迎合するというか、追随するというか、とにかくそのような空気に調子を合わせるようになり、従ってまた、国民感情全体までが、恰も反米に傾いているかの如く見えるに至る。仮に、これと反対の論を持つものが中にあっても、そのような言説は流行の新聞雑誌に容れられない。それが大学の先生などである場合は、講義を聴きに教室に出る学生が減ってしまうそうである。私の在任中にもそうしたことを耳にして驚いたことがある。そして誰であったか、治安担当の閣僚で、その対策のようなものについて、いろいろ苦心していたことを記憶する。

新しい意味の「曲学阿世」

このように、ジャーナリズムの歓心や、左翼好みの青年たちの人気を得ようとして、現実離れの意見を発表するものを、新しい意味での「曲学阿世《きょくがくあせい》」の徒といってよいと私の思う所以については、既に他の箇所で触れたが、重ねてさらに述べれば、私はこのような傾向を、ずっと以前から、苦々しいことだと思っていた。私の現実に経験したところからいっても、講和問題に関連して唱えられた実現不可能な全面講和論、小中学校教職員の政治的中立を守る立法を曲解しての反対論、さらに破壊活動防止法の趣旨を誇張歪曲して攻撃した批評など、要するに、悉く共産主義者やその亜流に指導せられる過激な労働組合などの好みを代弁するものだったといって差支えない。そうした代弁論が、一つの時流をなして、ジャーナリズムを支配しているような形になっているために、これに迎合、追随して、論をなすものであろう。昔は時の権力者に迎合して、これに都合のよい言説をなすものを曲学阿世と呼んだが、終戦後の今日では、言論は全くの自由で、権力者を憚る必要は少しもない。ひたすら、世の風潮に調子を合わせることが、明哲保身の術として、広く行われているようである。新しい意味の曲学阿世と称する所以である。それは、その後の現実事態が、少しも彼らの言の如くならぬに拘らず、口を拭って恰も知らぬが如き風なるに照しても、正しい評であることがわかるであろう。

然るに、このごろはそのような空気が、責任ある政治家にまで伝染したものか、あるいは右に、あるいは左に、その言動の一貫を欠くものを屢々見る。対米協調を説くに怯懦なるは固より、国際共産主義の脅威という重大問題——自由諸国に共通なこの重大問題についてさえ、これに触れるのを憚る風さえある。何と評すべきか、私は適当な言葉を知らぬものである。

二、対米協調の必然性

巧まずして発展した事実関係

わが国が明治開国以来、英米両国との政治的、経済的協調によって、国運の隆昌を来した所以については、すでに第一章（上巻）冒頭において述べた。ところが満洲事変以後、そうした国策の大道が見失われ、独伊両国と結ぶことによって無謀なる戦争に突き進んで惨敗を喫したこと、さらにその敗戦の破壊から立ち上がって今日に至るまで、自由諸国、特に米国との政治的、経済的結びつきによって、復興再建を進めてきたことなど、誰も知る通りである。つまり、そうした経過に鑑み、且つその結果を省みて、日本は米英と行を共にしながら栄え、米英に背を向けて破滅したといっても必ずしも過言でないのである。

日本の立国の基調が、自由諸国の中でも特に米国との親善協調に置かるべきことは、そうした大きな歴史の流れに沿う意味からだけでなく、占領から独立に至る間において、両国の間に事実上の密接な関係が生まれたことにもよる。今日の日米両国の関係は、特に企図したものにあらず、工作したものにもあらず、敗戦、占領、講和、独立の歴史的過程において、自然且つ必然に、いわゆる巧まずして発展生成した事実関係なのである。

日米共同防衛体制にしても、国際共産主義の脅威を感ずる両国共通の利害と感情とから、既成事実を単に条約の明文に形式化したにすぎない。言い換えれば、再確認したにすぎない。この間の事情については、既に平和条約の経緯を記した第十八章（中巻）でも述べたが、わが国外交の大本に繋がる日米関係の重要さに鑑み、且つまた私が責任者として取扱ってきた諸問題に最も重要な関係のあることでもあるので、重ねて一言する次第である。

経済的にも必然の道程

日米関係の重要性は、そうした歴史的な必然からばかりでなく、わが国民経済の根本性格からも、その意義を理解することができる。日本は島国であり、海の国である。狭い国土に、世界でも稀な稠密《ちゅうみつ》なる人口を抱えている。これを養うためには、海外貿易の拡大は是非とも必要であるし、また経済の成長発展を絶えず図るためには、先進国の資本技術の導入を、どうしても欠くことはできない。海外貿易のためにも、資本導入のためにも、世界の国々の内、経済的にも最も富裕にして、技術水準においても最も進歩している国を相手とする外はない。それは主義や思想の問題ではなく、それが最も手っ取り早い行き方である。そうした関係から世界を眺めれば、米国、英国などの自由諸国こそ、日本が最も尊重すべき相手となる。殊に日本が今後国内建設を進める上に必要な外資導入のことを考慮に入れるならば、中でも特に米国との親善関係が、わが国にとって何より最も大切だということに、自ずからならざるを得ないのである。

欠くことのできぬ外資の導入

この外資の導入という問題については、今少し私の所見を申し述べて置きたい。日本は明治開国以来、満洲事変に至る直前まで、英、米、仏など諸外国の資本を導入して国運の隆昌を図ってきた。今日の言葉でいえば経済の拡大を進めてきた。公債もしくは社債などの発行によって外国資金を導入した外に、外国資本そのものが直接わが国に投下されて、経済的発展の助けとなった点も極めて多い。

終戦後の十年余を省みても、それは同様である。占領米軍の軍事費による救済は暫《しば》く別とするも、いわゆるガリオア、すなわち占領地復興助成資金の援助にしても、その当初は物資資材の投入であって、特に外資というには当らぬかも知れぬけれど、経済的な効果からいえば、外資導入と少しも変らない。殊に援助物資の国内売却代金が、いわゆる見返資金として、復興建設に寄与し、その後は日本開発銀行に引き継がれて、今日なお国内産業金融に貢献していると聞いては、立派に外資導入ということができると思う。独立後に日本に導入された世界銀行その他の資金や、外国業者の産業投資などのことを考えるならば、外国資本が戦後の再建に演じている役割は、案外高くこれを評価してよいのではないかと思われる。

しかし、そうした事実に関連して見落してならぬことは、政治的にも、経済的にも、はたまた社会的にも、国内情勢の安定が必要だということである。さらに、日本の外交的態度が信頼され、且つ国防的安全が保障されていることをも必要とする。世には終戦十年の目覚しい復興再建ぶりを、ただその成果において認め、且つその恵沢《けいたく》を享受するのみで、それが因って来たる所以のものに特に考慮を払おうとせぬものが多い。いや、大多数の国民は固より、一応賢明らしき論をなす知識人の間においてすら、そのような考慮の跡は殆ど見えない。比々《ひひ》皆然りとさえ私はいいたいのである。

一切の前提は安全保障

一切の前提として、何より根本問題は国防の安全並びに治安の保障である。もしこれなくんば、民主政治の円満なる運営も、国民経済の望ましき拡大も、すべて空念仏《からねんぶつ》に終るであろう。さらに溯《さかのぼ》って、自由といい、人権というも、悉《ことごと》くその根本は、国家社会の安全が保障され、秩序が保持されることを前提条件とする。この前提がなかったならば、憲法の保障も法律の保護も、すべて書かれたる餅にすぎない。

そうした道理については、すでに憲法第九条の解釈の箇所（中巻五十三頁）において詳述したが、恰《あたか》も太陽の恩恵や、空気の有難味にも似て、この種国民生活の根本をなす問題は、ややもすれば忘れられ勝ちなのが通例である。平常時における軍隊や警察は、いわゆる縁の下の力持ちで、その責任の重大さに比較して、その功績はとかく認められ難いものである。

しかし、縁の下の力持ちは、それで結構であろう。軍隊や警察が、表面に出て派手な役割を演ずることは、むしろ望ましからぬことだからである。しかし、そうしたものの功績や労苦を忘れるだけならばまだしも、これを無用視し、厄介視し、敵視するの論が、尤もらしく横行しているのは何たることか。然も、そのような論をなすものが、恰も進歩的な、上等な人種であるかの如く思われ、且つ自らも然《しか》く振舞う傾向が著しい。そしてこれに反対の説を樹《た》つることは、とかく憚られ、遠慮されるといった風潮である。

これは恐らく、嘗《かつ》ての軍隊や警察の悪い面を知りすぎた国民の経験と関係のあることであろう。しかしもう一つ、軍隊や警察の強力なるを喜ばぬ共産主義者の好みが、知らず識らずの間に青年層、知識層の間に浸透している結果でもあることは、想像に難くない。そのために、これら防衛保安の機関に対して、あるいは無意識的に反感を抱き、あるいは意識的に非難を加えるのであろう。

ところが、これらの進歩的論者が、自由を論じ人権を説く場合、恰もそれらが憲法に記されているだけで保障されているかの如く言いなし、蔭《かげ》にあってこれが保障に貢献しつつある縁の下の力持ちを忘れている。国家内外における自由の敵、秩序の破壊者に対する安全の保障なくして、何の憲法ぞやと言いたい。

思うに、私の政治的経験だけから見ても、この種の無責任なる書生論が、如何にいわゆる世論なるものを歪曲し、局に当るものを惑わしたか、測り知り難いものがある。殊に終戦後なお日の浅かりし頃には、警察その他保安の任に当るものにして、世論の空気を憚って、思うように法の護持、秩序の維持に当り得なかった人々は、蓋しその数は少くなかったであろう。そして、そのような傾向は、今日もなお、多かれ少かれ、残っているのではないかと思われるのである。

日米共同防衛体制の真価

戦後の新憲法において、戦力なき国家となった日本のために、内外の安全保障を如何にして図るかということは、殊に講和独立を控えて、私ども局にあるものの最大の関心事であった。単に局にあるもののみならず、広く心ある人士にとっての問題でもあったであろう。そうした考慮の結果が、わが国防の安全を米国に託するという現在の相互安全保障の関係となり、占領米軍がそのまま居残って駐留防衛軍となったことは誰も知る通りであるが、斯くして生まれた共同防衛体制のもたらす国家的、国民的利益については、前にも触れたように、これを見忘れている人が多い。そして逆に、そのような日米関係を侵略もしくは隷属の関係となし、日本の植民地化を強調するものが少くない。もちろん、公然と斯かる論をなすのは、共産主義者並びにその同調者であろうが、しかし、それらの論調に知らず識らず動かされて、共同防衛体制を、専らその非難される面においてのみ見ようとしているものは、今日でもなお意外に多いのではないかと思われる。

しかし、戦力なき日本が、米軍の戦力によって護られているこの状態が、日本国民に対して寄与しているところは、決して尠少《せんしょう》でないことを私は重ねて強調したい。要するに、物の真価は、しばしば見えざるところにある。日米共同防衛体制もまた然り。前にも述べたように、戦後十年の復興再建の基礎をなし、さらに外資の導入を促す根本条件たる政治的、経済的、社会的安定の中に、その真価を求むべきだと、私は思うのである。

三、国家群結合の二つの姿

以上のように考えてくるならば、対米親善と日米協調ということは、歴史の因縁から見ても、経済の必然から見ても、わが国の国策として最も自然、最も賢明なる道であることが、自ずからわかるであろう。ここにおいて、私はさらにわが国民の注意を喚起したいことがある。人はよく二つの世界のチャンピオンとして、米国とソ連との対立にのみ眼を奪われ勝ちの如くみえる。しかし米国をリーダーとする自由陣営と、ソ連をリーダーとする共産陣営とは、その結びつきの根本において甚だしい相違を持っているのである。

自由国家群と共産国家群

自由陣営においては、その領土、人口、富源等の国力の点で、米国を一応リーダーとしていることは当然であるが、リーダーとその他のメンバーとの関係は、いささかでも対立、隷属のそれではなく、全く協力と信頼の基礎の上に築かれたものである。リーダー格たる米国の独断専行で、自由陣営を引摺《ひきず》るごときは到底不可能であり、少くとも他の重要諸国の意思を十分尊重せねばならない。それは多くの事例で立証されている。

しかるに共産陣営、殊に東欧諸国の関係においては、リーダーたるソ連に対する衛星国の関係は全く隷属的である。その隷属に堪え兼ねて曽てユーゴー・スラビヤが離叛したこと、近時ポーランドその他に同様の動きが見られたこと、さらにハンガリーにおいて、離叛を防ぐために残虐な軍事行動が敢《あえ》て行われたことなどは、悉くソ連圏共産グループの結びつきが、如何なる性質のものであるかを立証するものに外ならない。

先年のユーゴー・スラビヤの離叛に懲《こ》りたために、共産中国に対して多くの手心を用いたことは、国際情勢について知るものの常識であるが、それでもなお、中共政権がいつまでもソ連の〝友邦〟としての現状に甘んずるかどうかを、私は予てから疑問に思う。

要するに共産陣営の内部関係は、依然たる旧時代の結びつきであるに反し、自由陣営の結合は今後ますます発展さるべき国際協調のそれであり、これこそ国際連合の根本精神に合致するものといわざるを得ない。

いわゆる英連邦の結合ぶり

国家群の結合において、一国が他国を隷属せしめ、いわゆる衛星国的存在たらしめるごとき形をとることは、古来から幾多の例がある。しかしそれは必ず永続きせず、遠からず崩壊するというのが、東西の歴史の教えるところである。

その点において、私はいわゆる英連邦、ブリティッシュ・コンモンウェルスの国家結合を偉とし、賢明としている。私が在英当時感じたことは、日本の人々がややもすれば、大英帝国の衰運を説く短見であった。今日でもかかる論者をみること稀れではない。すなわち、嘗てはその領土に日の没することなかりしを誇った大英帝国も、その属領はつぎつぎに独立を達成し、世界経済の覇権はアメリカに奪われるに至り、今や斜陽の西山に傾かんとするに似たりとなすのである。戦前の軍部は英国に対しては、かかる観察を致し、他方米国に対しては、ホリウッドの活動写真などから、カクテルとダンスに酔い痴《し》れる国民と断じ、「米英恐れるに足らず」と妄信し揚言したものである。

然るに、かかる浅薄な短見には関係なく、大英帝国（ブリティッシュ・エンパイヤ）は、第二次大戦の終る頃には、いつの間にか大英連邦（ブリティッシュ・コンモンウェルス）と変貌している。英国の旧属領は続々独立して、それぞれ自由な国家を形成しているけれど、この独立は少しも離叛を意味しない。依然としてエリザベス二世陛下を、それぞれクイーンもしくはヘッド（元首）として戴き、連邦の構成員として、連邦会議にも代表を送っている。また関税その他の経済分野における提携、協力の関係を保持している。

わが国などでは、通俗にこれを連邦と称するけれど、いわゆる連邦（フェデレーション）としての結合ではなく、全く自由なる新しい形式の国家連合である。そこに、この大英連邦の時代的意味があるのである。

記憶すべきネール首相の言葉

この国家連合の形態もまた国際連合と或る意味で相通ずるものがある。将来の世界連邦とか世界政府とかいうが如き境地に到達する一段階ともいえるかもしれない。いずれにしても、大英連邦はもちろんのこと、近頃漸く注目されるに至った欧洲連邦案なども、ソヴィエト連邦や共産陣営とは本質的に異る。自由対等の諸国家連帯であることを見逃がしてはならぬのである。

これに関連して、私の注意をひいたことは、過日来訪のインドのネール首相が新聞記者に語った言葉の一節である。曰く「インドの知識階級は英国への隷属には強く反対し、嫌悪したが、国内政治のやり方としては、英国のそれは最良であると考えている」という意味であった。インド国民は、独立までは排英的、抗英的であったが、独立後にはそんなものは消えてしまっていることを示している。

四、英、米両国民気質の比較

英国流外交と米国流外交

ついでながら、自由陣営の代表的な二つの国、米国と英国との対外的態度について、私の経験を通じて見たところにより、所感を述べてみよう。

英国人は植民政策や対異民族政策においては、何んといっても何十年何百年の経験を持っている。短兵急《たんぺいきゅう》に自己の主張を相手に押しつけるという態度ではなく、急所、要所だけはがっちり押えておいて、あとは或る程度先方の自由に任せたり、あるいは相手方の意向も相当聴き入れるといったやり方である。実証的、実利的だともいえるし、人によっては狡猾だとみるかもしれぬ。

これに対して米国人のやり方は、とかく理想に走り、相手方の感情を軽視し勝ちである。机上で理想的なプランを樹て、それがよいと決まると、遮二無二《しゃにむに》これを相手に押しつける。善意ではあるが、同時に相手の気持とか歴史、伝統などというものを、とかく無視してしまう。

従って随分多額の金を投じて、援助の手を差し伸べても、結果は反感を招くだけに終る場合さえ起る。例を挙げれば、日本に対する占領管理の場合でも、日本はひどい軍国主義、封建主義の国だと頭から決めてかかり、これらの主義、制度から日本国民を解放してやろうという態度で臨んでくる。もちろん後にはかかる方針を一変して、全体としては史上稀れにみる好成績の占領となったが、兎に角米国のやり方には、どうも上述した傾向がある。対支政策、殊に国民党政府に対する援助政策に端的にそれが現われたのである。

独善に陥り易い米国流

米国人は、これはよいことだと自分で決めて、それを相手に押しつけ、相手がそれを拒んだり、喜ばなかったりすると、折角親切にしてやったのに、と思うかもしれぬが、こちらからいうと、米国の独善主義だとしか受取れない場合がある。例えばアジア問題にしても、われわれ日本人はやはりアジアの一員として、米国人よりはより多く通暁しているものがあると思う。故に何かアジア問題で米国が対策を樹てるという場合には、その対策が果してアジアの実情に適するか否かについて、日本側の意向を徴するならば、非常に参考になることがあるのではないか。といっても、一々の問題について、日本人の意向をきいてみても、それは大して有益だというわけにはゆかぬが、米国側で一つの具体策を樹て、それの実行の能否、あるいは善悪について、日本人の判断を利用すべきだと私は思う。

これは私が多年の体験から痛感するところであって、米国の要人に会う場合に、率直にその意味を話すこともある。話せばよく諒解はされたが、なかなか本当に理解して貰うのは困難であった。

英国人の〝反米感情〟

なお、反米とか排英とかいう言葉に関して、ここについでにわが国民に対して注意を喚起したいことがある。私どもが時に英国人の知り合いの家庭などに招かれて行くと、雑談のうちに、よく米国の悪口をいう人に出会う。米国人の英語はテリブルだとか、米国人は行儀が悪いとかいった類である。ところが、これを英国人の米国に対する憎悪、嘲笑または反感と思い込むならば、それは全く早合点というものである。こんなものは、江戸っ子が男性の京都弁や東北人の訛《なまり》を笑う程度のものに過ぎない。国民的な反米感情などというものとは、凡《およ》そ縁遠いものなのである。

さればこそ、個人的には米国の悪口をいう英国人も、外交のごとき国策を論ずるとなると、英米の紐帯誠に強きものを示すのである。同じアングロサクソン系統がそれぞれの国で支配的であり、同じ英語を語る国民として、われわれからみれば、やはり〝血は水よりも濃い〟といわねばならない。国際的に何か大きな問題が起って、英国側の意向をききに行くと、英国の当局として「先ず米国側の意向を確かめてから」という態度をとるのに出会ったことが、私の経験でも二、三にして止まらない。すなわち英国としては、米国の意向なり出方なりを尊重し、出来るだけは英米の協調を保持して行きたいというわけである。それとともに、米国もまた然りという場合が多い。例えば、何か問題があり、米国側と直接交渉して、なかなか難航するという時、他方英国を説得するに成功し、これを道伴《みちづ》れにすると、「英国までがその意向ならば」ということで、その後は案外円滑に交渉が進捗する場合がある。以て米英相互の信頼の度が察し得られるのである。対米外交の上で、対英考慮の大切であることを忘れてはならぬ所以である。

かく観察してくると、英国と仏国との関係も同様に軽視できない。英仏間の親密なる関係は伝統的ともいえるものである。結局米英仏三国の紐帯関係は、もちろん時によってその濃度に消長があり、また問題によっては相反撥するが如く見える場合もあるが、基調においては、今後永く変らず、少くとも二つの世界の冷戦の続く限り、自由主義国家群の中核をなして、揺るぐことなきを確信するのである。

五、新時代の国防体制

明治の初年、新たに陸軍を置いた際には、仏国の方式を採用した。これは徳川幕府が新式訓練のために仏国将校を招聘しておった因縁に基くものである。従って大山《おおやま》〔巌《いわお》〕、寺内《てらうち》〔正毅《まさたけ》〕、上原《うえはら》〔勇作《ゆうさく》〕などの諸将軍は、悉くパリに留学した。普仏戦争でドイツが勝ってからは、範をドイツ陸軍に採るに至り、桂《かつら》〔太郎《たろう》〕公らはこの国に留学し、またこの国からメッケル少佐を招いて参謀本部設置などの軍制改革を行った（章末註）。

第二次世界戦争後、占領治下においては、米軍の援助指導を受け、武器その他も米軍の供給するところであったため、軍装その他自然と米国軍の色彩を濃くしたのも已むを得ぬことであった。警察予備隊創設から現在の自衛隊に至る装備訓練に当っては、米国軍は友軍を養い上げるつもりで、懸命に指導してくれた。その好意は永く私どもの記憶すべきところである。

自衛隊創設育成の苦心

建軍の業は、およそ、一朝にして成るものではない。烏合《うごう》の衆《しゅう》とならず、組織あり、規律ある軍隊に作り上げるには、相当の年月を要するは当然である。それだけにまた、当年の自衛隊幹部の苦心は惨憺たるものがあったのである。殊に、過去の誤りを顧みて、軍国主義の復活を避けるために特に意を用い、文官優位の原則を確立し、旧軍人を採用する場合にも、軍国主義的思想傾向のあるものを排除し、純真公正の人物について銓衡するなど、人選にはなかなか苦労したものである。その頃私が主として相談相手になって貰ったのは、元陸軍大将の下村定氏、同じく元中将の辰巳栄一《たつみえいいち》氏らであった。

さらに苦心したのは、新しい部隊の編成訓練などに対し、必ずや旧軍人の間から批判が出るであろうということ、また一般国民の信頼感も直ちに生まれてくるはずもないということであった。隊員自身に十分な矜持と自信を抱かしめるは容易でないことを憂えた。それには如何にしたらよいか。先ず国民の理解と好意とを得るよう、地方のためになるような仕事、たとえば風水害などの天災地変に当って出動し、行動迅速、能率的なる特徴長所などを広く地方民に知らしめ、国民が親近感を抱くように導き、あるいはまた、市中行進のようなものをも時々行わしめるなど、当局の苦心は容易ならざるものがあった。

部隊幹部たるべき将校の教育は最も大切な問題であるので、防衛大学の設置を急ぎ、その校長には、私学の先駆たる慶応義塾大学の推挙を得て、同大学教授槇智雄《まきともお》氏を招聘し、その指導の下に学校の創立を行った。槇教授は慶応大学を卒業の後、英国のケンブリッジ大学に留学した人で、重厚篤学の紳士である。学歴人物とも申し分なき人である。

この大学は当初保安大学と称したものであるが、後に防衛大学と改称した。横須賀市外の風光に富む海岸の一角に敷地を選び、漸次校舎施設なども充実して行った。今年の春、第一期の卒業生を送り出し、それぞれ各部隊へ配属するに至った。私も初代の防衛庁長官（註）として、地方出張の際などは、各地方部隊の巡視検閲を行い、時に訓示をも試み、努めて隊員との接触を図った。防衛大学にも数回参観に出向き、今春の第一回卒業式にも参列した。

【編集者註】昭和二十七年八月陸海両部隊を統轄する保安庁が設けられ、吉田総理が同庁長官事務取扱となった。防衛庁と改まったのは二十九年七月からである。

望ましい隊員への敬愛感

自衛隊は組織後まだ十年にも充たず、なお幾多改善拡充を要する点もあるであろうが、国民諸君も当局の苦心の存するところを諒として、国家有用の防衛部隊を作り上げるため、絶えず十二分の後援を与え、隊員をして国民の信頼愛撫の常にその上にあることを自覚せしめるよう仕向けて貰いたいと、切に希望するものである。

兵舎などに、酷寒酷暑に対する施設もまだ十分ならざるものがあるであろうが、隊規を正しくするためにも、その日常生活に不快、不自由なからしめるを要する。英国の兵舎などは、その設備の完備せるに驚くが、これには十分に理由の存することであって、その意味を諒解するに難くない。またその服装などにも十分意を注ぎ、隊員をして常に国民の敬愛の情を感ぜしめ、同時に国民の信頼に背かざる心構えを持たしめることに努める必要がある。

今後防衛部隊の要員に非常に多くを要するとか、その他重大な事情が起れば、将来強制徴募制に改める必要も生ずるかも知れぬが、今日のところとしては、志願制度を採るのがよい。隊員たるものには、喜び進んで国の防衛に当り、隊務に服する気分が大切である。自由意志により国防の責任を尽さんとする精神が、民主主義の軍隊に不可欠なものであると思う。

近代国防観念と日米共同防衛

わが国防の現体制は、誰も知る通り、安全保障条約の下に、日米共同防衛の主義精神に立っている。現下の国際関係は甚だ複雑微妙であって、自由、共産両国家群の対立、冷戦の状態は、今後ますます変転極まりなからんとしている。いずれの国も独力をもって独立を全うせんとするは不可能である。そのゆえに北大西洋条約の如く、日米安全保障条約の如く、英米などの強国でさえ、悉く集団防衛（Collective Defence）もしくは集団安全保障（Collective Security）を国防の根本方針としている。

前にも述べた如く、日米安全保障条約は、わが国が膝を屈して米国に求めたものでもなければ、米国より無理押しに押しつけたものでもない。自然の順序として両国利害の一致点に生れたもので、自由陣営の世界的安全保障の一環として、対共防衛組織の中に日本が加入したものである。わが国は米国の意図を諒解し、米国はまたわが立場を認め、そこに共通の利益を発見したるが故に、われも進んでこの組織の中に入ったのである。

然るに、世間には、この共同防衛体制を恰も屈辱なるが如く感ずるものが少くない。今に及んでも、対等であるとかないとか、議論を上下している。斯かる人々は、現今の国際情勢を知らず、国防の近代的意義を解せぬもの、いわゆる井底の蛙、天下の大なるを知らぬ輩と評する外はない。今日いずれの国に独力を以て国防を支え得る国ありや。英本国の中心に米国空軍が防空を分担し、伊仏の国境の一部には、英米軍が防衛に当っている。ソ連支配下の東独に接する西独には、北大西洋条約により英米仏三国軍隊が駐屯しているが、西独はむしろこれを歓迎し、英国部隊の削減に難色を示したなどのこともある。そしてこの外国軍隊の駐屯によって、莫大なる軍事費の負担を免れ、それが敗余の復興に多くの貢献をしているとして感謝している。そこには何の屈辱感も、劣等感も見出されないのである。

基地反対の俗論に憚る勿れ

わが国もまた過大なる国防費の負担を免れ得たることが、今日の復興を来たした大きな一因となっている。この事実を知ってか、知らずしてか、米軍の引揚げを単純に喜び、これを国権の回復として迎える如き言をなすものが多い。要するに前述の理由なき屈辱感と表裏するものであろうが、その裏面においては、防衛当局は引揚後の対策に懸念を抱いているし、財政当局はひそかに外貨収入の減少を憂えているのである。

政府は財政の許す範囲において、防衛力の漸増を図り、以て安全保障条約の責務に添うことが必要である。そして反共自由国家群の信頼を強め、他面、国民をして米軍駐留の由来と意義とを諒解せしめ、駐留軍の共同防衛の協力に対して、十分の好意を表示するよう導くべきである。

条約に基く基地拡張の要請に対する反対運動なども、政府は浅薄なる俗論や悪意ある攪乱勢力を憚ることなく、毅然且つ断乎たる態度で、これに対処せねばならぬ。西欧諸国における前記外国軍隊の駐留に対しては、如何なる国民も、自国の恥辱などと考えているものはない。被駐留国が駐留部隊に対してする基地の提供も、当然の国際義務と考えられており、そのために、地元のものが反対するとか、騒ぐとかの事実は、曽て聞いたことがない。むしろ国際的利害の一致するところとして、国民は喜ぶほどである。

わが国の国防を米軍に託することは、前にも述べたように、歴史的に、自然的に発生した事実関係である。これは両国それぞれのためであり、世界平和のためでもある。基地の提供は、条約の義務であるが、それは条約を待ってはじめて発生したものではない。条約以前の必要である。条約はそれを明文に現わしたものに外ならないのである。

米国は、日本の国防を充実せしめるために、多数の指導将校団を日本に駐留せしめている。また大砲、軍艦、飛行機その他の新兵器を日本に提供し、その使用方法を教えるのみならず、わが幹部将校を多数米国へ留学せしめ、または視察団として招待し、米国内各種の軍事施設、秘密兵器までも見学せしめるなど、あらゆる努力を払ってくれる。その好意に対しては、政府、国民は公然と謝意を表する方途を考えて然るべきである。日本に秘密保持の法律あらば、さらに進んで新兵器の供与さえも惜しまずとしている。然るに、わが国は秘密保持の立法に躊躇し、今に制定に至らぬは甚だ不可解である。

日本は狙われている

なおこの際つけ加えて置きたいことがある。世間では通常、国際共産主義の脅威に対して備えるのが、日米共同防衛体制の目的であると考えられている。もちろん、それは正にその通りである。武装を解除され、思想的にも統一を欠いていた戦後の日本が、もしそのまま占領を解除されたとすれば、必ずや、国際共産主義の大きな侵略目標とされたに違いない。然るに、そうした事態が起らず、日本が第二の朝鮮にならずにすんだことは、他にもいろいろ事情はあったかも知れぬが、何よりも米軍駐留の体制が、無言の威力を発揮したためと見なければならぬ。

しかし、もう一歩進んで考えれば、日本を外部から窺う武力の脅威は、必ずしも共産侵略ばかりではない。このことを見落している人は、意外に多いのである。多くを説くまでもなく、一衣帯水《いちいたいすい》の海の彼方にある韓国が、その武力を背景に、わが離島や出漁船舶に対して非行を敢てしていることは、すでに知られるところであろう。さらにその韓国は早くからわが対馬に対する領土権を主張している。既に島根県の竹島を占領している韓国が、対馬にその手を伸ばさぬ保障はない。もし保障ありとすれば、日米共同防衛体制の発揮する無言の威力のみであろう。さらに、西南諸島、特に琉球に対する宗主権を主張する台北政府の意思もまた、早くから明かにされている。西南諸島をわが領土と考えるのは、日本国民の何ら疑わざる確信であるけれど、それといえども、現実には、米軍駐留の事実を別にしては、敗戦国日本に対して、特に的確に保障されていることではない。

もちろん、これら領土に対する武力侵略は、もしこれ有りとするも、究極においては、国際連合によって排除される仕組みにはなっている。しかし、究極の救済に至る道程における混乱と不安までを、国際連合は防止してくれるものではない。武力なき日本としては、どうしても強力なる第三国による直接防衛の保障を必要とする。

極言することが許されるならば、日本は北から南西にかけて、いわば武力の脅威によって取り囲まれている。俗な言葉でいえば、日本は狙われているのである。海を隔ててはいるが、近代武力の前には、境を接していると同様である。こうした地理的環境に位する国が、自ら戦力を持たずして、その国土の安全を図る途は、理解あり好意ある大国の直接の保護を受ける現在の行き方の外には、到底考えられない。私は今日でも斯く確信するものである。

六、産業立国の諸問題

わが国の人口はやがて一億に達せんとする。人口は国力の表現である。人口の多きを憂えず、多きをむしろ国の幸とすべきである。産児制限の如き消極策は、須らく個人の研究にゆだね、国家としては巨大なる人口を如何にして養うかに思いを致すべきである。

わが国は今や人口過剰のために、同胞相食《あいは》むとまではいわざるも、少しく利益ある仕事には忽ち企業者が寄ってたかって競争を激化し、内部より切崩す例は既に少くない。国内同業者の競争のために輸出品の価格を売崩し、輸出先よりはダムピングの嫌疑を受けて、輸入禁止を招いた場合もあり、また海外において、邦商同士の買付け競争にて値をせり上げ、値上りに依り輸入困難を来たし、共倒れの例も往々にしてこれを見る。過剰人口の悩みは貿易面において最も顕著に感ぜられるのである。すなわち、人口増加を憂うるよりも、この弊風《へいふう》を憂うべく、対策は積極的に大人口を養う道を考うべきである。

干拓、開拓による農耕地の拡張

わが人口の四割は農民である。耕地面積の増加が農民の生活を安定向上せしむる所以である。全人口の四割を占める農民の生活の安定向上は、すなわち国情を安定せしむる所以となる。然るに先年制定せられた農地法のために、農耕地の私有面積が制限せられ、他面には人口増加、産業発達の結果、住宅地もしくは工場地として、耕地面積は年々失われつつある。抑《そもそ》も地方農村はある時は不景気による都会の過剰労力を吸収し、またある時は、都会の必要労力の資源となるものであるから、都会の後背地たる地方の農耕地の保護は、都会の繁栄を支える所以でもあり、農村経済の基盤となる農地面積の増加を常に計画すべきである。幸い、わが国は海を以て囲まれ、入江、内海など沿岸地方到る処に、干拓《かんたく》に適する場所がある。干拓による農地面積拡張の余地は少くないのである。

数年前、オランダからヤンセン博士（章末註）を招聘して、国内各地の干拓適地の実地調査を依頼し、立派な調査報告が出来上っておるはずである。その後、この調査書はそのまま手をつけられなかったが、政府も今年度から、八郎潟《はちろうがた》の干拓に着手したそうで、誠に結構なことと思う。

わが国と同じく、国土の狭小なるオランダでは、ズイデル海沿岸を仕切り、十数年に亘る長期計画の大干拓事業を施工し、さらにまた、新たに西南地区ジーランド地方において、干拓計画を立案しつつありという。以てわが参考とすべきであろう。

わが国にも有望な酪農産業

日本全面積の八割は山岳地帯で、森林以外に余り利用されておらない。この山岳地帯には、家畜の放牧に適する土地が少くない。これらの土地を開拓して、牧草を植え、放牧を奨励して、農業の多角経営の一端とすべきである。北海道で多年酪農に従事したデンマーク人を、数年前、山形地方に転住せしめ、県の畜産試験場にあって、畜産の指導に当らしめたが、相当の成績をあげたそうである。わが国においては、従来、漁業は盛んであるが、酪農には国民が余り親しみを持たなかった。近年、牛、羊、豚などの飼育数が非常に増加し、酪農事業も各地に漸次盛んになりつつあるは誠に喜ばしきことである。

わが国は気候風土の関係で、放牧、酪農の発達すべき幾多の好条件を具備している。奨励よろしきを得れば、牧畜、酪農は必ず発達すべきであるのみならず、東洋一帯にバター、チーズなどの相当の市場を見出し得るはずである。干拓、開拓によって農地面積の増加を図るとともに、ヨーロッパにおけると同様に、酪農産業の進歩発達によって農家経済に一生面を開き、輸出品に新たなる品目を加えたきものである。

〝修繕のための道路建設か〟

明治初年に狭軌鉄道敷設以来、設備、その他において、相当の改良を加えられたが、トンネル、カーブ、橋梁など、なお改善を要するものあるのみならず、鉄道の未だ普及せざる処も多い。港湾の設備の如きも、大型船舶の時代となっては、わが国の港湾は水深が浅いために、吃水《きっすい》の大きい船の入港には不便、不適当であるのみならず、その他の港湾設備においても欠くるところが少くない。

殊に道路に至っては、自動車、トラックなどの交通量の激増とともに、既設道路の破損甚だしく、新設道路の築造、舗装なども、改良を要するもの甚だ多く、今や道路問題は朝野注視の焦点となり、非難の的ともなっておる。産業の発達、貿易発展のために、速やかに交通施設の整備を急がなければならない。

元来、わが国においては、自動車、トラックなどの発達が遅れておったために、道路に対する観念が、欧米先進国の如く進んでおらない。戦後、交通量の急激な増加のために、道路の不完全が一層目につき、従って工事方法などに対しても、世間の非難がやかましくなってきた。道路工事は、人の労力を主として、機械力に余り依らないために、能率が甚だしく悪い。失業救済を道路工事に結び付けたため、工事が遅々《ちち》としてはかどらない。

そもそも道路工事を失業対策の内に加うるのが間違いで、工事が迅速を欠くがために、産業全体が非常な損失を蒙《こうむ》り、むしろ失業を増加せしめておるのである。欧米の道路工事は、多く交通の少き夜間においてなさるるに拘らず、我国の工事は、朝は遅く着工し、午後はまだ日があっても時間がくれば工事を終り、然も交通の最も頻繁《ひんぱん》なる時間に工事を行うが故に、交通は妨害され、工事はますますはかどらない。また工事の内容も、間に合わせ仕事が多く、粗末極まる。或る外国人の曰く、日本では修繕するために道路を作るのかと。誠に痛い批評である。

観光事業に一外人の忠言

最近来訪の米国某実業家から、次のような意見をきいた。今や日本は手持外貨の不足に苦しんでおるが、米国兵の引揚げは一層外貨収入を不足せしめる筈である。米兵引揚完了の一九五九年頃には、外貨不足は一層ひどくなるだろう。英国が外貨不足のために大さわぎしたのもつい先頃のことである。仏国は現に手持外貨の枯渇に非常に苦しんでおる。日本は手持外貨の枯渇に対し、今から補充計画を立てなければとんだことになる。思うに観光事業に依る外貨吸収策の如きは最も手近な一案である。パリの観光収入は月額二億ドルに上るといわれておる。イタリーはローマ法王庁の参詣客だけにても、月額二億ドルに上るといわれている。ロンドンでさえも、最近ニューヨークのヒルトン・ホテルなどの援助を得て、市中目抜きの場所パークレーンに、贅《ぜい》をつくした一大高級のホテルを計画し、客室だけでも七百室を数え、食堂、宴会場、お客めあての売店設備を有する最新式のホテルを目論み、以て観光客による外貨収入を目指して設計中である。日本の風光を以てすれば、道路、ホテルなどの施設が完備すれば、米国よりの観光客招致は困難でないのみならず、観光設備のためとあらば、ニューヨークにおける募債も容易である。またそのためには、米国の航空業者、ホテル業者の協力も求め、ニューヨークでの募債計画を、今からでも進めるべきである。

来訪米国実業家の意見は以上のようなものであったが、私はその適切な忠言であることを痛感した。特に、ここに紹介して、世の識者の注意を喚起する次第である。

交通通信の改善は外債によれ

電信、電話などにも相当非難がある。東京、大阪、九州などの幹線電話は近時大いに改良せられたが、支線への電話連絡は、今なお甚だ悪い。私が先頃来訪した世界銀行のブラック総裁に対し、わが国の交通事業の不完全なる状態を述べ、その改善のために外債の起債を必要とする話をしたところ、ブラック総裁は、東京から鎌倉に電話をかけようとしたら三時間かかったといって笑っていた。また三浦方面にある電球工場が東京へ製品を輸送すると、道路の悪いために、途中毎回二割は破損するそうである。交通機関不完全のために時間、労力、資本を空費し、そのために生産費がかさみ、どのくらい輸出貿易に支障を来たしつつあるか分らない。

貿易立国といいながら、このように交通機関の整備を怠るが如きは、不合理千万であり、あきれざるを得ない。国の幹線道路の補修、築造だけでも成る可く速やかに完成すべきである。道路工事を短期間に進めるためには、年々の国家歳入にまたず、外債支弁により、重点的に施工する外はない。日本の今日までの産業の発達は、過去における公私の外債のお蔭である。それをインパクト・ローン（註）はいけないなどといって阻止するなどは、机上の財政論である。そのような考え方では、敗戦後の日本の復興は難かしいのである。

イタリーの移民・日本の移民

イタリーと我国は共に資源に乏しく、人口の多い点において、国情が最もよく似ておる。イタリーは多年海外移民に意を用い、南北米大陸における移民だけでも、相当の数に上っている。イタリー本国の経済は、移民の送金によって立ち直り、移民の往復のために海運は繁昌し、移民に伴って外国貿易が伸び、この国の戦後の復興繁栄は移民によるところ多いというも過言でない。イタリー移民の実績については、特にわが政府当局の注意を喚起したいのである。

移民は送り出すだけでは足れりとしない。移民のために先ず資本及び事業施設の移出を考えねばならぬ。移民が目的地に到着後、生計が立つだけの施設を考えなければ、移民は棄民となる。従来、移民事業といえば、移民の募集、身元調査、渡航費給与だけで事足れりとなし、移民が目的地に定着するまでの面倒などは考えてやっておらぬ。この面をも考えてやらねば移民は成功せぬ。

昭和二十九年、私の欧米旅行の際、ニューヨークで移民借款がまとまったが、当時の計画では、最初の年には千五百万ドル借入れ、第一期の移民計画を立て、第二、第三の借款によって、さらに計画を進める手はずであったが、その後移民借款千五百万ドルは、一時に受入れずして、年々三百万ドルずつ、五ヵ年間に借入れる事になったそうである。

移民によって人口問題を解決し得るとは考えないが、農村経済の援助となり、海運、貿易の繁栄を来たし、経済復興に役立つことは、前述のイタリーの例を見ても明らかである。移民も一種の事業計画である以上、先ず以て最初に十分の計画が立てられなければならぬ。移民は送り出しただけでなく、絶えず本国と連絡し、移民事業の経過を注視し、必要に応じて計画を補正改良して行かねばならぬ。わが国の移民は七、八十年以前から始まった事であるが、従来は移民というよりは、出稼ぎであった。そして政府の積極的、計画的保護助成は、甚だ行届かなかった。それでも今日まで既に相当の成功を収め、農場など経営に従事して巨万の資産を作り、相当社会上の地位を築き上げた人の数も、南北アメリカにおいて少くない。これらの人を力に、移民計画を新たにして、この上の成功を収め得るよう心掛くべきである。

賠償の履行は善隣友好の機会

わが国はサンフランシスコ平和条約により、戦時中わが軍が損害を与えた東南アジア地方に対し、賠償の義務を負担した。もちろん戦時損害の賠償が本則であるが、わが国よりすれば、これによって彼我の間に善隣関係を厚くし、経済上密接なる関係を樹立する機会とせねばならぬ。領土を失い、食糧や工業原料の資源を失いたる今日、わが国としては、東南アジア地方の開発を扶け、食糧及び工業原料の供給を確保し、さらにこれを利益あるマーケットたらしめんとするのである。

フィリピンの場合についていえば、フィリピンの鉄山開発によって、日本の鉄原料を確保し、わが工業と関係を生ぜしむるとともに、彼我貿易関係の増進を期待したのである。然るに対比賠償協定が出来て、我より賠償は払うが、彼我経済関係につき、何等具体的に取纏めたものがない。鉄の供給についても別に特別の約束がないのみならず、今なおこの国の政府は、日本人の入国を厳重に制限している。インドネシアその他の国に対して賠償協定をなす場合に、国民食料、工業原料の供給、マーケットの開設など、彼我経済関係の密接化に特に注意すべきである。これを約束するに非ざれば、賠償は無意味である。今後の交渉において、関係当局の深甚なる注意を要望する。

相手国よりすれば、これを以てわが経済侵略などと解するかも知れないが、かかる邪推を神経に悩む必要はない。未開発地方の開発、工業原料の確保及びマーケットの設定は、彼我相互の利益の為めであると、堂々と主張すべきである。

インドネシア開発は、関係国たるオランダ、米国などの協力を得て行う必要がある。その開発を日本が一手に独占しようなどと思えば、そこに間違いが起る。オランダは多年、インドネシアを領有しておった国である。米国は戦後は東南アジア防衛機構などの関係もあって、この地区一帯の開発に大きな関心を持っておる。故に、インドネシアの開発は、オランダ、米国などと協力して進めるのが、開発を円滑に遂行する所以である。

世界貿易の悩みを救う道

私が先年ニューヨークの新聞記者クラブにおいて、東南アジア開発のために米国は年額四十億ドルの投資をすべきであると演説をしたところ、インド駐在の元米国大使チャーレス・ボーレン氏が特に私に手紙を寄せ、同氏もまた同様の趣旨を、某クラブにて演説し、また『フォーリン・アフェアズ』誌にも寄稿したといって、演説及び投書の原稿を送ってくれた。同氏の考えによれば、東南アジアの開発によって、その住民の生活を向上せしむることが、同地方に於ける共産主義の発展を阻止する唯一の方法であると強調し、経済開発による繁栄を以てのみ、共産主義は征服し得るのだと論じている。単に共産主義を征服し得るのみならず、アジア一帯の経済が開発され、貿易が伸長せば、世界の悩みとするドルの偏在も救われるのである。

今日、貿易の地域的不均衡、ドルの偏在のために、世界は苦しんでおるが、この世界貿易の悩みを救うには、アジアの開発、アジアの経済的向上に俟《ま》つ外はない。然もそれには日本国民の活動の余地少からず、国民諸君は大いに自重するところなかるべからずである。

今や日本の漁船は、東は南北アメリカの沿岸から大西洋に延び、西はインド、アフリカの沿岸に、北はアラスカ海域に及び、南は南氷洋に日本の捕鯨船が活動しておる。遠洋漁業は日本の最重要産業の一つである。政府は国力の及ぶ限り世界の大洋を横行闊歩するわが漁船の保護に当るべきである。これがために、国際争議を起すも止むを得ないのである。オーストラリアの北岸における真珠貝採取に関する争議は、遂に我より国際司法裁判所に提訴するに至ったことがあった。李承晩ライン、ピーター大帝ラインの如き、不当なる公海の漁業制限に対しては国際裁判所に提訴、その他の方法に依って、断乎としてわが漁業権を保護する措置をとらねばなるまい。

七、民主政治の根本義

外国の文化を採り入れ、これをよく消化してきたことは、わが国民の長所とされるところであるが、一方また、とかく外来思想に心酔し、在来の政治道徳の観念を軽視する傾向を生ぜしめる弊もある。一国の政治はその国の歴史、国民の観念、感情が根柢をなし、これに添わざる政治形態は存続し難い。

民主政治は寛容の政治

共産主義の如きは、ロシヤのような国なればこそ、発生し存続するのであって、国情の異なる国に移せば、事態は異る。今日の東欧諸国に於いてさえ、徒《いたず》らに混乱をひき起し、時には流血の惨をまで見るのである。ハンガリア、ポーランドがその例である。今や共産主義そのものに対しては、衛星国内に於てさえも疑惑を生じている。ユーゴー・スラビヤの元副大統領ミロヴァン・ジラス氏は、共産主義批判の故を以て投獄せられ、獄内にて起草した著述を米国に送って、『新しい階級』と題して印刷公刊し、内部抗争の一面を公にしておる。

かかる趨勢《すうせい》なるに拘らず、わが国に於ては、共産主義に対し、なお一種の魅力を感ずるものあるは、外来思想を尚《たっと》ぶ因習の然らしむるところか、誠に笑止千万である。さらに民主、共産両主義の対立抗争の苛烈なる今日、中立主義の如きは、到底その存在を許すべきでない。また民主主義が良いとしても、消化され、日本化され、わが国情、人情に融合したる民主主義に非ざれば、わが国に於て成長せず、国民に十分理解せられたるものに非ざれば、わが政治形態として長く存続し難い。

民主主義の根柢をなす思想は寛容（magnanimity）である。敵と味方の確執（feud）ではない。己を知り己を愛し、また敵を知り敵を愛する寛容があってこそ、民主政治が行われるのである。いわゆる睚眥《がいさい》の怨《うらみ》も必ず報《むく》ゆという観念は、封建的観念であって民主主義はその逆である。

先年欧米旅行の際、英国においてチャーチル首相の晩餐会に招かれたる時、閣僚以外にアトリー氏其他労働党の領袖も招かれておった。チャーチル首相は自らアトリー氏を私の側につれてきて紹介してくれた。外国の政府は首脳者の招待に、反対党の領袖をも加え、これを紹介して外客と会談の機会を与うるところに、民主主義の本領がある。今秋英国首相マクミラン氏が米国訪問と決するや、労働党の領袖ゲイツケル氏を招いて、訪米の趣意を説明し、その諒解を求めたという。これまた学ぶべきである。

政党の争いを君子の争いとせよ

内治外交において、是を是とし、非を非とし、堂々の議論を闘わし、批判は世論に俟ってこそ、国民のために、国民によってなさるる民主政治である。民主政治における争いは、君子の争いであるべきである。民に知らしむべきであり、依らしむのみではならぬ。与党、反対党ともに良識を以て国政に当り、共に国策の遂行、運用に協力するのが民主政治である。争うべきは争い、妥協すべきは妥協して、以て国策の遂行運用の円満を期する。この信念ありてこそ、民主政治は国家国民のためになり得るのである。

民主政治は与党が良いだけでは完成したといえない。与野党ともに、良識に富み、愛国心に燃え、国家国民のために国政を行わんとするに非ざれば、民主政治といえないのである。淡々たる心持で政権に執着せず、時あっては反対党にも政局に立つの機会を与えるがよい。一党が政権を壟断《ろうだん》せんとするは、民主政治の正道でない。反対党が政局に立った経験に乏しければ、主義主張は実際政治に遠ざかり、空理空論に走るか、然らざれば過激に流れ、政争が苛烈となり、民主政治の運行全きを得ざるに至る。与野党、正々堂々相対立して国運の進展に協力するに至って、民主政治はその美を済すのである。反対党が弱体にして、反対勢力として力足らざれば、自然与党の結束はゆるみ、政党政治の堕落頽廃を来たし、国民の失望を招き、民主政治の行詰りとなる。

片山内閣に対処した私の信念

私の第一次内閣が総選挙で敗れて、社会党の片山哲《かたやまてつ》氏が組閣に着手の当初、氏は内閣に私を訪ね来り、「貴君の入閣は期待しないが、閣僚は自由党からも送ってもらいたい」と希望せられた。私はこれに対して、「貴党内のいわゆる左派のイデオロギーは何か」と尋ねると、西尾末広《にしおすえひろ》氏が片山氏に代って答えて、「容共的もしくは人民戦線的と考えてもらえば良い」という。そこで私は「自由党は反共を主義とする。主義主張を異にする自社両党が、政権のために連立内閣を作るは、第一、政党政治の本領に反し、また、遂には両党のためにならぬ」といって、片山氏の希望を拒絶した。

然るにこれを聞いて、自由党幹部の何人かは、私に社会党との連立内閣を頻りに強要し、連立内閣の要請に応ぜざれば、自由党維持し難しとまで極論するものもあった。私は片山氏に語ったところと同じ趣旨を以てこれに答え、「諸君はとに角、自分は連立内閣には不賛成である。議論の是非は暫らくおき、党の進退は党議で極めるべきである。代議士会の議に諮って、決定しよう」と告げ、翌日代議士会を開き、私は「公党の進退は軽々しくすべきでない」と、前述の趣旨を述べたところ、忽《たちま》ち拍手が起り、連立内閣説は立消えとなった。党の進退は主義主張を以て一貫すべきである。政権維持のために主義を二、三にすべきでない。挙国一致とか、連立内閣とかいうが如きは、国家非常の時、もしくは政策の一致した政党間においてなすべきであり、イデオロギーを異にする政党政派が権勢維持のために、一時の都合上、連立内閣を作るが如きは、政党政治の堕落であり、これを毒するものであるというのが、私の当時の考えであった。

私は連立内閣には不賛成であったが、片山内閣の成立には好意を表し、党を戒めて、内閣の成立を妨げしめなかった。のみならず、私は反対党の諸君と努めて交際し、意思の疏通をはかりたいと希望していたが、これは、十分にその趣意を徹底せしめ得なかったことを未だに遺憾に思う。

望ましきは政争の節度

政党の現状において、与野党ともに、他党を攻撃するに急にして、攻撃のためには、問題の善悪是非を問わぬ傾きがある。外交、経済、財政、労働、国防問題等において、唯々、他党を攻撃するに専らにして、他党の所論に耳を傾くる寛容さが十分でないかに見える。言い換えれば、政争に節度が欠けている。野党側には、或いは官公労ストライキ、基地反対運動から、甚だしきは、共産主義者の行動にまで好意を示すかに思わるる節さえある。

先年、西独のボンでアデナウアー首相に面談した際、首相は「ドイツでは労働者もまた、復興の意気に燃え、彼等はストライキなどする贅沢な暇はないといっておる」と私に語った。敗戦の後を受け、国民一致、復興に邁進協力すべき時に当り、ストライキを以て生産を害し、復興再建を妨ぐるの理非誠に明白なるに拘らず、これを政争の具とするに至っては、到底国民の支持を得べからざるのみならず、反対党としての政府批判力も自然弱からざるを得なくなる。

政府与党も単にその政策の強行にのみ力を致さず、反対党並びに一般国民に、十分なる理解の機会を与え、政策遂行に協力を求むる寛容さがあってこそ、民主政治、議会政治である。反対党の主張に耳を傾け、また自党の主張を十分に理解せしむるに努め、堂々の議論を闘わし、批判はこれを世論に俟つ態度をとりてこそ、議会政治、民主政治の運行全きを得るのである。

選挙過多の弊を除け

近年頻りに汚職問題が発生する。その原因は何れにあろうとも、選挙の数が多過ぎ、費用がかかることが原因であろう。わが国の選挙制度は、米国流の選挙制をまねしたものが多い。従って、中央地方を通じて選挙が多すぎ、選挙費用が莫大である。或る地方の知事が、選挙に二千万円以上を費したという例も聞く。米国は富んだ国だからよいが、敗余の日本では、冗費の多きに堪えぬのである。選挙制度の改正を真剣に考うべきである。知事は官選にし、凡ての選挙の簡素化をはかり、選挙費用の制限を励行すべきである。

次は府県の合併である。世間に道制について論ずる人のあるのは、我々と意見を同じゅうするものと思う。市町村の合併が進みおる今日、府県の合併も出来ないはずはないであろう。一地方の行きがかり、感情などを捨て、民主政治完成のために、選挙制度の簡素化、選挙費の節約を図らねばならぬ。

今日、欧洲各国はインフレ抑制のために、消費節約に懸命である。わが国も復興再建のために、須らく府県の数を減じ、知事を官選にし、小選挙区制を採用し、冗費節約を懸命に考うべきであろう。

民主政治における官僚の在り方

議会政治の発達には官僚制度の充実を考えなければならない。官僚政治といえば、一概に悪く考えるものもあるが、甚だしき間違いである。イギリスにおいては、政策は終局において政府が決定するが、その決定に至るまでには、政府は各方面の意見、殊に各省官僚の意見に十分耳を傾ける。各省の官僚は、その専門知識を以て、所信を上申し、政党政派の主張に顧慮せず、その職において得たる知識、経験を以て所信を述べ、政府の政策決定に資せんとするのである。

フランスにおいては政変相次、頻繁に内閣の更迭が行われ、中には数週間で倒れた内閣もある。第四共和国以来、内閣の変ること、既に三、四十回に及ぶにも拘らず、施政は各省官僚のしっかりした手にあるために、国民は内閣の頻繁なる更迭には余り関心なきもののようである。

我国においては、英仏における程に官僚組織強固ならず、政党が各省の意見を時に無視し、各省側もその所信を率直に述べざる傾きなきに非ざるは、誠に遺憾である。政策を決定するに当り、政党側が所管官僚の意見を尊重せざるが如きはよろしからざるはもちろん、官僚側もその職務によって得た知識、経験を以て、所信を率直に述べ、政党の政策決定の参考に資することを躊躇するが如きにおいては、民主政治における官僚ではない。民主政治においては、各省官僚はその所信を率直に述べて政策決定に資するとともに、決定した政府の政策に対しては、その実施に協力し、他を顧みざるだけの誠心誠意がなければならない。

大蔵官僚は斯くありたし

戦前各省の中で軍部は別として、いわゆる官僚らしき官僚は内務、外務、大蔵の三省であった。少壮有為の士の多くは、右の三省、中でも内務、大蔵両省を登竜門として目掛けたものである。内務省は戦後解体して厚生、労働、自治、警察など数省に分割せられた。それがよかったか、悪かったか、今後さらに検討の要ありと思う。外務省は後述するとして、大蔵省は今なお官僚らしき特色を存し、予算の上において断然各省を押える実力を有するは、国家のために喜ぶべきである。朝野挙げて予算分捕りに狂奔する今日、大蔵省がこれを押えるだけの権威あって茲《ここ》に国家財政の根本が立つのである。

大蔵省が喧しくて厄介だという理由から、予算編成権を内閣に収めんとする議論はよく耳にする。戦前も軍部方面から、そのような論がたびたび流されたことがある。だが以ての外の考えというべきである。斯様《かよう》な主張は、どうせ胸に一物あっての議論であろう。大蔵省というもの、特に大蔵大臣は、事予算編成に関する場合は、各省大臣を同時に敵にせねばならぬ立場のもので、その立場を強力にすることは、政治の根本を正す所以である。

予算編成の都度、各省からの強請、強要、威嚇を厳重に阻止する機関がなくては、国家財政は破綻する。この機関は民主政治において最も重要な機関である。それが今日のわが国においては大蔵省である。為政者たるものは、かかる機関が厳としてその権威を保持するよう仕向けるべきである。閣僚もまた大蔵官僚の専門的知識より来る意見は、虚心坦懐にこれを聴取する雅量を持たねばならぬ。

それとともに、大蔵官僚もそれだけの責任を自覚し、十分に自重して負託に背かざる覚悟を要する。人の集っての組織であれば、時に錯誤、誤解、行過ぎなどもあろうが、過って改むるに憚らぬだけの度量を常に持たねばならぬ。一つの例だが、先きにもふれた如く、インパクト・ローンはいけないの一点張りで、むやみに外資導入を阻むなどは、大蔵省の錯誤、行過ぎである。インパクト・ローンその他外資の活用については、別の機会に私の意見を詳しく記したが、要するにわが国は明治以来、日清、日露両戦役から、大震災後の帝都復興に至るまで、これによって多くを賄い、新日本建設はこれによって成し遂げられたのである。そうした大局を見ないで、インパクト・ローンを一概に排斥するなどは、大蔵官僚の視野の狭さを示す一例といわねばならぬ。

【編集者註】インパクト・ローンとは、契約上使途の拘束を受けない借款であって、これに対比されるものは、たとえば発電機械設備の輸入代金を賄うなど、特定の使途を条件とする借款である。戦前の外債は殆ど全部インパクト・ローンであった。

特に外務官僚について

外務省は従来国際関係に興味を有する俊秀の士が目指すところであった。日清、日露両戦役の後、わが国が漸《ようや》く国際外交の舞台に認識せられてから、外務官僚もわが政界に重要な地位を占めるに至った。陸奥宗光《むつむねみつ》伯時代から小村寿太郎《こむらじゅたろう》、西園寺公望《さいおんじきんもち》、加藤高明《かとうたかあき》、牧野《まきの》伸顕《のぶあき》、珍田捨巳《ちんだすてみ》、林権助《はやしごんすけ》、内田康哉《うちだこうさい》、幣原喜重郎《しではらきじゅうろう》など練達の先輩政治家が外交官畑から輩出した時代がそうであった。戦時及び占領時代は別として、外交権回復後の今日において、外務官僚が果して外交指導の権威を有するや否や、いささか不安の念を禁じ難いのである。

思うにサンフランシスコ平和会議当時においても、全面講和などの空論を主張したものがあったが、近くは日米親善はわが外交の基調なりと言いながら、共産主義国との国交回復を進んで唱道し、日蘇国交回復後は、さらに中日復交を説き、中共貿易、中日経済提携の成否が、わが国運にも関するかに極論するものがある。斯かる論者は、現在の中国に貿易支払余力がどの程度にあるかを知っての上で議論するのかどうか、頗る疑いなきを得ないのである。然るに、斯かる主張に対する政府当局の態度は少からず明瞭を欠き、外国政府筋をして、わが外交方針に自然と疑念を抱かしめつつあるやに思われる節が少くない。外務省の役目として、対外宣伝のことは多く採り上げられ且つ理解もされている如くであるけれど、国論の指導啓発の責任が一層大切であることを忘れてはならぬ。今日文字通り国民外交の時代において特に然りである。これは外務官僚の双肩にかかる重大なる職責である。一国の外交には、その地理的条件と幾百年の歴史より来る自然の繋がりがあるものである。英仏の関係は過去幾多の変遷もあったが、その間一脈離れ難き繋がりがあり、米英両国の間も同様である。外交当局はその自然の繋がりを辿り、実情に即したる外交方針を堅持すべきであって、偶発的事態に迷って、方針を二、三にすべきではない。

この外交の大道は、多年の研究、知識、経験によって到達する結論である。外務官僚たるものは、その職務経験において会得したる外交の大道を堅持し、以て政府当局を輔佐し、国民を啓発指導し、国家の進むべき道を踏みはずすことなきように努めるのが、その最重要なる職責であろう。

要するに官僚組織と議会政治とは相表裏すべきもので、それによって政治の運用も全きを期し得るのである。英仏など歴史の古い国の議会政治と官僚組織の関係は、多年の曲折を経て成長発達したものであるから、直ちにわが国の現状に当てはめ難いかも知れぬが、議会政治の運用を全からしめるために、わが官僚組織の発達完成を期待して已まぬものである。

【編集者註】

㈠　大山巌（一八四二―一九一六）　陸軍大将、元帥、公爵。鹿児島県出身。第一次伊藤内閣以後第二次松方内閣まで六代に亘って陸軍大臣を務め、参謀総長となる。日露戦争には満洲派遣軍総司令官として全軍を統べた。

㈡　寺内正毅（一八五二―一九一九）　陸軍大将、元帥、伯爵。山口県出身。第一次桂内閣以後第二次桂内閣に至る間三代に亘って陸軍大臣を務め、朝鮮併合とともに初代朝鮮総督、続いて内閣総理大臣。

㈢　上原勇作（一八五六―一九三三）　陸軍大将、元帥、子爵。鹿児島県出身。第二次西園寺内閣に陸軍大臣。後に参謀総長。

㈣　桂太郎（一八四七―一九一三）　陸軍大将、公爵。山口県出身。第三次伊藤内閣以後第四次伊藤内閣まで四代に亘って陸軍大臣。続いて第一次内閣を組織、四ヵ年半の間に日英同盟の締結、日露戦争の遂行などの大任に当り、講和に当っては、外務大臣小村とともに、条件不満なりとする国民の非難攻撃の的とされた。後内大臣として宮中に入ったが、再び出て第三次内閣を組織しながら、その間の軍部の陰謀を咎めるいわゆる憲政擁護運動の攻撃を受けて幾ばくもなく辞職。やがて失意の裡に病死した。

㈤　メッケル少佐 Klemens W. J. Meckel（一八四二―一九〇六）　プロシヤ時代のドイツの名将モルトケの高弟。一八八三年招かれて日本に来り、陸軍大学校の教官として戦術を講じ、軍の組織並びに軍制の改革に画期的な助言をした。滞在満三年にして帰国し、一九〇六年死去。

㈥ヤンセン博士 Peter P. Janssen（一九〇二―〔八二〕）オランダ王室技術協会の土木水利担当委員長、デルフト工科大学教授。日本へは前後二度来訪し、有明湾その他の干拓計画について助言指導している。

【回想余話】第一次吉田内閣の閣僚として

石橋湛山

私は第一次吉田内閣に入閣するまで、総理の吉田さんという人をよくは知らなかった。戦争中のことだったが、亡くなった清沢洌《きよさわきよし》君が外交史の著述に精進していたころ、牧野伯や吉田さんと接触する機会が多かったらしく、一度会ってみないかと勧められて、私は清沢君と連れ立って、平河町の吉田さんのお宅を訪ねたことがあった。何を話したかは全く記憶しない。その後吉田さんは東洋経済新報社へ訪ねてくれたこともあり、当時すでに食べ物の不足な時代だったが、経済クラブで牛鍋などを奮発し、それから木炭自動車でお宅へ送ったことを記憶する。私と吉田さんとの関係はその程度で、第一次吉田内閣に入閣したのも、党の方からの推薦によるもので、吉田さんとの直接交渉はなかった。

他の閣僚に対してもそうであったのだろうが、吉田さんは総理大臣として私どもの仕事に少しも干渉しない人だった。全く任せきりというのか、こちらも格別相談するということもなかった。知られる通り、当時は一から十まで総司令部の承認を得なければならなかったもので、中でも一番面倒だったのは、いわゆる補償打切りの問題であった。すったもんだの最後に、私の下書したマッカーサー元帥への直訴状に、吉田総理のサインをもらい、総理のルートを通じて差し出したが、これが私の仕業だということは直ぐわかり、民政局や経済科学局の癇《かん》に障ったらしい。補償打切りの問題で私の最も心配したのは、それが銀行の資産に穴を開けることになって、預金切捨てに至るは必至だから、銀行に対する不信感を広めて、貯蓄その他に悪影響を来たしはせぬかという点であった。総司令部との折衝は大部分そうした心配のないようにということであった。ところが、後になって見ると、心配したほどのことはなく、別段の混乱もきたさず、今日の復興と繁栄とをもたらすことができた。要するに補償打切りの前後に進行したインフレーションのために、緩慢な済《な》し崩しの預金切下げが行われる結果となり、打切りの打撃が実質的に大したものでなくなったからであろう。考えようによっては、これはインフレーションの消極的功徳の一つで、もし当時私どもが、始めから謀《たくら》んでそれをやったのだったら、大した凄腕であったことになる。

当時の施策で、おかしなことになったと今でも思うのは、財産税の始末だった。戦争に敗けたのだから、財産のあるものに税をかけて取り上げるというのは正しいことに相違なかった。当初はそれによって過去の公債の消却をしようというのであったが、いつの間にか、財産税は社会保障の財源にせよと言い出し、社会党も決議するし、自由党までそうした看板をあげた。ところが、財産税が現金で納められればよいが、大半は公債とか、封鎖預金とか、不動産とかによって納められる。それを歳出財源に繰り入れるからには、結局折角封鎖した預金を解除したり、赤字公債を発行したりするのと同じ理窟になる。つまり、世間にいう、いわゆるインフレ政策になる。ところが、政党も世論も、そうした点はお構いなしで、財産税だの、社会保障だのの美名に惑わされてか、財産税収入をつかってしまうことに賛成であった。

そこで私はそうした空気に便乗して、一般財源に繰り入れた。これは結局、その効果においてはインフレーションになりますよと、国会では断わって置いたが、結局そのようにして財産税はウヤムヤのうちに行方不明になってしまった。おかしな結果になったものだと、今でも私は思う。

インフレーションといえば、戦後補償打切りで無一文に帰した大部分の生産会社が、とにかくその後立派に復興して行ったのも、要するに復興金融金庫の貸出や銀行のオーバーローンを通じて日銀信用の膨脹が行われたからであった。それは結局インフレーションに導くことになったには違いないが、インフレーションのために過去の債務負担が軽くなり、同時に事業活動が活潑円滑に進められた。戦後初期の生産復興は、緩慢なインフレーションを通じて進められたといってよかろう。強いていえば、第一次吉田内閣の手柄といえぬこともない。（元大蔵大臣、総理大臣）

【回想余話】学者グループと吉田総理

和田博雄

終戦から昭和二十二年三月二十二日マ元帥の経済政策に関する吉田首相宛の書翰発表の頃までは、日本経済の言わば混乱期であった。三月三十一日には衆議院は解散されているのだから、第一次吉田内閣の時代は言わばこの経済混乱期の終末期をなすものと言っていい。だから第一次吉田内閣は当面の応急措置に忙殺されていた感が深いのであるが、それだけに他方何んとかして、累積的な悪効果を以て進行する経済の悪循環の因果関係をたち切って、この混乱から脱け出て、日本の経済を再建の軌道に乗せることは出来ないものかと、我々は切実に考えていた。経済安定本部が設けられたのには斯う言った配慮があったと思う。

その経本長官の人選の相談をうけた時、私は有沢広巳教授を最も適任者であるとして吉田総理に推薦した。吉田さんも交渉してみて呉れないかと言われる。そこで有沢さんと話してみたが、いろんな理由を云って、中々承知して呉れない。故高野岩三郎《たかのいわさぶろう》先生や大内《おおうち》兵衛《ひょうえ》先生にも有沢教授引き出しの応援をお願いした。執拗に何回か有沢さんと話した結果、有沢さんも結局高橋正雄《たかはしまさお》教授が自分と一緒に経本に来て自分を援けてくれることを承知して呉《く》れれば、自分も経本長官になることを承知しようと言う所まで折れてこられた。そこで高橋さんを説得にかかった。当時は停電が頻発した時期だったので、ローソクの灯をかこんで、高橋さんと私とそれに小学校以来の親友である岸本誠二郎《きしもとせいじろう》教授と三人で、ずいぶん議論もし説得に努めたが、高橋さんはなかなか頑強でどうしても承知しない。私は経過の詳細と見込の薄いことを吉田さんに報告した。七月の初旬高野先生が吉田総理を訪ねられ、正式に有沢さんの不承諾の意向を伝えられ、有沢教授の経本長官問題は不成功に終った。

七月二十二日、膳桂之助《ぜんけいのすけ》氏が経本長官に就任した。そこで武見太郎《たけみたろう》君と相談して、吉田さんのブレーン・トラストの意味で、経済再建について一流の学者の協力を求めることにして吉田さんに進言した。その顔ぶれは、有沢広巳、中山伊知郎、東畑精一、永田清、茅誠司《かやせいじ》、堀義路《ほりよしみち》、内田俊一《うちだしゅんいち》の諸博士である。膳さんには吉田総理から話していただき、膳さんもこの学者グループの会には度々出席された。吉田さんはこの会合には、初めから極めて熱心で、会議の場所には外務省の大臣室をあてられるなど、細い注意をされると共に、暇をみてはよく出席された。会議は週一回乃至二回は開かれた様に記憶する。

この会議で初めて所謂傾斜生産方式の構想が有沢構想として取りあげられたのである。即ち当時石炭と鉄鋼との間に存していた累積的な悪効果をもった悪循環的因果関係をたち切るために、凡ゆる施策を石炭と鉄鋼の増産に傾斜し、石炭の増産を図ることによって、鉄鋼の増産を可能にし、鉄鋼の増産を図ることによって石炭の増産を可能にし、これを突破口として、この効果が拡大効果として経済の他の分野に及び日本経済を再建の軌道に乗せようとする考えである。この構想は二十一年十二月には傾斜生産方針石炭鉄鋼増産等の危機突破根本方針となって経本で決定せられ、ついで同月下旬には石炭三千万トン生産傾斜方針として閣議の決定としてみのった。吉田さんはこの石炭鉄鋼生産傾斜方式の実行に必要な重油の輸入については司令部に強く働きかける等非常な熱意を示された。併し傾斜生産方式は第一次吉田内閣の時にいろんな理由から不幸にして効果はあがらなかったが、次の片山内閣にうけつがれて、その効果を漸次発揮した。この事は、経済学上も興味深い問題を含んでいるといまも考えている。

吉田さんの学者好きは当時のジャーナリズムでずいぶん宣伝されたが、それにはこの学者グループとの交渉が大いに与っているのではないかと思う。吉田さんはこのグループの会合が非常に気に入った様だった。何しろいずれもお互に気心の合った、錚々たる学者であり反骨ある自由人であるから、この会合での吉田さんは、心からアトホームの気分になれたらしい。話題はお互に豊富であるし、ウィットもあり、ユーモアも解するし、時々吉田さんによばれて食事を共にしながら、話し合うた時は、時間のたつのも忘れたものだ。

学者の諸君もこの会合を通じて吉田さんが好きになるし、同時に吉田さんにしても精神の、いい洗濯場であったろうし、学者や学問に対する尊敬の気持を強めたのではあるまいかと思う。当時のことを思うと、私はいまだに感慨深いものを感ぜざるを得ないのである。(元農林大臣、現社会党代議士)

【回想余話】祖国再建の鬼

鈴木正文

吉田さんに私が連日接したのは、昭和二十三年十月から二十五年六月まで、いわゆる第二次及び第三次吉田内閣当時で、吉田さんの政治家としての特色が最も強烈に発揮された時期であった。

第三次吉田内閣が成って間も無く、例のドッジ氏がやって来て、ドッジ予算というやつを持ち込んだ。その時は二十四年度予算は既に出来上り、国会にかけるばかりになっていたのだが、ドッジ案で行くと、全然やり直しということになり、全閣僚愕然として色めき立った。池田蔵相自身、後にはドッジ予算の忠実有能な実行者として成功したが、案を見せつけられた時は驚いたものらしい。

これでは総辞職をかけてドッジ氏と緩和を交渉しなければ駄目だというので、三、四人の大臣が外相公邸の吉田総理のところへ押しかけた。出かけて行ったのは三、四人だが、殆ど全閣僚が同意見で、私はじめそうなのだが、生れて初めて閣僚になったばかりの勝手のわからぬ連中が、妙な廻り合わせで代表選手の恰好で行ったものだ。池田君は行かなかったと思う。

首相は幸か不幸か公邸にいた。先頭の閣僚がまずこの案をそのまま呑むべからざる所以を二言三言述べはじめたとたんに、「やめ給え」と、途方もなくデカイ声でやられた。私もだが、他の連中も、たまげたほどの勢だった。「そんな書生論をやっている時ではない。現実を見ろ、この深刻な現実把握の裡から、祖国日本の針路を摑み取れないような閣僚はすぐ辞めて呉れ……」というような趣旨で、会見約五分、一同深刻な顔で総理の室を出て来た。トタンに増田官房長官だったか池田蔵相だったか、様子いかにと、廊下まで入って来たが、われわれの話を聞いて、これもあきらめて一しょに帰った。それから、ドッジ予算の線に合わせる作業が内閣総がかりで始められたということになるわけだ。

私はドッジ案の当否をいま言おうというわけではない。ただ、当時の吉田首相の国政に対する基本的な態度というものは、不退転というか、祖国再建の鬼というような激しい言葉を使ってもいい位の迫力を持ったものであったということを言いたいのだ。

もう一つ。例の労働組合法の全面改正と公労法の大幅改正が国会にかけられた時だ。一ヵ月半を費して、赤旗の林立と、三十人を越える共産党代議士の叫喚の中を漸く参議院に持ち込み、国会の会期アト三日という日に、参院労働委員会にかけられた。

総理を出せと、型のごとき騒ぎで、増田《ますだ》〔甲子七《かねしち》〕官房長官と相談して、総理と私が出た。実際には審議は一ヵ月半にわたってつくされていたので、出てみても大した質問もない。百数十日の連闘で総理も疲れていることをよく知っていた私は、「もうお帰りになって結構です」と言った。吉田さんは嬉しそうに一礼して出て行った。ところが後がいけない。参院の委員会は衆院と違って敵味方、膝をつき合わせているので、私の囁《ささや》きが野党に聞えてしまった。「お前が勝手に帰れという法があるか、すぐ連れて来い。でなければ本会議に廻さぬ」という騒ぎだ。見透しはついているのだが、時間がない。今日委員会を通さねば、会期切れとなるおそれがある。

私は総理室に行った。総理はただ一人、ポツネンとしていた。私が入ると、向うから、「早く帰って御迷惑かけたらしいですね。何べんでも行きますよ、何べんでも行って皆に叱られますよ」と言いながら、気軽に出直した。翌日、改正案はすべり込みの形で参院を通過成立した。

吉田さんの強気は何倍かに伝えられ、吉田さんの純情と誠意は何分の一しか伝えられていない。日本の新聞はこの点不公平で検討が足りないと、新聞記者出身の私さえ感ずるところがある。（元労働大臣）

第二十九章　私の皇室観

一、君主制と民主主義

皇室と国民との不可分性

日本民族の国民的観念として、皇室と国民とは一体不可分である、と私は信ずる。憲法に謂う「天皇は国民の象徴、国民統合の象徴」という字句は、皇室と国民の一体不可分性を明示していると、私は解する。父母を同じくするもの家をなし、祖先を同じくするもの集って民族をなし、国をなす。皇室の始祖はすなわち民族の先祖であり、皇室はわが民族の宗家というべきである。換言すれば、わが皇室を中心として、これを取り巻く家族の集団が、大和民族であり、日本国民であり、これが日本国家を構成しているのである。古くより、君臣一家のごとく相依り相扶《たす》けて、国をなし来たったというのが、日本の伝統であり、歴史である。この伝統、歴史によって、祖先崇拝の大義が生まれ、培われ、わが民族固有の特性にまで発展し、わが国体の拠って以て立つ大本をなすに至ったのである。かくの如く観ぜずして、皇室尊崇の国民的信念を解くことは不可能である。学者によっては、日本人の皇室尊崇の念を以て、明治以来の政治的作為に帰するものがある。私をしていわしむるならば、浅薄の論、嗤うべしである。無残なる敗戦後において、わが国民の皇室に対する親愛感、戦前にも増していよいよ深くかつ強きものあるを如何に解せんとするや。皇室、国民の同祖、一体の観念以外に、これを解くこと不可能であろう。

祭政一致ということ

いずれの国においても、歴史の古い国は、その初めには、祭政一致であった。日本の古代また然りである。しかもわが国では、祭政の中心は皇室であり、それが古代から近代に至る日本史に一貫して変らざる事実である。皇室を中心とする祭事と政事とは一体不可分であり、言わば皇室すなわち国家であり、従って皇室の歴史は国家の歴史であった。そして神道は皇室の宗教であるとともに、国民の宗教でもあったのである。長き歴史の期間においては、一時皇室でも仏教に帰依、信仰せられた事もあったが、その時でもなおかつ神道を本位とする宮中の儀式は終始継続されてきたのである。終戦後、占領時代において、祭政分離の政策がとられるに至ったが、宮中における祭事は、少しも変わるところなく、今日もつづけられている。

終戦当時における連合国側の日本皇室観には、かなり峻厳なるものがあったのは事実である。皇室の処遇に関しては、極端な意見も出たようである。しかしわれわれ日本人にとって幸運にも、マッカーサー元帥の理解ある措置によって、皇室が日本国民統合の中心として、今日のごとき地位を保持するに至った。この点だけでも、日本国民は元帥の卓見を永く銘記すべきである。

道徳的中心としての皇室

私は以上述べたような皇室の歴史的背景、国民の尊崇心と親愛感を思い、さらにまた今日の憲法上の地位などに鑑みて、皇室を政治、宗教、文化など、社会のあらゆる方面における精神的、道徳的中心としてつづくよう仕向けて行きたいと思う。たとえば終戦時までは公式的意義を以て継続し来たれる宮中の諸儀式は、今後もやはりこれを皇室御一家の祭典とするに止めず、いわば国民の祭典として取り行い、従って閣僚その他の有資格者のみならず、広く国民代表も参列し得るように致しては如何というのである。これこそ日本国民の思想に合するものであり、歴史的伝統を保持し、国民の精神的統合を成し遂げる所以の一つになるのではないかと思うのである。

右はほんの一つの案であるが、さらに教育、文化一般から、社会事業、厚生事業などに皇室が進んで保護、奨励に力を尽さるることが望ましい。それは国民もまた望むところではあるまいか。もちろん、政治の在り方としては、そうした社会事業、文化事業などに国自ら力を致すべきは当然であり、また民間各方面の協力によって、それら事業の興隆すべきは、社会の向上進歩に必然的に伴うことであろうけれど、さらにその上に、政府や民間の及ばざる部面に、皇室の保護、奨励の特別の手が差し伸べられることともなれば、当該事業に対する国民一般の関心も、それがために一層高められることになってくるのではないかと思われる。かくしてこそ、名実ともに皇室中心の一大家族国民としての、日本人の伝統的思想を生かし、国民的統合を完成し、互いに相和し、相扶け、偉大なる国勢をなすに至る道なりと、私は信ずるものである。

日本の皇室と英国の王室

しかるに、終戦以来、国民中の極く少数部分においてとはいえ、日本の歴史と伝統とを無視して、皇室を国民から分離疎隔せしむることを以て民主主義なりと心得るがごとき風がある。またいわゆる〝進歩的〟を売り物にする学者のうちには、わが歴代の天皇が百姓を愛撫し、百姓また皇室を敬慕し、上下渾然一家をなし来れる事実を否定し、「人類の歴史は階級闘争のそれなり」と観るマルクスの亜流を汲み、かかる観察をわが国史にこじつけて、以て〝新しき史眼なり〟と誇るものあるに至っては、曲学の極と断ずべきである。史眼と申すならば、幾世紀、幾千年の史実に対し、一から十まで今日の尺度または価値標準を当てはめて、解釈するの愚なるは、アダムとイヴの裸形を以て今日の礼儀作法に反すると解するに似ている。わが皇室と民衆との間に、如何なる意味でも階級的闘争ありし事実は全然なかったのである。むしろわが国は悠久幾千年の大部分、世界史的観点よりすれば、武陵桃源的泰平の治に浴したというべきである。

現在、世界の国々において、わが国の皇室に最も近き例を求むるならば、英国王室のごときが、それであろう。その起源及び歴史はもとより同様ではないが、国民崇敬の的であること、親愛感の対象であることなどは、甚だよく似ているのである。いわゆる〝君臨(reign)すれども、統治(govern)せず〟とする、その政治的立場にも共通性がある。

プリヴィ・カウンシルというもの

英国史についてみるに、その初期、王室即ち国家という時代には、すべての国権の発動は王室の権内に集中せられ、国の政治、財政悉く王室の権力、指揮の下にあった。ついで議院政治の発達とともに、政治的性格の国務は議会に移され、これを除く部分、即ち議会に移さずに残った権能、たとえば王位継承問題のごときが、王室の特権(prerogative)として存続されたのである。かくて王室大権専属の機関として、プリヴィ・カウンシル(Privy Council)が生れるに至ったものである。しかもこの制度は英国流の不文憲法の下に発達せるものであるが、今日においては、王室が国民との親近関係を持続し、国家の繁栄、文化の発達、社会福祉の増進などに寄与せられるに当り、政治、経済、文化、宗教など各般の問題に対し、王室の権能として処理する場合に参与するのが、このプリヴィ・カウンシルなのである。

私は思うに、わが国においても、右の英国のプリヴィ・カウンシルに該当する機関が新設せられ、わが国情に適応するごとくに運営されるならば、わが国独自の君主制民主政治（monarchical democracy）の達成に資するところ大なるものがあるであろう。もっともこれは〝枢密院〟と訳されるのが従来の慣例であるが、その場合は、往年のわが枢密院を想起せしめて、誤解を招く虞《おそれ》なしとしない。もしそうしたものを設けるとすれば、他の適当なる名称を選ぶのが良いと思う。

陛下の御諮問に応える機関

名称はともかく、この制度をわが国が倣うとすれば、その具体的な一例として、栄典制度を皇室の所管に属せしめ、栄典授与の決定をこの機関において審議する。栄典という以上は、政治をも政党をも離れ、如何なる利害からも超越して、公平無私の立場から、国家社会に対する勲功を録して、授与されるものでなければ、その意義と価値は無くなる。それには政治的色彩の全くない皇室が、博愛、正義、人道、文化というような見地から、政府の助言とプリヴィ・カウンシルの公平なる審議を経て、皇室の名において、国家の功労者に栄典を授与するという制度をとれば、受賞者もこれを以て名誉とし、国の内外にも好感を与え、栄典の権威も自ら高まるであろう。特に最高の栄典は宮中において、陛下より親授されるとすれば、一層感銘を深めることであろう。最近の傾向をみると、現在のようなやり方では、とかく栄典が手軽く扱われているごとき印象を与え、また濫授の弊全く無きにしもあらずの感を抱かせはしないか。

しからば、かかるプリヴィ・カウンシル的な宮中機関を設けるとすれば、そのメンバーには学識経験ともに勝れ、かつ国民の推服する人物を厳選して、これに充てることが最も必要である。こうして厳選された一流の人物が、陛下の御諮問に応えて、慎重審議したる後、決定されるというのであれば、栄典もはじめて栄典らしい栄典となるであろうし、受ける方でも有り難く戴くということになるのである。

皇室と国民とを結びつける所以

栄典に関連して、この際提言したいことは、皇室と国民との間をますます近くまた親しく結び付けるためにも、政界、財界、学界、その他社会の各方面を通じて、国家公共の利益に貢献せる個人または団体代表を定期的に、たとえば天皇御誕辰に当ってとか、春秋二季とかに宮中の御宴に召されるということき慣例をもっと広くまた多く活用することである。また外国から賓客が来訪し、宮中に御招待されるという場合に、御陪食の範囲を単に形式的に関係大臣の程度に止めず、在野の国家功労者をも召されるということもよいと思う。

曽て明治天皇の時代に、しばしば元老重臣に御陪食を仰せつけられ、席上陛下が大声にて重臣らを揶揄《やゆ》せられ、重臣は鞠躬如《きっきゅうじょ》として奉答致し、陛下また呵々大笑《かかたいしょう》遊ばされ、殊かの松方正義公《まつかたまさよし》の外に御満足の御様子に拝したなどと、今に申し伝えられることがある。かの松方正義公が「子女は幾人あるか」との明治大帝の御下問に即答できず、「追《おっ》て取調べの上奉答いたします」と申上げたなどの笑話も、その頃のことである。君臣の間、正に水魚の交わりというべく、和気藹々《あいあい》たりしと聞く。

昭和の初期においても、外国貴賓に対する御招宴の御陪食に、西園寺、牧野、一木《いちき》〔喜《き》徳郎《とくろう》〕、湯浅《ゆあさ》〔倉平《くらへい》〕などの重臣が堂々威儀を正して、君側に侍するの状を遥かに見て、宮中の盛儀誠に国家の慶事たるを実感したことも、一再ならずあった。もしも前述のプリヴィ・カウンシルのごとき制度ができて、朝野の偉材が簡抜され、袖を連ねてその員に任ぜられ、宮中の慶典、国家の儀式、外国貴賓御招宴の陪食などに列席の栄に浴するとすれば、往年の宮中の盛儀を今日に拝するを得るであろうと、私は切にその実現を待望する次第である。

〝国際的家族生活〟への道

皇室と国民を結ぶ上において、宗教、文化、社会事業などの団体の重要な地位に、皇族方を奉戴することも、結構だと思う。皇族方も進んでこれをお受けになって然るべしと存ずるのである。最近皇太子殿下が日本赤十字社副総裁に御就任になられたごとき誠に喜ばしきことであった。また昭和三十三年中に東京で開かれる国際的なスポーツ競技大会にも、皇太子殿下が総裁の推挙をお受けになり、更に天皇陛下におかれても、これらの大会で開会の宣言を親しく行われると承り、誠に結構なことだと思うのである。

英国始め欧洲の王国をみても、王室と国民の間が親しい国ほど、その社会は健全であり、堅実であることを、私はしみじみ考えるのである。幸いにして、わが国でも、終戦後、天皇御誕辰に際し、また正月の年賀に当って、民衆踵《きびす》を接して、二重橋を渡るもの、延々長蛇の列をつくるの風、年々増大すると聞き、国民思想の健全なるを証するものとして、私のひそかに喜びとしているところである。政府及び宮内府当局として、ますます皇室に対する国民の敬愛、親近の念に副うよう常に配慮を怠らざらんことを祈るものである。かくてこそわが皇室を以て、真に日本民族の家族的生活の憧憬鑽仰の的とし、これによって国民的統合を保持発展せしむるとともに、国際的家族生活（the family of nations）の善良にして立派なる一員たるを期し得るのである。

「臣茂」の非難について

わが皇室観について私見を述べたついでに、一言私自身の言説に関して触れておきたい。昭和二十七年十一月十日、皇太子明仁親王殿下が成年に達せられ、御成年式並びに立太子礼の式典を挙行せられた際に、私は総理大臣として国民を代表して、寿詞《よごと》（註）を奉読したが、その時の寿詞が、あとで各方面の論議の種となった。非難するものは、私が「臣茂」と称したことを以て、民主主義に反し、新しき政治観念よりみて、許すべからざるものとなすが如くであった。しかし、私は、私の信念に基いて、用意された原文に、わざわざ「臣」の文字を加筆して奉読したのであった。

当時私は右の非難を耳にし、憤懣やる方なく、かかる論者を面罵して、その反省を促さんかとも考えたが、激越なる言辞を以てするは、国家の慶事の際に善処する所以に非ざるを思い、敢えて差し控えて、黙していたのである。私をして言わしむるならば、私が「臣」と称したことが、民主主義思想に反するなどと考えること自体、民主主義の本質を弁《わきま》えざる生半可の考え方なりと思うのである。

そもそも如何なる世の中となっても、父母、兄弟、長幼の序、先輩後輩の順、社会上下の礼儀なくしては、その社会の秩序は保たれず、国家の安定を得ることは、不可能である。わが国古来の歴史的観念、伝統的精神よりすれば、皇室がわが民族の始祖、宗家である。これは理論ではなく、事実であり伝統である。皇室を尊崇するのが、人倫の義であり、社会秩序の基礎となり来ったのである。故にわが国における民主主義も、この観念、精神を基礎とせねばならない。

近頃の進歩的と自ら任ずるもののうちには、皇室とか王室とかいえば、如何にも封建的であると感じ、民主主義政治とは相反するかに観念する風潮がある。これは、わが国の歴史に通ぜず、また諸外国の歴史のみか、現状を知らざる徒輩といわねばならぬ。

先進君主国は民主主義国

民主主義、議会主義政治の祖国といわれる英国においては、王室に対する忠誠の観念は、今日においても一切の道徳の源泉なりとされている。国家に一定の功労あるものは、女王陛下より〃サー〃の称号を贈られるを名誉とし、労働党の首領も引退すれば貴族に列せられる。

時の政府に反対する在野の政党は、それが保守党であれ、労働党であれ、「陛下の反対党（His Majesty's Opposition）」と呼ばれている。曽てわが国で軍部の勢力華やかなりし頃、誰であったか、この英国流の言葉を使って、翼賛議員団以外のものについて、「陛下の反対党」と呼んだところ、軍部が「陛下に反対するとは国賊なり」と赫怒《かくど》したという笑話の如きがあった。「陛下の反対党」とは、陛下のために、あるいは陛下に代って政府を監視する反対党という意味なのである。かくの如く反対党の行動すら「陛下のため」という観念なのである。それは同時に、国民のためというと同義語に解されている。従って英国民はこれを以て少しも封建的だとは思わない。然も、英国が議会政治、政党政治の運営最も発達せる国家であることは、今日世界の通念である。

英国のみならず、北欧三国、すなわちスウェーデン、ノルウェー、デンマークは、別に大国とはいえないが、民主主義政治が最も円滑に運営せられている国であり、社会党もしくは類似の政党が政権をとり、社会保障も発達し、従って国情の全く安定した国と見做されている。然るに、これらはいずれも君主国であり、王室は国民敬愛の的である。その他オランダ、ベルギー、ルクセンブルグ、ギリシヤなど、いずれも王国または侯国で、国情は安定し、国民は自由を満喫しているといえよう。さらに今は、社会施設、福祉事業の最も発達している国家と目されているカナダ、濠洲、ニュージーランドの如き英連邦諸国家は、いずれも英国女王をやはり各自の〝クイーン〟として奉戴している。そしてそれを少しも怪しまない。

かく観じ来れば、今日の世界において最もデモクラシーの発達している国家、しかしてまた最も新しい意味での福祉国家には、君主国が非常に多いのである。これは君主国なるが故にそうであるとまではいえぬにしても、皇室、王室という制度が、封建的であり、デモクラシーの観念とは相容れざるものとなすごとき議論が、実際的にも如何に根拠なき空論であるかが判然とすると思う。わが国の進歩派の人々は、案外かかる事実に無知なのではないかと思われるのである。

歴史と伝統とを尊重せよ

要するに各国にはそれぞれ立派な歴史と伝統がある。その歴史、伝統の精神を飽くまで尊重し、それを基礎にして、その時代に応ずる政治組織、経済制度が打ち立てられ、発展せしめらるべきものである。如何に理論的、形式的に立派なる国家組織、社会制度をつくってみても、子供が親の非を国家警察に密告して、「自己批判」とか「洗脳」とかを強制する国家を以て、理想国家の如く言いなすに至っては、むしろその頭脳の程度を疑わざるを得ない。私は飽くまで、親子、君臣に関するわが国古来の伝統は、今後も永くわが日本の道徳の中心、国家秩序の根源たるべきものと確信する。その意味で、私が「臣」と称したことも、それが何故不可であるのか、むしろ臣と称するを特に非難する精神こそ不可というべきである。

なお参考のため申し添えるが、今日欧米の民主国において、外国の皇帝、王者に対し、「陛下」と称し、“Sire”の文字を使用して怪しまず、いなむしろ使用せざることは、礼儀知らず、教養なきものとして軽侮されるくらいである。

【編集者註】昭和二十七年十一月十日行われた皇太子殿下の御成年式並びに立太子礼に当り、吉田首相はそれぞれ寿詞を奉読したが、そのうち立太子礼に対するものは次の如く新聞に公表された。これに対しては、その用語の難解であることを指摘する外に、逆コース調であるとの批判が行われた。

「茂謹みて言《もう》す。伏して惟《おもい》みるに、天皇陛下立太子の礼を行い、皇太子殿下の皇嗣たることを周《あまね》く中外に宣せしめたまう。洵《まこと》に慶賀の至に堪えず。茂恭しく惟みるに、殿下降誕陽復の辰に当り、皇位天序の統を承けさせたまう。賢師良伝を得て聡明叡智の天資と、仁慈孝順の至性とは、益々光輝を発し、竜潜の徳夙《つと》に高く、国貞の誉遠く敷く。乃《すなわ》ち令辰《れいしん》を択び、茲に大礼を行い、天日の光を重ねて億兆の望に対《こた》えたまう。皇基愈々泰《いよいよやすらけ》く、国本更に固し。衆庶挙げてこの歓を倶《とも》にす。茂《かたじけな》く辱くも盛儀に陪し、欣躍措く所を知らず。敬みて国民に代り、恭しく皇家の慶福と、国運の興隆とを祈りたてまつる」。

二、天皇、皇后両陛下

わが皇室に対する私平素の所懐を記したのを機会に、今上天皇、皇后両陛下に関する御事どもについていささか申し述べたいと思う。

わが歴代の天皇のうちで、今上陛下ほど御苦労なされた御方は、蓋し稀ならんと存ぜられる。

大正十年（一九二一年）十一月、陛下の摂政御就任以来、昭和十六年（一九四一年）十二月太平洋戦争勃発までの僅々二十年の間に、現職の内閣総理大臣の暗殺、襲撃さるること四度、原敬《はらたかし》、浜口雄幸《はまぐちおさち》、犬養毅《いぬかいつよし》、岡田啓介《おかだけいすけ》の諸氏相次いでの遭難である。その他国家の重臣、功労者にして兇弾、兇刃に殪《たお》れしもの十指に余る。しかも想い出すさえ恐懼《きょうく》に堪《た》えないのは、大正十二年十二月二十七日、陛下御自身、虎の門において一兇漢の襲撃にお遭いなされるという、空前の不祥事発生せることである。さらに内には、五・一五、二・二六等の不祥事件相次、外には満洲事変、支那事変の継起より、遂には第二次世界大戦の勃発するに至るまで、わが国情は正に波瀾重畳《はらんちょうじょう》、当時を回顧すれば、今なお膚《はだ》に寒きを覚えるのである。

かかる狂瀾怒濤期に対処せらるるに当り、陛下には、〝統（reign）して、治（govern）せず〟との立憲君主としての信条を終始堅持せられたのである。政府が閣議の決定を以て上奏すれば、必ず御裁可あらせらるるを常とする。しかしそれが単なる義務的、形式的な御裁可に非ざることは、閣僚等に対する御下問は常に肯綮《こうけい》に中《あた》り、閣僚が即答申し上げかねる場合が屢々ある事実によってもわかるであろう。

私なども御質問にお答えができず、「追って取調べの上奉答いたします」と申上ぐること屢々であった。嘸《さぞ》かし、〝何も知らぬ総理大臣もあるもの哉〟と思召されしならんと、いつも背に汗したのである。陛下には別段御咎めになるようなことはなく、いつも温顔を以て対せられるのである。さりとて、一層恐れ多く感ぜざるを得ない。

かくの如く、政府の上奏に際しては、時には、陛下の御気に召さぬのではないかと思われることがあっても、よくよくの場合に非ざる限り、陛下には御自身の御意見を仰せられることはない。しかし陛下は非常に御記憶のよい御方で、以前に上奏したことと相違するようなことを申上げたりすると、陛下はそれを御指摘になり、また時には御詰問になるという場合があったと伺っている。戦時中、陸軍大臣とか参謀総長とかいった軍首脳部の上奏の場合などに、かかる事例があって、陛下から御詰問、御叱りを蒙り、これらの軍首脳部が恐懼して引き下ったということが伝えられている。

かくの如きは必ず国家の重大問題に関する場合である。即ち陛下には、平常は努めて余り御意見を仰せられぬが、苟《いやし》くも国家の大事と思召さるる場合には、厳然として聖断を下されるのである。かの二・二六事件に際し、当初、軍上層部は周章狼狽、いわゆる蹶起部隊の取扱いにおいて態度頗《すこぶ》る曖昧、その処分決定に躊躇逡巡するや、陛下には、これらの部隊を以て〝反乱軍〟と断ぜられ、陛下親らこれが討伐に当らんと仰せ出されるに及び、軍当局も漸く決意して、戡定《かんてい》の方針をとるに至ったのである。

今次大戦の終幕時における聖断もまた然りである。軍主流の自暴自棄的な本土決戦論をあの際押え得たのは、全く陛下の御力であった。斯の聖断なかりせば、わが国土は焦土と化し、国民は流亡の民となったであろう。しかるに陛下は終戦の詔書を玉音放送され、「万世ノ為ニ太平ヲ開カムト欲ス」と御決意を披瀝せられ、つづいて「朕ハ……常ニ爾臣《なんじ》民ト共ニ在リ」と仰せられしことは、絶望の深淵に臨める一般国民をして全く蘇生の思いあらしめたのである。実に終戦の詔勅は今尚涙なくして拝読し能わざるところである。

終戦の聖断を絶讃する外国人は蓋し連合軍総司令官ダグラス・マッカーサー元帥であろう。連合軍はガダルカナルの激闘以来、苛烈を極むる戦局の展開に伴い、日本本土上陸の決戦においては非常なる犠牲を払うも止むなしと覚悟しありしに拘らず、一兵も損せずして上陸進駐を完了し得たのは、全く彼等の意表に出でたるものである。しかしてこれ全く終戦の詔書の致すところなるを知るに及んで、マッカーサー元帥は、平和を愛好せられる聖旨と共に、陛下に対する日本国民の心情を真によく了解し得たのである。元帥は予てより日本の皇室については可成りよく研究しておったことでもあり、日本進駐後最初の陛下との会見において、如何なるお話がありしかは知るよしもないが、元帥は陛下の御人柄には深く打たれしものの如く、元帥の対日本観における平素の所信を一層確固たらしめたと思われる。元帥が私に対しても陛下の仁徳を称え、「斯かる純真無垢にして私心なき方に嘗て出会したることなし」とまで、口を極めて賞讃したこと一再ならずあったのである。

思うに元帥はわが天皇陛下と会談を重ねる毎《ごと》に、陛下に対する敬愛の念を増したるものの如く、しかもこのことは自然に対日占領政策に影響せるところ少からざりしを私は信ずるものである。元帥が日本を去るに臨んで、特に陛下にお目にかかり、懇ろに別意を表したることもまた元帥の陛下に対する敬愛の念の致すところであると思う。

戦後において、幣原内閣――私はその外務大臣であった――の新憲法議定に際し、総司令部より憲法改正試案を提示された。それには、第一条に「天皇は国のシムボルとする」

とあったので、閣議において議論百出、旬日に亘って容易に結論を得る能わざりし時、陛下には「象徴でよいではないか、この上閣議を延ばすはよろしからず」との御諚がありし旨伝えられるに及び、閣僚一同実に豁然として別に天地の開くる思いをなし、衆議たちどころに一致したのである。

陛下には平素特に対外関係に重きを置かれ、外国使臣や国賓の接見の際などに、その時々にふさわしきお話をなされる御様子を傍より拝して、御心遣いのほど並々ならぬものあると存ずるのである。これに関連して古き想出《おもいで》を記すれば、私が初めて拝謁を賜わったのは、大正十年五月、皇太子として、軍艦香取、鹿島を率いて御渡英の途次、駐英大使館員として私がジブラルタルに御出迎え申し上げた時である。英国御滞在中は自然しばしば御姿を拝するを得たが、いまだにありありと私の記憶に残っているのは、バッキンガム宮殿における英王室公式の歓迎晩餐会の当夜のことである。英国王族、政府並びに宮中高官百余名、綺羅星《きらぼし》の如く粛然として居列ぶ裡《うち》に、わが皇太子殿下はジョージ五世、皇后両陛下の間に座せられ、英国王陛下の歓迎の辞に対して、御答辞を述べられたのであるが、玉音朗々、正に四筵《しえん》を圧するの概があった。われわれ遠く末席に列したものまで、言々句々明瞭に拝聴するを得たのである。平常の温容に狎れたわれわれとして、かかる公式の国際交歓場裡に臨まれし時の堂々たる御態度を拝し、一同感激に堪えなかった次第である。

わが国は終戦以来十数年、敗戦の余を受け、復興再建の跡顕著にして、今や国情安定、隆昌に向いつつあるのである。今上陛下登極以来屢々《しばしば》国難に際会せられ、且つ空前の危局に遭遇せられしに拘らず、国勢よく茲に至りたるは、一に聖徳の然らしむるところと存ずるのである。庶幾《こいねが》わくは、日本の国情、将来永きに亘って、戦前の如く「独り至尊をして社稷《しゃしょく》を憂えしむる」ことをなからしめたい。

皇后陛下におかれては、夙に仁慈深くいらせらるることは、近侍の常に感嘆措く能わざるところであるが、宮中のこと雲深くして、外間の窺い知るところではない。私どもは天機奉伺の際、四季折々の賜物を頂戴し、時に葉巻を賜わったことがある。私のこれを好むことが御耳に達したためかと思えば誠に恐懼に堪えないことである。嘗て葉山御用邸に伺候の砌《みぎり》、侍従を以て、御歌を戴いたことがある。

御　歌

ゆきかへり枝折戸を見て思ひけり
しばし相見ぬあるじいかにと

聖恩微臣に及ぶ、真に涕泣言う所を知らずである。

【編集者註】今上天皇陛下は、まだ皇太子であられた大正十年渡欧せられた。御乗艦は「香取」、供奉艦は「鹿島」であった。三月三日東京を御出発、英国はじめ大陸諸国を訪問され、九月三日帰国された。英王宮の招宴におけるスピーチについては、当時ロンドン大使館駐在武官小林躋造氏（後海軍大将、小磯内閣の国務大臣）から井手海軍次官宛に送ってきた私信の写が『原敬日記』大正十年七月六日の個所に記載されている。その一部を摘記すれば次の通り。

『五月九日ロンドン御着当夜、「バッキンガムパレス」で御宴がありましたが、百数十名の皇族名士の間に雑られ、些の臆気もなく、御演説の如き、あの広い食堂を圧する程の高声で、私の隣に居った警視総監の如き、実に立派な者だ、二十そこらであんなしっかりした声の出るのは、余程優れた人でなくては出来ない、貴国の為に祝福すると言て盃を挙げた位でした。』

第三十章　外交官生活の回想

一、外務省勤務の初期

私が東京帝国大学の法科を出たのは、明治三十九年（一九〇六年）七月で、その年の九月に外交官領事官試験に合格して、外務省に入った。第一次西園寺内閣の時代で、外務大臣は林董《はやしただす》伯であった。

外交官への道を選んだわけ

外交官への道を選んだのは、むしろ偶然というべきで、大した動機があったからではない。私が高等学校の受験準備中に、結膜炎（眼病）にかかり、一年程休学し、箱根に静養しておった。全快して、帰京すると、たまたま学習院の生徒募集があったので、そこへ紛れ込んだ。学習院から東大へ進学できると思ったからである。ところが、そのうちに、院長近衛篤麿《あつまろ》公（故文麿公の父君）の発意で、外交官養成を目的とする大学部が学習院に附設されることになり、私も自然に高等科を出ると、そのまま大学部に進み、それとともに、いつとはなしに外交官になる気になってしまった。別に、将来は陸奥宗光伯や小村寿太郎侯のごとき大外交家になって、樽俎折衝《そんそせっしょう》の間に、国威発揚、対外発展に貢献してやろうなどという大望を抱いたわけではない。

私が学習院大学部の三年生の時に、近衛院長が急逝された。それで折角の学習院大学部も閉鎖ということになった。そして学生はそれぞれ他の大学に転学することとなり、私は東大に行った。外務省に入った同期生で現存しているのは、尾崎洵盛《おざきのぶもり》、武者小路公共《むしゃこうじきんとも》、藤《ふじ》井《い》実《みのる》、林久次郎《はやしきゅうじろう》の諸君である。故広田弘毅《ひろたこうき》君は外務省へ入ったのは同期だが、大学では私より一年上級であった。

私は健康保持のために、学生時代殆ど十年間にわたり、小石川指ヶ谷町にあった馬術練習所に通ったものである。学問の出来栄えは兎も角として、馬術では卒業免状をもらっている。故に、あの時外務省の採用試験に落第したとしても、調馬師で、生命をつなぐことは出来たはずである。

そのころの外務省

その頃の外務省といえば、一年の予算総額が四百万円ばかりの世帯で、官房の外に、政務局と通商局の二つが重要なる部局であり、しかもその仕事の大部分は支那関係のものであった。つまり支那問題、対支政策が日本外交の主要部分だったのである。もっとも明治二十七、八年（一八九四—五年）の日清戦役の起る頃までは、いわゆる不平等条約の改正問題が主なる外交事務であったといえるが、日清戦役の直後に、露、独、仏の〝三国干渉〟（註）があって、わが国として初めて対欧外交らしい問題にぶつかったわけである。

【編集者註】日清戦争（明治二十七八年戦役）の講和条約において、清国は日本に対し、台湾、澎湖《ほうこ》諸島とともに、遼東半島を割譲することとなったところ、ロシア、フランス、及びドイツの三国はこの日清講和条約に異議を唱え、三国共同して、「日本の遼東半島領有は清国首府を危うくし、朝鮮の独立を有名無実とするから、極東平和のため、遼東半島領有を放棄するよう」日本に対し勧告し来った。外務大臣陸奥宗光は在外使臣に訓令して、露仏独三本国の意向を打診せしめ、それぞれの態度緩和と三国間の離間を策せしめる一方、英、米、伊等の列国の援助を求めるなど、百方手をつくしたが、干渉三国の態度は強硬で、また英米は動かず、僅かにイタリーが好意を示したのみで、日本としては万策尽きた状態となり、朝野を挙げて痛恨のうちに、遼東半島領有放棄を三国政府に回答するに至った（明治二十八年五月五日）。これは〝三国干渉〟として後々まで忘れ難い国民的遺恨となり、〝臥薪嘗胆〟が時代の合言葉となった。

それ以後、明治三十七、八年の日露戦役の頃までは、日英同盟の締結および時たま起るカリフォルニアの日本移民排斥問題が、わが国外交上の主要な問題であった。明治三十五年（一九〇二年）にできた日英同盟は、結果的にみれば、その後のわが国運発展に重大な意義と役割を持つこととなったものの、この同盟の成立当時の事情を率直にいえば、わが方よりは、むしろ英国の方から同盟を結ぼうではないかと誘いをかけてきて、わが方がそれに応じたというのが真相である。いわば蕞爾《さいじ》たる極東の一島国に過ぎない日本が、七つの海を支配する大英国と、背伸びしながら、ともかく対等の立場で手を握り合ったというわけである。

いわゆるチャイナ・サービス

私の外務省でのスタートは、明治四十年（一九〇七年）、奉天総領事館詰の領事官補であった。それから昭和三年（一九二八年）奉天総領事の任を解かれて帰国するまでの約二十年に亘る海外生活の大部分は、支那各地の領事、総領事で過ごし、その間の僅々数年をイタリー、イギリス、フランスで送ったにすぎない。

わが国の外交の中心は、前述の如く、明治時代はもちろんのこと、大正、昭和時代に入ってからでも、支那問題や対支政策であったのであるが、不思議なことに、外務省内での出世街道としては、いわゆるチャイナ・サービス（支那勤務）、わけてもその領事勤務は、いわば裏街道であって、表街道は古くからロンドン、パリ、ベルリンか、もしくはワシントン、ニューヨーク、すなわち欧米諸国の首都、大都市での勤務であった。従って、私は如何に自惚れてみても、外務省の秀才コース、出世街道を歩いてきたとはいえない。しかし負け惜しみでなく、今にして思うと、支那大陸に早くから勤務できたことは、私として非常に得るところがあった。

当時の支那は、清朝末期から革命の初期に到る期間で、その国情、殊に政情は複雑、変転極まりなく、その間に列国の外交術策乱れ飛ぶ有様であった。わが国だけについてみても、外務省、軍部、殊に陸軍はそれぞれ支那各地に出先機関を擁し、おのがじし好むに任せて、地方政権、軍閥に接近し、それとともに民間の支那浪人、政党政客などがいっぱし策士気取りで横行するという実況をまのあたり体験し得たることは、私にとり、決して無駄ではなかったと思う。と同時に、人は如何なる地位、如何なる境遇に置かるるとも、それに対して不平、不満を抱くより前に、先ずその与えられた地位、境遇において、自己の最善の努力をつくすべきだと、今においてしみじみ感ぜざるを得ない。

ワシントン行き取消しとなる

奉天の官補を一年半ばかり勤めた後、ロンドン駐在の総領事館詰に転任を命ぜられた(明治四十一年十一月)。この時のロンドン在勤は僅か一ヵ年足らずで、イタリーのローマ大使館附となった。ローマ勤務二年余になった頃、急に帰朝命令を受けた。帰国してみると、安東県領事として、満洲に行けというのである(大正元年八月)。当時の朝鮮総督は寺内〔正毅〕元帥が赴任していたが、同元帥はどういうものかその頃の外務省から鬼門視されていた。ところが私は若い頃――奉天の官補時代――偶然のことから、寺内元帥の知遇を得ていたので、私の安東県領事は、いわば寺内総督に対する外務省側の接伴《せっぱん》役という意味だったわけである。従って私は朝鮮総督府書記官も兼ね、寺内元帥の朝鮮在任中は、私も安東県領事から動けなかったのである。

ところが大正五年十月、寺内元帥は朝鮮を去って、大隈《おおくま》〔重信《しげのぶ》〕内閣を継いで、内閣を組織することとなった。それで私も安東県勤務四ヵ年にして帰朝を命ぜられた。そしてこんどはワシントン大使館勤務の辞令をもらった。その準備をしていると、間もなく右のワシントン行きは取消され、本省内でも一番の閑職たる文書課長心得ということになった。事情はこうである。一年程前、私がまだ安東県在勤時代に、例の対支二十一ヵ条問題が起った（大隈内閣時代）。安東県の一領事に過ぎなかった私は若気の至りも手伝って、この二十一ヵ条に反対論を唱え、在満の領事連に呼びかけて反対運動を起そうと企てたことがある。もちろんこの運動は結局具体化はしなかったが、仲間のうちから後にこのたくらみが本省の幹部に報告され、「一領事の分際で、本省決定の方針に反対するとは怪しからん」というわけで、幹部の御気げんをすっかり損ねていたのである。そこでいよいよ私がワシントンへ赴任するという時になって、その幹部が上述のことを想い出し、急にワシントン行きを取消すということになったのである。察するに、本来なら免職にも値するのだが、義父の牧野伯に対する義理合いで、刑一等を減じて、〝島流し〟というところだったのであろう。

二、パリ平和会議に随行

生れて初めての猟官運動

文書課長を数ヵ月勤務した後、済南領事を命ぜられた（大正七年二月）。そして青島《チンタオ》守備軍民政部兼務ということであったところからみても、当時の青島守備軍司令部の秋山総務長官が朝鮮以来の旧知であるので、多分秋山長官あたりが寺内総理の意を汲んで、私を島流し的立場から救出してくれたのだと思う。ところがその後間もなく、パリ講和会議に牧野伯が西園寺（公望）さんとともに全権委員として出かけるということを耳にした。そこで私は自ら志願して、牧野全権の随員となることに成功したのである（大正八年一月）。これは私にとって生れて初めての猟官運動の経験であった。何しろ外務省入りして十数年、いわば裏街道ばかり歩かされてきた時ではあり、パリ会議と聞いては、たとえ外交官の末端とはいいながら、これに列席し得るのは、千載一遇の好機というべきであるから、さすがの私もこの時は猟官運動をせざるを得なかったのである。

パリ講和会議におけるわが国の陣容としては、西園寺首席全権の下に、牧野、珍田（駐英大使）、松井《まつい》（慶四郎《けいしろう》）（駐仏大使）、伊集院《いじゅういん》（彦吉《ひこきち》）（駐伊大使）の四氏が全権委員となり、随員には当時の外務省の俊秀が簡抜され、全権団総員は一時百五十人以上の大世帯となったが、何しろこの会議は第一次世界大戦の後始末をつけるものであったから、議題は賠償、領土、経済、産業の各般に亘り、日本全権団としてあれだけ多数の人員を擁していても、なかなか手が廻りかねる有様であった。

首席全権西園寺公のこと

パリ会議の模様については、幾多の文献があるから、ここに述べることをしないが、私の得た印象及び感じについていささか触れておきたい。わが首席全権西園寺公は若くしてフランスへ留学し、長くパリに滞在したことがあった。殊に幸運ともいうべきことは、当時フランス政界において〝猛虎〟の仇名を以て権勢を振い、この講和会議において議長をつとめたクレマンソー氏こそは、かつて西園寺公とパリで同じ下宿住いをした、非常に懇意な間柄だったのである。もっとも、パリ留学時代からは何十年も歳月を経過した後であったから、西園寺公のフランス語は、その時にはもう可成りあやしくなっていたらしく、クレマンソー氏と話をするときなどには、当時ベルギー公使で、外務省切ってのフランス語の達人といわれた加藤恒忠《かとうつねただ》氏（後の四国松山市長）を常に傍に侍《はべ》らせ、「委任統治はフランス語で何んというのか」といった調子で、字引代りに相談していたようである。当時新聞などでは、西園寺公は会議の席上では一言もしゃべらず、終始黙々として、〃アイヴォリー・マスク（象牙の面）〃などという批評の言葉も伝えられたものだ。会議の席上で雄弁を揮《ふる》うという場面のなかったのは事実であるが、ともかくクレマンソー議長と旧友であった西園寺公が、わが首席全権として出席したということ自体が、日本の立場を列国間に重からしめ、かつまた会議をわが方に有利に展開させる機会をしばしば齎《もた》らしたことは、何んといっても否定できないことであった。

人種平等の提案と牧野伯

つぎに義父の牧野全権について思い出すことは、平和会議における人種平等に関する提案（註）である。これは平和条約と同時に新たに生まれる国際連盟の規約の中に、人種平等の原則を謳うべしと要求して問題となったことであるが、これは牧野全権の発意に基くものと私は解している。というのは、牧野伯自身その外務大臣時代（第一次山本権兵衛《やまもとごんのひょうえ》内閣）に、米国カリフォルニア州を中心とする日本学童排斥、土地所有禁止等の排日運動に手を焼いた経験があるので、これに関する間接的対抗策の意味で、人種平等の原則を、この国際会議において明かにさせようとしたものであろうと思われるからである。この提案に対しては、英、米、仏など主要国代表は賛意を表したに拘らず、白濠主義を唱えて有色人種排斥をやっていたオーストラリアの猛然たる反対を蒙り、それがさらに米国の世論に飛火した形で米国代表の態度も一変して、一時は険悪な空気まで醸《かも》したものであるが、南阿連邦のスマッツ将軍などの斡旋によって妥協がつき、日本はこの案の不採決を忍ぶ代わりに、膠州湾《こうしゅう》の問題においては、その主張が大部分支持されることとなったのである。

とにかくこのパリ会議における牧野全権の活躍は相当目覚ましいものがあった。人によっては、牧野伯の人種平等の提唱は、膠州湾問題を有利に運ばんとする伏線であったように解したものもないではなかったが、それは結果に重きを置いた批評であって、牧野伯自身としては、前述のごとく当時いよいよ盛んとなってきたアメリカの日本人排斥の気配に対する間接防衛の気持から出たものであることは間違いないところと思う。

別に高遠な先見や自覚は……

そもそも人種平等の原則などが、平和会議のような重大な国際会議に持ち出され、然もそれが喧しい賛否の論争を惹き起こすという如きことは、今日の国際感覚からいえば妙な話で、今どきの人たちにとっては、むしろ不思議なことですらあろう。今日でも米国南部の黒人問題などのように、一種の人種の差別が依然として存在する例はあるけれど、それは国内問題、然もその核心は感情問題に外ならない。国際間の原則としては、人種の如何を問わず、また国力の強弱に拘らず、国際連合その他の会合において、世界の国々は堂々と対等の立場で話し合い、また表決などの場合はそれぞれ平等の一票を投ずることとなって誰も疑わない。今さら人種の平等を明かにする必要はない。それが僅か四十年前には、まだ国際的に認められぬ有様であったのである。

そういう点を考えると、パリ会議に日本から出された人種平等の提案は、先覚的というか、先駆的というか、とにかく歴史の流れにおいて、いわば指導的役割を演じたことにもなる。先般の太平洋戦争における日本のせめてもの貢献として、東南アジア諸国の独立機運を促進したことが指摘され、それと同時に、右のパリ会議における人種平等の提案までが引合いに出される場合もあるようであるが、これもまたもちろん結果から見ての批評であって、別に高遠な先見や自覚があってのことではあるまい。これは右にも記す通り、当時日本国民の喫した苦い経験の生んだ着想であって、それを恐らく日本の国際的地位のとみに向上したあの機会に持ち出したものと考えられる。

もっとも、そうだからといって、西園寺公や牧野伯のパリ会議における功績を軽しとするのではない。その評価においては、私は人後に落ちるものではない。とにかく日本はパリ会議において、世界五大国の班に列し、続いて結成された国際連盟には理事国として重きをなすに至ったのである。日本開国以来、明治の大先輩の営々たる努力が、ここに立派に実を結んだというべきであろう。

【編集者註】パリ講和会議（一九一九年）におけるわが日本の要求は、㈠膠州湾（山東省）還附に伴う問題、㈡赤道以北の旧ドイツ領の処分問題、㈢人種平等問題、の三つに関するものであった。ところで㈡については、既に会議以前に英国との間に妥協ができて、赤道以南の旧ドイツ領を英国の処分に委する代りに、赤道以北の旧ドイツ領については、日本に任せるということに話がついていたので、いよいよ会議となってからでも、大体問題なく予定通り運んだのであるが、㈠と㈢とについては、相当の波瀾を免れなかった。

すなわち㈠の膠州湾還附問題については、わが国の対独最後通牒中に「日本を通じて支那に還附する原則」を明示していた。しかしそれには日本に対する代償の問題が附帯していて、これは一九一七年のロンドン協約において日英仏露伊五ヵ国の承諾を得ていた。また二十一ヵ条の交換公文、あるいは一九一八年の「山東鉄道に関する日支両国の取極」によって支那側との間にも大綱が決定していた。牧野全権はこれらを根拠として支那代表顧維鈞氏と対立したが、顧代表はこれらの権益を直接支那に還附することを要求したのみならず、二十一ヵ条全部の破棄をも要求し、俄然会議は緊張するに至った。しかして米国代表団のうちでもウィルソン大統領、ハウス大佐等が日本の主張に耳を傾けたに反し、ランシング氏の意見は、全く支那側の意見を支持する有様であった。しかし英国の態度は飽くまでロンドン協約の約束を尊重するに終始し、何等かの妥協の途を求めようとしたが、日支の対立は容易に解けず、一時は日本全権団が引揚げを考慮するところまで情勢が険悪化した。そのため、ウィルソン米大統領は会議の決裂を恐れ、ついに後述の「人種平等案」の処理に関連して、妥協点を見つけるに至った。かくして「日本の主張は、ただドイツの享有せし経済的特権を継承し、ならびに青島に一居留地を設定するに止まり、山東半島を完全なる主権において支那に還附するにあり」との宣言を以て、この問題は一応解決をみたのである。

㈢の人種平等案については、国際連盟規約の中に、人種平等主義を謳うべきことを主張した。「たとえ国際連盟が成立しても、その健全なる発達を期待するためには、人種平等の基礎の上に立たねばならぬ」という趣旨のものである。しかしこの提案は、本文中に述べられている通り、採決をみるに至らなかった。

三、外務次官から駐英大使まで

お流れになった〝高等官一等〟

講和会議が済むと、私はロンドン大使館詰めとなり（大正九年五月）、林権助大使の下に一ヵ年半余在勤して、またまた天津総領事として支那勤務となった（大正十一年三月）。ここで三年余りを過した時、帰朝命令を受取った。省内の噂では、こんどはスウェーデン、ノルウェーの公使に出るだろうというようなことで、自分でも多少期待していた。ところがある日、当時（加藤高明内閣）の外務大臣幣原（喜重郎）さんに呼ばれて、「気の毒だが、他に適任者が見当らぬから、奉天へ総領事として赴任してもらいたい」と言われた。そして「その代わり大いに優遇する」という話である。どう優遇するのか聞いたところ、「高等官一等にする」ということであった。

ところがこの優遇だが、私を一等にする以上、勢い同期の広田弘毅君（当時欧米局長）をも一等にせねばならぬというので、広田と吉田の名前を並べて内閣へ申請することとなった。然るに内閣の審査委員会にかけた結果は、広田の方はよいが、吉田の方は年限がまだ足らぬという。広田は本省勤務が長いから、昇進の年限が早く経過し、吉田の方は外国勤務のためまだ年限に達していないというわけである。そこで始め道連れの恰好だった広田君がそのまま審査をパスし、きっかけを作った私の方は落第して、せっかくの優遇はお流れになってしまった。

かくて幣原さん折角の好意による唯一の優遇方法は立消えとなったが、その代り、私の希望によって、加藤総理大臣の直筆の紹介状をもらって、満洲に出かけることになった。その時の思い出で今尚ありありと印象に残っているのは、加藤総理の室に呼ばれて、御墨《おすみ》付《つき》を頂戴した時のことである。加藤総理は眼鏡越しに、じっと私の顔を見ながら、「どうだ、これでいいか」といって、紹介状を渡されたが、その眼の奥には如何にも皮肉らしい光をたたえていて「この御墨付は君のことがうんと賞めてあって、本物とは大分違うぞ」とでも言いたげな顔付きをしておられたのを、いまだに忘れない。私はこの加藤総理直筆の推薦状を持参して、奉天に乗り込み、これを百パーセント利用し、諸々方々に行って振り廻したものだ。

〝大丈夫か、大丈夫です〟

在満一年半の後、帰朝し、昭和三年の暮、出淵《でぶち》（勝次《かつじ》）君の後に、外務次官となった。時の外務大臣は総理大臣田中《たなか》（義一《ぎいち》）大将の兼摂《けんせつ》である。私の官界生活中、これほど仕えるに楽な上役に出会ったことがない。鷹揚というのか、太っ腹というのか、小事に拘泥しない、おおらかな気質であった。事務的な仕事は殆ど次官まかせで、第一、外務省に顔を出すのは、時たまのことである。顔を出した時を目がけて、大臣の判をもらいに行くと、田中さんは右手に印判を握ったまま、書類の内容などには眼もくれず、ただ「大丈夫か」と聞く。私が「大丈夫です」というと、ポンと判をつく。大丈夫か、大丈夫です、ポン、この段取りをくり返すだけで、山と積まれた書類も忽《たちま》ちのうちに片付いてしまう。誠に事務簡捷である。

昭和四年七月に田中政友会内閣が瓦解して、浜口《はまぐち》〔雄幸《おさち》〕民政党内閣が後を継ぎ、外務大臣は再び幣原さんで、私は次官として留任した。田中さんと幣原さんとは、およその気質、人柄を異にし、全く対照的であった。田中さんの方は極めて大雑把で、事務は他人任せであったのに対し、幣原さんはあくまで緻密《ちみつ》で、慎重な事務家である。それにもともと外務省育ちであるだけに、省内のことなら如何なることでも掌《たなごころ》を指すごとく知っておられる。英文の外交文書を書かせれば、外人専門家も及ばぬほどの練達の士である。従って外務省の仕事は自らてきぱきと片付いてしまう。次官は何もしない、というよりする仕事がない。省内の口さがなき連中は〝幣原次官、吉田大臣〟などと失礼なことをいうことさえあった。

駐米大使を断わる

幣原外務大臣の下に次官たること一年有余にして、昭和五年十一月、イタリー大使に転出することとなった。在任一ヵ年半の間は、ローザンヌ賠償会議や満洲問題を討議したジュネーヴの国際連盟総会臨時会議に全権委員として出席したが、別に語るべきこともなく、昭和七年秋帰朝命令に接した。帰国して外務省へ顔を出すと、時の外務大臣内田（康哉）伯から「出淵（勝次）君の後を承けて、ワシントンに行かぬか」と言われた。私はかねがね国際連盟を脱退した内田外交に慊《あきた》らぬ思いをしていたので、ワシントン行きを即座にお断わりした。内田大臣としては、非常な好意的推薦のつもりで言い出されたのであろうから、私が真っ正面から断わったとき、誠に意外だという風であった。私としても、内田伯の好意には誠に申訳けないと思ったが、外交上の根本方針の違う大臣の下では、所詮十分な働きはできないと思って、辞退したわけだ。

かくてその年の暮に〝待命〟となった。すると間もなく、欧米各地にあるわが在外公館巡閲を命ずという辞令が出た。これは当時の外務次官重光《しげみつ》(葵《まもる》)君の好意で、待命中の私に欧米一巡の機会をつくってくれたものだと思った。とにかくこうして、昭和七年暮から翌八年春にかけて、悠々欧米各地を視察することができたのは、有り難かった。昭和十年十一月待命を解かれ、退官となった。

駐英大使二年有余の印象

もうこれで長年の外務省生活も終りかと思っていると、翌年春の二・二六事件の後、広田内閣が出来て間もなく、私は駐英大使に任命された(昭和十一年四月)。これは前にも述べたとおり、広田内閣の出来る時、一旦私も入閣する予定になっていたのを、軍部の反対でそれが実現しなかったので、それを気の毒に思っての広田総理の心遣いからであった。当時の国内事情はもとより、国際政情、わけても日英関係からいっても、あの際駐英大使として赴任するのは、内外において随分嫌な思いをするのを覚悟せねばならぬと考えたが、同時にまた内心では「こうした秋にこそ、私のようなものでなくては」という自惚れもあって、敢えて大任を引受けることに決心したのである。

ところがいよいよロンドンに着任してみると、旧知の友人連が相変らずの好意と親切を以て迎えてくれたのはもちろんのこととして、英国政府要路の人々も、誠に友好的な態度で接してくれ、さらに民間の対日感情も大体において決して悪い方ではなかったのである。というよりは、英国として、政府も民間も言わず語らずの間に一致して、この際何とかして日本を味方に引き入れよう、少くとも日本の機嫌を損じて、敵に廻すようなことは避けようと努力していたというのが真相だと思われた。私はあの国際不安の当時におけるイギリス人上下の態度をみて、流石に良識に富む大国民だとつくづく感服せざるを得なかった。事実私のこの駐英大使としての二年有余の勤務は、私の長い外務省生活の内でも、最も感銘深いものであった。

四、外交官生活の教訓

枢軸の脅威と英国の隠忍

私がロンドンに赴任後一年にして、チェンバレン内閣が出来た（昭和十二年五月）が、その年の七月には、いわゆる盧溝橋事件が起って、日支事変の契機となり、また十一月には、日独防共協定が結ばれ、いわゆる枢軸国による世界平和への脅威が次第に露わになってきた。この協定については、辰巳（栄一）駐英大使館附武官や大島《おおしま》（浩《ひろし》）駐独大使館附武官などを通じて、私に日独防共協定締結に同意するよう、軍部の要望が伝えられてきたが、それに対して私が終始一貫反対したことは、既に本書の第二章（上巻）で記述したとおりである。かかる情勢であったにも拘らず、チェンバレン内閣は、終始わが軍部の排英米的な、挑発的行動に対しても、よく隠忍自重し、飽くまでこれに逆らわず、むしろ宥《なだ》め賺《す》かす態度であったのである。

その最もよき例の一つは、それまで英国外務省の対米関係の重要ポストに就いていたクレーギー氏を駐日大使に転ぜしめたことである。クレーギー大使は、多くの日本人の記憶になお明かと思うが、大東亜戦争勃発の直前まで、米国のグルー駐日大使とともに、戦争回避のために非常な努力を傾けた人で、チェンバレン首相の信頼が特に厚かったのである。換言すれば、チェンバレン首相が駐日大使として自己の最も信頼する人物を送ったということは、当時のイギリスが日本の動向を如何に重大視していたか、そしてまた日本を宥和せんとする努力を如何に惜しまなかったかを物語っていると思う。今にして思うのだが、かかる時にこそ、日本としては、嘗ての同盟国の誼《よし》みもあった英国の差し伸べる手に応えて、英国の友情をわが内政方面の緩和に利用すべきであったのである。

汲むべき宥和政策の意義

それはとにかく、当時のチェンバレン首相の態度は、ナチ・ドイツとか日本軍部といった国際的無法者が、恰も市井無頼《しせいぶらい》の徒のなす如き恐喝、暴力をほしいままにせんとするのを、飽くまで耐え忍び、これを宥め賺かして、大事に至るなきよう、あらゆる努力を惜しまなかったのである。しかもかかる努力は、宥和政策そのものとしては、第二次世界大戦勃発によって、一応失敗に終った如く見えるとはいえ、その意図するところは、飽くまでも平和を求めるにあり、今後国際政治及び外交の局に当るものとしては、多くの教訓を汲みとるべきだと思う。と同時にまた、チェンバレン首相の宥和政策に対し、少くとも或る期間、大した非難攻撃も加えず、むしろこれに激励の拍手をさえ送った英国の世論の堅実さ、忍耐強さの点において、日本国民として大いに啓発さるるところあって然るべきだと思うのである。

私は駐英大使としてロンドンに在ること二年有余にして、帰朝の命をうけ、昭和十三年末帰国し、いよいよ最終的に退官となった。当時、国内においては、反英米の空気はますます濃厚となり、従って私のごときに対しては、親英派の自由主義者として非難攻撃いよいよ喧しく、外務大臣は宇垣《うがき》（一成《かずしげ》）陸軍大将であったから、召還に決定したものと思う。帰国から半年余にして、第二次世界大戦が始まり（昭和十四年九月三日）、つづいてわが国も一気に大戦参加の途を驀進するに至ったこと周知のとおりである。

萩原先輩の処世訓を守る

最後に私の外務省勤務中の失敗談を告白しておこう。明治四十一年（一九〇八年）に私が初めてロンドンへ赴任することになったので、人事課長の萩原守一《はぎわらもりいち》氏（現カナダ大使萩原徹氏の厳父）のところへ挨拶に行ったところ、萩原さんの曰く「加藤（高明）さんが駐英大使として赴任するので、誰か適当な秘書官はないかと探している。もし君が加藤大使と同船するとなれば、きっと秘書官になれと言われるにちがいない。今から大使におべっかを使うような根性になってはいけない。だから君の出発は一船延ばせ」という次第であった。萩原さんという人はどことなく気骨のある人であったから、私もこの先輩の訓示に従うことにした。

大正五年（一九一六年）寺内内閣ができると、私は内地へ呼び戻された。帰国早々のある日、総理官邸に挨拶に伺うと、寺内総理は郷里の客人と会食しているところであった。案内されるままにそこへ入って行くと、総理はいきなり「どうじゃ、総理大臣秘書官をやらんか」といわれる。私は咄嗟《とっさ》に「総理大臣ならつとまるかもしれませんが、秘書官はとてもつとまりません」と返事したところ、客人は「そうじゃ、もっともじゃ」といってはやし立てるが、寺内総理からは、「生意気いうな、まだ君を使おうと決めたわけではない」

と叱られた。もちろんこれは私としても冗談で言ったことであるが、同時にまた曽てロンドン赴任に際しての、萩原先輩の訓示を思い出したことも事実である。

惨憺たりし全権附秘書官の失敗

大正八年（一九一九年）のパリ講和会議の際に、私が全権随員の一人に加わるため、生れて初めての猟官運動をやったことについては、前述したとおりであるが、全権随員といっても、私の場合は、義父牧野伯の秘書官というわけである。パリで会議が開かれている間は、全権は非常に多忙で、あっちこっち引張り凧《だこ》であり、従って秘書官も時には眼の廻わる忙しさではあったが、それでも仕事が大体会議関係の公けのものであったから、忙しさも少しも苦にならなかった。ところがいよいよ会議も終り、全権方も使命を果し、帰国の途に就くという頃になると、秘書官の仕事は漸く公的のものより私的なものが多くなってくる。

西園寺、牧野両全権は、帰国の途次、英国に立寄り、ロンドンから船で日本へ向うことになった。西園寺首席全権の秘書は養子の八郎君であるが、この西園寺八郎というのが、また誠に要領のいい人物で、パリ会議が済んで、全権の帰国が英国経由に決まるや、早速トーマス・クック旅行社のパリ支店に行って、英国訪問、滞在から日本へ帰るまでの一切の世話を任せてしまった。従って汽車汽船の切符にしろ、ホテルの世話にしろ、万事頗るスムーズに運んだのである。これに反して牧野附秘書官の方は生来怠惰、呑気者で、トーマス・クック社に頼むなどという気のきいた才覚が浮ばない。だからその後の旅行において、西園寺側の、至れり尽せりの行き届いたサービス振りに比較して、牧野側は全く惨憺たる有様だったものである。これには流石の温厚にして平素余り人を叱ったことなどのない牧野伯も、余程こたえたとみえて、ロンドンから日本へ帰る月余に亘る航海中、横浜へ着くまで殆ど口をきいてもらえなかった。

前にも触れたように、私は加藤駐英大使や寺内総理大臣の秘書官になろうと思えば、そのチャンスがないわけではなかったが、萩原先輩の訓示に従い、また自分の柄も考えて、敢えてそうしたチャンスを避けた。ところが今度はパリ会議に出たいばかりに、秘書官を買って出た結果が、上述のような始末である。爾来どう考えてみても、私は秘書の器でないことを、しみじみ覚った。やはり人間、柄でないことは、自ら志願してまで引受けるべきではない。

五、外交に関する二、三の所感

任官以来の外務大臣のこと

私が明治三十九年（一九〇六年）に外務省入りをしてから、前記の昭和十四年（一九三九年）駐英大使を最後として、官を退くまでの三十数年の跡を顧みると、やはりいろいろの感想、感懐が湧いてくるのであるが、左にその二、三を記して本章を終ることとしたい。

先ず私の外務省仕官以来の明治、大正期の外務大臣で専任であった人だけを挙げると、林董、小村寿太郎、内田康哉、牧野伸顕、加藤高明、石井《いしい》菊次郎《きくじろう》、本野《もとの》一郎《いちろう》、後藤新平《ごとうしんぺい》、伊集院彦吉、松井慶四郎、幣原喜重郎の諸氏である。こうして名前をならべただけでも、何となく昔の外務大臣には相当の人物が揃っていたような気がする。もっともこれは私がまだ若くて、下っ端であったせいかもしれない。そういえばマッカーサー元帥はしばしば私にむかって、東郷《とうごう》〔平八郎《へいはちろう》〕元帥や乃木《のぎ》〔希典《まれすけ》〕大将をはじめ、日露戦争時代の日本の将軍連を賞めそやしたものであるが、元帥がこれら日本の将軍連に会ったのは、元帥の中尉ぐらいの時だったのだから、私の場合と同様なのかもしれない。

それにしても、明治、大正期の先輩外交家には、どことなく、国家本位に物を見、また行動するといった風が顕著だったと思う。武士気質の人が多く、自己本位、出世本位の人が少かったような気がする。もちろん当時は世の中も一般に余裕があり、今日のような世智辛さはなかったので、何か国家に一大事が起れば、忽ち国論統一され、挙国一致して事に当るというのが常道であったから、自然と政治家も外交家も国家本位に動かざるを得なかったわけであろう。

いわゆる〝お雇い外人〟の効能

次に昔の外務省には、外人顧問がいたものである。俗にいう「お雇い外人」である。米国人デニソン氏や英国人ベイティ博士等は世に知られた。このベイティ博士に至っては、余りに日本のために尽したために、第二次大戦中英国国籍を剝奪され、戦後日本で死んだほどの人である。その他フランス人、ドイツ人も傭われていた。これらの外人は、外交文書の作成などにたずさわるのみならず、中には可成りの枢機に参画したものもいたのである。

なんといっても外国人の見方とわれわれ日本人の見方とが全然違うという場合が少くないので、何か外交上の問題が起った場合に、外国人としては如何に感じるか、如何なる受取り方をするかというようなことを事前に知ることは、問題の解釈や解決の上に非常に参考になることがあるものだ。日本人だけの狭い考え方に終始すると、どうしても独り善がりに陥り易い。外国語の文書、新聞雑誌を読むにしても、彼等外人ならば一晩に二百頁でも三百頁でも自国の文章を読解できる。日本人がやるより迅速で正確であること言うまでもない。私は今日においても、お雇い外人の制度はあって然るべしだと思う。こんなことで自国意識を発揮したり、排他的になったりするのは、偏狭、愚劣と言わざるを得ない。

何より必要な外国語の勉強

これはこれからの若い諸君に向って申したいことだが、外国語の習得ということである。敢えて外交官に限らず、各方面において、外国語、殊に英語をマスターしておくことは、確かに必要事の一つである。よく日本人は語学は生来下手なのだから、勉強しても無駄だなどという説をなすものがあるが、これは人を誤ること甚だしいといわねばならぬ。もちろん日本人にとって、英語の習得は、他の欧洲人に比しては、遥かに多くの困難があることは事実であるが、しかし本人の心がけと勉強次第では、この困難を克服して、英米人並みに英語を活用すること、必ずしも不可能ではない。

私のいた外務省での英語の達人というと、先ず思い浮ぶのは、やはり幣原さんであった。幣原さんが英語のうまいことには定評があったが、それにしても、若い頃からの幣原さんの英語習得の努力はそれこそ大へんなものであった。あるいは常人の真似の出来ないことかもしれない。外務省に入ると間もなくロンドン勤務となった幣原さんの日課の一つは、毎朝ロンドンのタイムズ紙の社説欄を先ず日本語に飜訳し、次にはそれを自分の英文で書いてみて、タイムズの原文と対照し、研究したとのことで、これは外務省内でも有名な話となっていた。また幣原さんは外地から帰って、本省勤務となると、前述のお雇い外人デニソン顧問に親炙《しんしゃ》して、外交文書の書き方の勉強に専心するという調子である。朝早く起きて、デニソン氏と散歩を共にし、外務省へ登庁すれば、デニソン氏の机の傍に自分の机を持ち出し、朝から晩まで、デニソン氏の教えをうけるのである。お雇い外人を活用したという点で、幣原さんは外務省の第一人者といえよう。デニソン氏もまた幣原さんの英語力を推賞してやまなかったそうである。こうして幣原さんの英語の勉強は長くつづけられた。恐らく亡くなるまで、ウェブスター辞典は、座右から離されなかったと思う。若い頃英語の下手なわれわれが寄るとよく「あんなに打ち込んで勉強すれば、誰だってうまくなるさ」などと言い合ったものだが、これは実のところ怠けものの負惜しみというものである。

英語に関する幣原さんの逸話

幣原さんほどの英語の達人になると、逸話も多い。前にも一寸述べたと思うが、幣原さんが総理大臣になる時、外務大臣たる私が総司令部へアグレマンをとりに行った。するとマッカーサー元帥がいきなり「幣原男爵は年は幾つか」と聞く。「七十いくつだ」と答えると、「馬鹿に老人だなあ」といってから、つづいて「英語は話せるのか」と尋ねるのである。七十何歳の爺さんでは英語などわかるまいと思ったのかもしれない。私は「もちろん大いに話せる」と、その場で答えて、アグレマンも首尾よくもらってきたが、人もあろうに、自他ともに英語の達人を以て任ずる幣原さんに関して、「英語が話せるか」という質問は、如何にも皮肉満点に覚えて、私は内心愉快であった。帰ってから、幣原さんに対する私の報告からは、英語に関するくだりだけは除いておいた。これは他日機会をみて、冷やかしの種にする魂胆であったのに、とうとう幣原さんの生前に、それを用いるチャンスを逸してしまったのは、誠に残念である。

実際、幣原さんといえば英語、といっても差支えないほどであった。ある人が幣原さんに何か紙片にサインしてもらいたいと頼んだところ、幣原さんが徐ろに机の抽斗《ひきだし》から硯《すずり》箱《ばこ》をとり出したので、その人は「貴方は日本字も書くのですか」と驚いたという話もある。多分万年筆でローマ字のサインでもすると予期していたのであろう。

斎藤博、白鳥敏夫両君の英語

なお英語で思い出すのは、これも今は亡くなった斎藤博《さいとうひろし》、白鳥敏夫《しらとりとしお》の両君である。斎藤君は駐米大使を最後に、ワシントンで客死した。時の米国政府最高の敬意の表示として、その遺骸は米国軍艦で送られて帰国した。白鳥君は駐伊大使、終戦後、戦犯に指名され、後病死した。これらの両君も外務省屈指の英語の達人として定評があった。

ワシントン軍縮会議の際には、両君ともわが全権委員の随員として参加したが、両君の主たる仕事は、毎日の会議における議事の記録係であった。すなわち会議で日英米三国の全権や専門委員の間で交される議論や提議を一々記録する役である。そして両君は会議が終ると、ホテルの一室に立て籠って、これらの記録を整理、清書して、わが全権団にその夜のうちに送り届けるというわけで、その努力、苦心たるや大へんなものであった。

もちろんアメリカ、イギリス側にも、それぞれ記録係がいて、各国ともそれぞれ記録をつくるわけである。ところが会議の期間中、いつとはなしに、日本側の作った記録が、英米のそれらに較べて、一層正確で、よく出来ているということが、英米の全権団に伝わり、後にはわざわざ日本側の記録をもらいに来るというまでになってしまった。それはわが斎藤、白鳥両君の俊敏の才もさることながら、やはり根本的には、両君の英語力の卓抜さによることも大であったと思う。

両君はともに日本に生れ、東京の大学を卒業したので、外国生れとか、外国で教育をうけたとか、いうわけではない。従って両君の英語は飽くまで独力で勉強したものである。それを思うと、勉強の仕方、心の持ちようでは、外国語に不得手だと一般に思われている日本人でも、英米人の間に伍して、決して彼等に負けないほどの仕事振りを、英語を以て示すことができるという実例になると思う。

玄人外交家と素人外交家

近頃よく玄人外交家と素人外交家との優劣について、質問をうけることがある。何か外国と重大な交渉がある場合に、外務省出身の、いわゆるキャリヤー・ディプロマットよりも、経済界または政界の大物を首席全権に採用して、事に当らせる方が効果的ではないかという。また近頃は、経済外交ということも、しきりに言われて、わが国と経済関係の深い国に駐在するわが大使には、財界人の方が適任ではないかという説をなすものもある。そして、こうした論者はいつも、英米などの大使をみると、前身が財界人、弁護士、新聞人であった人物が多いということを、例として挙げるのである。

こういう説に対しては、私は原則としては賛成できない。換言すれば、わが国の現状から申して、日本の在外使臣として送るのには、なんとしても、やはり外務省出身者が最適任だと思う。その理由の第一は、甚だ平凡なことだが、国際的な訓練を長年修得したものでなければならないということである。すなわち国際的なセンスの上でも、また礼儀作法などの生活様式の上でも、若い時から相当の修練と経験を積むことが必要だ。国内において、如何に立派で、有能な人物でも、必ずしも外国人の中に交って、その才能を十分発揮できるとは限らない。やはり人間にも、輸出向きと国内向きとがあるとでも、いうべきところか。

そこへゆくと、欧米人はわれわれ日本人よりは一般的にいって、より国際性に富んでいるのは否定できないと思う。だから英米の財界人や自由職業人のうちには、明日からでも大使や公使が務まるという人物が沢山いる。これは風俗、習慣や言葉の上から来る当然のことで、何もそれだからといって、日本の財界人や自由職業人が才能において、また人物において、英米の同業者に較べて劣るということにはならない。ただ外交官として、より適任であるか否かの相違をいうだけのことだ。もっとも、交通、通信機関が極度に発達してきた今日では、外国との諸般の接触、交流がいよいよ頻繁の度を加えるのは必至であるから、これからの日本人も、漸次欧米人並みに国際性を増してくるであろうし、従ってまた外務省育ち以外の人からも、立派な大公使が生れる可能性は多くなるのも確かであろうが、それにはなお多少の年月を要するのではないかと思う。

外交のことも〝餅は餅屋〟

上述の常駐の在外使臣の場合は別として、何か大きな国際会議とか、臨時の対外折衝などに際しては、通常のキャリヤー・ディプロマットよりも、専門知識を有する財界人とか、国内政界に実力を持つ政治家の方が、日本の使節として適当ではないかという問題がある。この点は私もある程度肯定できる。過去の事例をみても、ワシントン及びロンドンの軍縮会議に際しては、総理大臣加藤友三郎《かとうともさぶろう》海軍大将や元総理大臣若槻礼次郎《わかつきれいじろう》氏がそれぞれ首席全権として派遣され、いずれも立派に、その使命を果して来たのである。

またそれほどの大会議でなくても、何か経済関係の対外折衝などにおいて、実業家がわが使節団の首席として、その使命を全うした例も、決して少くはないのである。しかしここに注意せねばならぬことは、いずれの場合においても、これらの首席全権への補佐役として、必ず一人か二人の外務省出身者が全権団の幹部に加わっているのである。このいわば縁の下の力持ちを無視して、ただ表面だけの成果によって、すべてを主役の功績に帰し、素人外交が玄人外交に優るが如く言うのは、当らざるも甚だしいというべきである。私自身長い間の外務省育ちであるから、いささか依怙贔屓《えこひいき》に堕したきらいがあったかもしれぬ。しかし、私の言わんとするところは、結局〝餅は餅屋〟というように尽きよう。

【編集者註】

林　董（一八五〇―一九一三）　日英同盟締結当時の駐英公使、後に大使に昇格。第一次西園寺内閣の外務大臣及び第二次西園寺内閣の通信大臣を務めた。

近衛篤麿（一八六三―一九〇四）　五摂家近衛家の出。明治中期の政治家。貴族院議長に勅任せられた外、政治的には必ずしも権勢の地位に立たなかったが、朝野各方面に亘って指導的役割を演じ、大きな影響力を持った。

陸奥宗光（一八四四―一八九七）　明治時代の著名なる外交家。伯爵。和歌山県出

身、山県、松方両内閣に農商務大臣、第二次伊藤内閣に外務大臣として入閣し、日清戦役前後の外交をよく処理した外、三国干渉への応接、英国その他の列国を相手にする不平等条約の改正など、困難な対外応酬に当ったが、病を得て辞職し、幾ばくもなく五十四歳の若さで死去した。著書に回想集『蹇々録』がある。

小村寿太郎（一八五五―一九一一）　侯爵。日露戦争当時の外務大臣。講和折衝の難局に当った人。戦勝に酔った当時の国民から、講和の成果を不十分なりとされ、非難攻撃の的とされた悲劇的外交家として知られる。

広田弘毅（一八七八―一九四八）　オランダ公使、ソ連大使など歴任。斎藤内閣並びに次の岡田内閣に外務大臣として入閣、二・二六事件による政変の後を受けて内閣を組織。内には軍部大臣の現役制を復活し、外には日独伊防共協定を結んで、反英米枢軸陣営への参加を決定的なものとした。東京裁判の結果、東条元大将ほか五人の旧陸軍軍人とともに、文官として唯一人死刑となった。

松井慶四郎（一八六八―一九四四）　大阪出身。男爵。駐仏大使を経て清浦内閣の外務大臣。

伊集院彦吉（一八六四―一九二三）　鹿児島県出身。男爵。イタリー大使を経て第二次山本内閣の外務大臣。

クレマンソー　Georges Eugène Benjamin Clemenceau（一八四一―一九二九）　フランスの政治家、共和主義者。一九一七年組閣、ヴェルサイユ講和会議議長。

スマッツ将軍　Jan C. Smuts（一八七〇―一九五〇）　南アフリカ連邦のオランダ系軍人政治家。ケープタウンに生まれ、ケンブリッジ大学に学ぶ。南阿戦争では連合軍最高司令官を務め、連邦の自治独立の功労者。首相を二度務め、第一次大戦後の国際連盟及び第二次大戦後の国際連合の創立に貢献した。世界的視野に立ち、先見に富んだ政治家として重きをなしていた。

顧維鈞（一八八八―（一九八五））　外交官出身の中国国民政府系政治家。外交総長、財政総長、国務総理などを歴任。ヴェルサイユ平和会議以後、国際的活動において著名である。国際司法裁判所判事。

ウィルソン　Thomas Woodrow Wilson（一八五六―一九二四）　米国第二十八代大統領（一九一三―二一）。民主党。第一次世界大戦に参加。一九一八年十四ヵ条を提唱して、国際連盟などの国際協調にあたる。

ハウス大佐　Edward M. House（一八五八―一九三八）　第一次世界大戦当時の米国大統領ウィルソン氏の政治顧問として世界的に活躍し、その名を広く知られた人。

ランシング　Thomas E. Lansing（一八五六―一九一〇）　米国ウィルソン大統領時代の国務長官。パリ講和会議に米国全権の一員として活躍、膠州湾還附問題では、ウィルソン大統領、ハウス大佐と意見を異にして、支那側の主張を支持した。大正六年（一九一七年）、国務長官として俗にいう石井・ランシング協定を結んだ（石井菊次郎の項参照）が、この協定はワシントン会議後、大正十二年（一九二三年）四月に廃棄された。

林権助（一八六〇—一九三九）　福島県出身。男爵。駐英大使を最後に宮中に入り、式部長官、枢密顧問官となる。

出淵勝次（一八七八―一九四七）　昭和三―九年駐米大使。後貴族院議員に勅選せられ、戦後最初の参議院議員に岩手県地区から選出され、在任中死去した。

内田康哉（一八六五―一九三六）　第二次西園寺内閣の外務大臣を最初に、原、高橋、加藤（友）内閣及び斎藤内閣と五度に亘って外務大臣を務めた。満洲国の承認、国際連盟よりの脱退などを断行し、「焦土と化すとも満洲国承認を行う」と言明した故を以て「内田焦土外交」の語を残した。

宇垣一成（一八六八―一九五六）　岡山県出身。陸軍大将。清浦、加藤、若槻各内閣の陸軍大臣。後、広田内閣が軍部の圧力で倒壊した後をうけて、組閣の大命を拝したが、軍部の妨害で陸軍大臣を得られず、軍部粛正を期待した世間の希望空しく大命を拝辞した。さらに、第一次近衛内閣に外務大臣として入閣したが、この場合も、軍部との呼吸合わず、僅か四ヵ月で辞職した。戦後最高得票で参議院議員に当選したが、在任中死去した。

萩原守一（一八六七―一九一一）　明治時代の外交官。外務省通商局長を最後に、明治四十四年、四十五歳の若さで死去した。

石井菊次郎（一八六六―一九四五）　大隈内閣の外務大臣。後特派大使として渡米し、米国をして、日本の支那に対する特殊地位を承認せしめる協定を結んだが、この協定は当時の米国国務長官ランシング氏の名をとって「石井・ランシング協定」と呼ばれた。昭和二十年戦火に追われて焼死した。

デニソン　Henry Willard Denison（一八四六―一九一四）　米国人。若くして外交官となり、日本に来り、一八七八年まで神奈川領事として在職、領事裁判制度の不合理を指摘して領事を辞し、横浜で弁護士を開業した。一八八〇年日本の外務省に招かれて、万国公法副顧問となり、陸奥外相当時不平等条約の改正に尽力、また日清、日露両戦役後は国際法に関する文書の作成に貢献した。大正三年東京で歿す。

ベイティ　Thomas Baty（一八六九―一九五四）　英国人。一九〇一年オックスフォード、一九〇四年ケンブリッジ両大学より法学博士の学位を授与さる。一九一六年日本外務省の法律顧問として招聘さる。第二次大戦中、日本と協力せし廉《かど》により英国国籍を剝奪さる。一九三六年勲二等瑞宝章を贈らる。昭和二十九年日本にて死去。

加藤友三郎（一八六一―一九二三）　子爵。海軍大将、元帥。広島県出身。大隈、寺内、原、高橋各内閣の海軍大臣であり、高橋内閣倒壊の後をうけて総理大臣となったが、在職中死去。日露戦争中、連合艦隊参謀長として東郷司令長官を助け、日本海海戦の大勝を確保したこと、並びに、原内閣の海軍大臣当時、ワシントン軍縮会議への全権として、英米日三国主力艦隊比率五・五・三に対し、よく海軍部内を纏めて条約の成立に導いたことなどは、その功績の代表的なものとして伝えられている。

若槻礼次郎（一八六六―一九四九）　男爵。島根県出身。第三次桂内閣の大蔵大臣、加藤（高明）内閣の内務大臣。加藤首相急死の後をうけて総理大臣となり後、田中、浜口両内閣の次に再度大命を拝して内閣を組織した。

【回想余話】内政、外交の高い識見

田中耕太郎

私が吉田さんにはじめてお目にかかったのは、日伊交換教授として昭和十一年ローマに行った帰途、ロンドンに立ち寄ったときのことであった。当時の駐英大使の吉田さんは、一教授の私を記憶されていないことはたしかだし、私もその時の訪問の印象については全然記憶していない。

当時の非常時局にあたって、日本は強い外務大臣を必要としていた。もちろんファッショ的旧式という意味でなく、軍部に屈服しないという意味である。しかしその頃の吉田さんは反ファッショ的の陣営においてもあまり支持者をもっていなかったようである。ある親しい私の先輩は、内田康哉氏がかつて、誰かに「外務大臣には誰が適任か」ときかれたとき、「吉田以外なら誰でもよい」と答えたと、それに共鳴するように私に語ったことを記憶している。

昭和二十一年五月吉田さんに組閣の大命が下ったときに、私は婚礼の媒酌人としてある宴会に出ていた。そこで逢った政界の一重鎮で吉田さんと長年親交のある人物が、私に吉田さんは出ない方がよい、出ればきっと失敗すると自信を以て語った。

こういうのが一般の吉田観であった。

当時安倍文相（幣原内閣）の下で文部省学校教育局長をしていた私は、安倍さんを通じて第一次吉田内閣の入閣の交渉を受けた。私は前田《まえだ》〔多門《たもん》〕さん（幣原内閣文相）と安倍さんによってはじめられた教育改革を引き続いてすすめるべきだと考えて、これを受諾した。

吉田さんは私の罹災後の立退先の田園調布松本烝治《まつもとじょうじ》（私の妻の父）の所に夜おそくやってこられて私を驚かした。――石黒武重《いしぐろたけしげ》氏が同行されたようであった――用向は大内兵衛、東畑精一の両君の入閣勧誘に力をかしてくれということであった。私は両君とも懇意なので、二人またはそのどちらでも入閣したらどんなに愉快だろうと考えて、吉田さんに同伴して両氏を訪問し、深更まで説得につとめた。その時には和田博雄君がいたことは確かだが、それ以外に那須皓《なすしろし》君も同席していたように記憶する。説得は不成功に終った。私は吉田さんに依頼されて、翌日もう一度大内、東畑両君の所にでかけていったが、結局無駄であった。

入閣後私が文相としてもっていた構想を話したとき、吉田さんは理解と同情を以て親切にきいてくれた。私は日本の教育が従来の師範学校によって害《そこな》われているから、師範を全廃しなければならぬといったら、「陸軍を誤ったのは幼年学校教育ですね」といわれた。私はその理解の的確なことに敬服した。「しかし」と私は言葉を続けた。「師範学校をやめることは大問題です、内閣の運命にかかわりますよ」。吉田さんはいわれた。「内閣が潰れたってよい、よいことならやろうではありませんか」。私は実にたのもしく思った。

翌昭和二十一年内閣改造の際に私が引っこんだ時、吉田さんは社会党との連携のため、学者グループの誘致の意図をもっていられたようであった。私はその計画の成功を望んだ。

辞職の際吉田さんは自由党に入ることを私にすすめられたが、私は参議院に当選してから、感ずるところがあって、同志と緑風会を組織することになった。

昭和二十五年三月最高裁判所長官に任命されたのは吉田内閣の指名によるものである。

サンフランシスコ講和会議の際、吉田さんは私に全権として同行するようにすすめられた。私はむげに厚意を無にしたくなかったので、一応諸外国の事例等を研究してみたが、日本の事情としては、現職の裁判官が会議に出かけるのは一般の理解を得ることがむつかしいと思い、このすすめを辞退したのであった。

吉田さんの内政外交に関する識見には、おめにかかるごとに敬服させられる。吉田さんのわが皇室に対する尊崇敬愛の念は実にうるわしいものがある。外国人の吉田さんに対する評価は絶大である。昨年二月西ドイツでアデナウェル首相に逢ったとき、吉田さんのことをほめていた。私は外国旅行に出かける際には、その前に吉田さんを訪問して、世界の情勢について色々貴重な示唆を受けることにしている。昨年ドミニカ共和国に行く際に、日本移民の問題について、うかがったことなど実に卓見だと思った。（最高裁判所長官）

【回想余話】吉田さん出馬

石井光次郎

それは昭和二十一年五月のことであった。せっかく第一党になりながら、鳩山〔一郎〕さんは組閣寸前というところで追放になり、日本自由党は総裁難に陥った。古島《こじま》

〔一雄《かずお》〕さんも駄目、松平《まつだいら》（恒雄《つねお》）さんも駄目、吉田（茂）さんも駄目と、次から次の駄目続きで、鳩山邸（当時麻布石橋正二郎《いしばししょうじろう》君宅に同居）は暗いかげに鎖《とざ》されていた。ちょうどそこに林譲治《はやしじょうじ》君と私とが居合わせた。林君が「このままじゃ動きそうもない、一つ君と丸ビルに出かけようじゃないか。僕は白石多士良《しらいしたしろう》に話して、それから吉田さんを説かせる、君は野村駿吉《のむらしゅんきち》に話して、それからも吉田さんにすすめてもらうことにしようではないか」という。白石は吉田さんの親戚、野村は吉田さんと大磯で親しく交わっておる。二人とも丸ビルに事務所を持っていた。成否は兎も角として、鳩山邸の重苦しい空気の中に松野《まつの》〔鶴平《つるへい》〕さんや、河野《こうの》〔一郎《いちろう》〕幹事長、三木《みき》〔武吉《ぶきち》〕さんなどとじっとしておるのに耐えられぬような気持ちで、二人は外に出た。

野村君に会って、事情を話した。君はすぐ吉田さんに逢いに出かけて行った。夕方、丸の内常盤家の党本部にぼんやりと、あまり色よい返事も期待せずに待っておるところに野村君から電話がかかって来た。「見込があるよ」という。

君の事務所に飛んで行ってみると、「いろいろ話してみたが万更でもないようだ。総裁になると、変な奴等が同志ヅラして、廊下などで、オイ吉田君などと、後から肩をたたくことなんかザラだろう、イヤだなーといっていたが、どうも一押し鳩山からやってもらったら行けそうだ」との話。こりゃ面白いと、すぐ鳩山さんのところに行って詳しく伝えた。鳩山さんは大喜びで吉田さん説得に出かけて行った。

第一次吉田内閣はこうして成立した。（岸内閣副総理）

【回想余話】和田農林大臣の由来

武見太郎

幣原さんは辞職直後に牧野伸顕伯に会見を申込んだ。当時伯は千葉県の柏にいたので、私がお供して上京し、銀座の私の診療所で、お二人だけで約一時間会談された。私は別室で待っておったのだが、幣原さんは牧野伯を部屋から送り出しながら「閣下大目に見て頂きます」と可なり大声でいわれた。私にはその意味がわからなかったが、帰路の車中で、私は伯から「吉田は外交技術屋であって政治家ではない。総理大臣はお断わりした。これで安心した」といわれて、会談の内容だけは知ることができた。

翌朝私は吉田の伯父から電話をもらった。理研へ行く前に五分程官邸（麻布市兵衛町）によってくれという。すぐに訪ねたら「鳩山がパージになったので、総理大臣をやらなければならないことになった。幣原さんが牧野伯も承知したといったので引受けた」という。私はビックリして、前日の話をしたが、最早取返しはつかなかった。

幣原さんの「大目に見て下さい」は、牧野伯の返事を逆に報告する肚だったことを物語る。私は大変な事になったと思って「どうなさるつもりですか」とたずねたら「戦争で負けて外交で勝った歴史はある」と毅然として言い放たれた。これは今日なお私の耳底に響いている言葉である。

さらに吉田さんは「この内閣は食糧内閣である。農林大臣が一番大切だ。石黒忠篤《いしぐろただあつ》さんのところへ行って意見を聞いて来てくれ」と命ぜられた。直ちに石黒邸に行って委細を話したところ、「東畑精一博士が、食糧対策委員長をしているから一番よく知っている。また彼はアメリカで勉強したから話が直接出来る。一緒に行ってやろう」というので同車して、農学部の教授室に訪ねた。

東畑氏は「関係者の意見を聞くから明日車を貸してくれ」という。まんざら断る気配もなかった。追放中の石黒氏の官邸出入は問題だったが、コッソリ入って経過を報告し、色々と農林行政について具体的意見を述べられた。東畑氏は二日、三日と次第に辞退の態度を硬化させたが、吉田さんは執念深く追いかけた。逃げる東畑氏を追って、令弟の家に押しかけ、談判中に東畑氏が脳貧血を起した場面もあった。

石黒氏は東畑氏は行政は素人だから、次官は和田博雄氏でなければならぬと決めて居られたと思う。私は二日目に和田氏を訪問して協力を要請したところ、和田氏は大局的な見地から同意して官邸に入り、泊り込みで助力を惜まなかった。遂に東畑氏をあきらめ、那須博士もまた追放と決した時に、「和田局長、あなたが大臣になってくれませんか」と頼んだのは吉田さん御本人だった。これは和田氏との接触五日間の結論だったと思うが、そこで和田氏と私は石黒氏を訪ねて意見をきき、遂に和田農相が出現した。和田氏は暗い車の中で、敗戦の中だから引受けるぞと涙を流して私の手を握った。和田氏の胸中に「私」はなかったことを私は断言できる。

六日目にやっと組閣が出来ることになったが、その間には一部の執拗な妨害もあり、政党に不関心だった吉田さんのとらわれない考え方が随所に出た。それが善かったことも悪かったことも結果的にはあったにしても、その一週間私が起居をともにして感じたことは、吉田は偉大な愛国者であるということであった。

その間実は吉田さんが、マッカーサー元帥が、食糧を出すといってから組閣すればよい、一ヵ月も全国で赤旗を振れば、アメリカから食糧を持ってくるよ、などといいながら情勢を細かく分析していたことは特記してよいと思う。毎晩陛下からは組閣は未だかというお電話を頂いて恐縮していたが、六日目の夜にマッカーサー元帥から招かれて「自分が最高司令官である間は、日本人は一人でも餓死させない」といったというので、官邸に待ち受けていた石黒、和田などの緒氏に伝え、これでもう組閣してよいということになった。私は外交なるものを初めて見たのである。

病人としての吉田さんは我ままで、煙草をおやめさいと私がいったら「こんな面白くない商売をしていて、アレもいけない、これもいけないといわれてたまるか」というような駄々の一面もあったが、痛い時となると、無条件降伏の可愛い場面もあった。新橋の菊村の女将が、「原敬さんは新橋の待合で日をきめて朝から晩まで人に会った。吉田さんは会わないからいけない」といったので、私がその話をしたら「俺なんかは雇われ総理大臣だ、そんなことは出来るかい」と笑っていた。（医学博士・牧野伯の孫婿）

第三十一章　思い出す人々

私は長い海外生活を送り、かつまた終戦までは、殆ど政治方面との接触がなかったので、思い出を語るほどの先輩、交友の範囲は、余り広いといえないかもしれない。それでも長い年月の間には、直接間接に誘掖《ゆうえき》指導を受け、恩顧を蒙《こうむ》った先輩、同僚の数は必ずしも少しとはしない。ここにこれらの人々につき、思い出すことどもを、心に浮ぶままに記《しる》してみよう。その間いささかなりとも、読者を益するところありとすれば、先人追慕の私情の上に、さらに望外の喜びを加えるものというべきであろう。

一、西園寺公と牧野伯

温厚にして峻烈な西園寺公

明治、大正、昭和の三代にわたる先輩政治家であり、殊に明治以来の元老の最後の人であった西園寺公望公に対して、私が最初に、しかも身近に、かつまた長期間接し得たのは、前章でも詳述したとおり、大正八年（一九一九年）一月、パリ郊外のヴェルサイユで開かれた第一次世界大戦の講和会議に際し、私が全権随員の一人として派遣された時であった。

爾来、牧野伯のお使いなども兼ねて、たびたびお会いした。

公は平素温厚にして悠揚迫《ゆうようせま》らざる態度を持しておられたが、時に峻烈《しゅんれつ》当るべからざる意気を示されることがあった。パリ会議の際に、日本から随行した新聞通信員の一人が「パリ生活の裏面について」として、あることないことを日本の新聞に報道した記事が公の眼に留った。「日仏関係の重大な時に当って、かくの如き記事を報道するとは、小事なる如くして小事にあらず」と非常に憤激され、何人の慰撫の弁も用いず、遂にその記者は日本全権団本部への出入りを禁止された。

連盟脱退反対を説いてたしなめらる

昭和八年（一九三三年）の春まだ浅き頃、松岡洋右《まつおかようすけ》君が例の国際連盟総会のためジュネーヴへ出発するという前日、私は同君を訪ねて「脱退のごとき軽挙のなきよう」説き、同君もその時には「君の意見に全く同感だ」ということであった。当時の私の意見では、国際連盟の理事国たる日本の地位というものは、第一次大戦におけるわが国の功績の結果、かち得たもので、国際的な政治、外交、経済の諸問題に、大国の一員として発言し得る唯一貴重なる権利であるから、如何なることがあってもこれを自ら放棄するのは、日本の為めにならぬというのであった。ところが、松岡全権一行がジュネーヴに到着して暫らくすると、日本の脱退の噂が次第に新聞紙上に散見されるに至った。そこである日、私は西園寺公訪問を思い立った。たまたまその前日、時の総理大臣斎藤《さいとう》実《まこと》子爵が興津《おきつ》を訪問した記事を新聞でみて、「これでは既に万事休したか」とも考えたが、とにかく公にお目にかかって「連盟脱退すべからず」という私見を述べたものである。

私の話を黙って聞いておられた老公が徐《おもむ》ろに言わるるには「貴君のお説には抽象的には賛成であるが、具体的には反対である」ということであった。その時私は内心、抽象的に賛成、具体的に反対とは、何を意味するのか怪訝に堪えない面持ちでいると、つづいて老公は急に厳格な口調となり「かかる国家の重大事を論ずるにおいては、一身をなげうつだけの決意なかるべからず、貴君にその決意ありや」と言われた。その時の老公の態度には、自ずと襟《えり》を正さざるを得なかったのである。

白状するまでもなく、この時、私は生意気な議論はしたものの、肚の中では別にこの問題のために自分の生命を賭けてもなどという考えは毛頭なかった。なるほど、苟《いやし》くも国事を談ずる場合には、そのくらいの意気込みがなければ、余計なことなど言うべきではなく、また為すべきではないと悟った。老公の厳粛なる態度、今なお私の眼前に髣髴《ほうふつ》とする思いがある。

先輩にして義父たりし牧野伯

私が思い出を語る先輩の中に、義父牧野伸顕伯を入れるのは、当り前過ぎるかもしれない。事実私はこの先輩にして義父たりし伯に、外交、政治はもちろん、殖産興業方面のことにしても、啓蒙さるるところ実に多かったといわざるを得ない。

伯は生涯、薩摩人気質と意識を失わない人であった。しばしば述べたとおり、私がこれまた恩顧を蒙った一人である寺内（正毅）元帥が生前よく話されたのは、長州人と薩摩人の気質上の差異についてであった。すなわち、長州人の場合には、なかなか大手門を通さないが、一度そこを通ってしまうと、あとは本丸までサッサと、はいらせる。ところが薩摩人の方は、大手門は誰れでも通すが、本丸には容易に近寄らせないというのである。謂う意味は、長州人は始めは附き合いにくいが、一度仲よくなると、腹の底まで打ち明けるようになるが、薩摩人の方は逆に、始めはむしろ近づき易いが、なかなか心を許すまでには行かぬといったところであろう。

事実牧野伯にとっては、私はその女婿であり、外務省の後輩でもあるので、恩顧をうけたことはもちろんであるが、亡くなられるまで、私は他国者扱いであった。寺内元帥の言をかりれば、本丸には入れられなかったのである。よく伯の親戚の人々が集ったところへ、私が出た場合でも何かお国めいた話が出ると、二言目には「吉田君の前で言うのはなんだが……」という前置きが必ずつくのである。

質素だった伯の生活ぶり

そういう面とともに、これも維新当時の薩摩人の気風の一つである質素という美徳も伯は堅持しておられた。伯は人も知るとおり明治の元勲大久保利通《おおくぼとしみち》公の次男として生れ、後牧野家を継いだが、夙《はや》くより米国に渡り、長じて外務省に入り、イタリー、オーストリアなどの公使を歴任し、第一次西園寺内園の文部大臣、第二次西園寺内閣の農商務大臣、山本内閣の外務大臣となり、大正九年内大臣として宮中に入り、昭和十年まで十六ヵ年の長きにわたってその職にあったのである。かくのごとくその門地、閲歴などをみれば、世人は伯が生前相当豪華な生活を営み、かつまた相応の美田を児孫のために遺したと考えるかもしれないが、事実は正に反対であった。

例の二・二六事件では静養先の湯河原で叛乱軍に襲われ、危うく難を免れたが、以後千葉県の柏で隠退の余生を送った。その生活振りは誠に質素を極め、殊に終戦後のインフレーション時代には、家財なども処分せざるを得なかったらしい。もっともかかる生活向きのことは、婿たる私にも生前一度も口にされたことはなかった。

昭和二十四年の総選挙で私の所属した自由党が絶対多数を獲得したので、私は早速柏に赴き、病床の伯を見舞いかたがた報告したところ、非常に喜ばれた。これが私にとって最後の対面であった。死期迫るや、伯はそれを自覚しておられたらしく、丁度《ちょうど》孫の一人が枕頭で看護に当っていると、独り言のようにして、「自分は生涯、良心に疚ましいことを一度もしたことはなかった」と洩らしたそうで、これがこの世における伯最後の言葉となった。人間一生、良心に恥じる行為をした覚えはないとの確信を以て、この世を去り得るほど、幸福なことはあるまい。伯の死後、殆ど財産らしきものは残っていなかった。僅かに自分が隠居するつもりで、買い置いたのであろうか、渋谷の松濤に千坪余の地所があったただけである。若い時から、特に贅沢な暮らしをしたわけでもなく、晩年は殊に質素に過ごした事実を知るわれわれとしては、伯の清廉の風を一層しみじみと追慕させられた次第である。

二、寺内元帥と山本権兵衛伯

陸軍大臣と領事官補

私が若い頃、最も厚く知遇を得た人に寺内正毅元帥がある。元帥は朝鮮総督、総理大臣をつとめ、陸軍の大御所であったばかりでなく、政界の大立物でもあった。ところで私が初めて満洲へ赴任したのは、明治四十年（一九〇七年）の初めで、当時はまだ日露戦争の後片付けが済んでいない頃であった。すなわち戦場としてわが軍が一度占領した満洲を清国に返還する手続きや措置について、清国やロシヤ側と交渉し、いわば戦争の後始末をつけるという時期であった。しかも日本側の内輪においても、旅順にあった関東都督府と奉天の総領事館との間に、権限争いが絶えなかった。

こうした問題の解決のために、当時陸軍大臣だった寺内さんが満洲へやってきたことがある。ところが、ちょうどその時、萩原（守一）奉天総領事が本省と打合せのため帰国中だったので、総領事が奉天へ帰任するまでの間、私が総領事館を代表して、陸軍大臣の接待に当ることとなった。

今から考えれば、当時の陸軍大臣と領事官補とでは、その地位からいえば、正に〝月と鼈《すっぽん》〟のようなものであったが、その頃の私は若気の至りというか、陸軍大臣、陸軍大将だからといって、別に恐惶頓首もせず、平気の平左で応対したわけである。どこへ行っても、下にも置かぬ優遇に馴れている寺内陸相にしてみると、「変った若造だ」とでも感じたに違いないが、とにかく陸相の眼に止ったらしく、爾来何かにつけて、お世話になったものである。

寺内さんに叱られた話

一体寺内さんという人は、一度この人間はと思い込んで、目をかけると、いつまでもそれを引き立てるという風の人であった。その代り、随分小言もいうし、また時には大声で怒鳴ったりもしたものである。しかしそれはただ感情的に叱るというよりは、後進に訓戒を与え、これを指導してやるという親切心から出ていることは、当時の若者たるわれわれにもはっきりと判った。従って叱られれば恐縮して引きさがるものの、直ぐまた訪ねて教えを乞うという気持ちになれるのである。

寺内さんの朝鮮総督時代、私が外務省の接伴役といった恰好で安東県の領事をしていた頃の話だが、亀井という時事新報記者が私を訪ねてきて、「袁世凱の排斥運動をやるつもりだから、寺内さんを紹介してくれ」というので、早速紹介状を書いてやった。亀井記者は寺内さんに面会するや、彼の所懐を存分述べたらしい。「袁世凱は怪しからん奴で、あんなものが北京にいる限り日支親善は実現しないから、何とかして片付けてしまいたい」と言ったようだ。後で私が寺内さんに会った際、寺内さん曰く「一体他国の元首を暗殺するなどという陰謀をたくらむとは、言語道断である。しかもかかる不逞《ふてい》の徒を人に紹介してよこすなどとは怪しからん限りだ」といった調子で、ひどく叱られたものである。

寺内さんはかくのごとく厳格なる半面、また稚気誠に愛すべき面をも持っていた。いつのことだったか、京城の朝鮮総督官邸で晩餐に招かれた時である。元帥は生きた虎の子を食堂に連れてきて、それを食卓の下に放たれた。生後間もない小さいものではあるが、とにかく虎は虎である。猫などのようなわけには参らぬ。テーブルの下でわれわれの足にがぶっと嚙みつかぬとも限らぬ。自然警戒せねばならないので、おちおち御馳走も頂けない。列座の諸豪もそうだが、特に婦人客などは甚だ困ったという顔付きをしている。ひとり、禿頭童顔の元帥だけが、それを眺めながら、悦に入っている。私はその時の気持ちの悪さとおかしさを今でも忘れない。

海軍の大御所山本大将

陸軍の寺内元帥を語ると、やはり海軍の山本権兵衛伯を思い出さざるを得ない。山本伯は海軍の大先輩たるとともに、総理大臣たること二度に亘っている。私が初めて山本大将にお目にかかったのは、私が幣原外務大臣の下に次官をしていた頃であった。それは昭和五年の初めロンドンに軍縮会議が開かれて、わが全権として、元首相若槻礼次郎氏や財部《たから べ》（彪《たけし》）海軍大臣が派遣され、外務省からは松平恒雄、永井松三《ながい まつぞう》の両氏が全権団に加わった時のことである。

ロンドン軍縮会議の議題は、海軍の縮小に関するものであり、しかもわが海軍省と外務省との間に動《やや》もすると意見の相違を来す恐れもあった。それで私達は、当時海軍の大御所的存在であった山本伯に、外務省側の意向を十分諒解してもらっておいて、いわゆる国論を統一しておかねば、ロンドンで如何にわが全権団が頑張っても、満足すべき結果が得られるわけがないという意見であった。

ところが当時の外務大臣幣原さんは、条約条文の字句の検討などには非常に関心を持ち、熱心であるが、どうも海軍との打合せや交渉というようなことには、余り興味を持たれなかったようで、結局そうしたことには、次官たる私が外務省を代表して当らねばならぬという立場になったわけである。山本伯は薩摩の出身で、牧野伯とは同郷の関係で甚だ懇意の間柄でもある。私は滅多に牧野伯に紹介状を書いてもらったことはなかったが、この時は特に頼んで、山本伯への紹介状を書いてもらった。

烈々たる気魄と温い教訓

会ってみると、山本伯は、こちらがろくに何もしゃべらないうちから、滔々《とうとう》たる雄弁を揮って、こんどの軍縮会議に対する所信を述べ出して、折角こちらの方針や意見を説明しようとわざわざやってきたのに、切り込むすきを与えない。そこで暫《しば》らく拝聴している間に、これは、尋常のことでは、こちらの言分などは聞いてくれそうにないから、一つ態度戦法を変更し、少し逆らってみるに限ると考えついたので、機をみて私はこう言ってみた。「閣下は海軍の大御所たると同時に国家的長老の立場にある方だが、どうも御意見を拝聴していると、まるで海軍第一主義で、海軍軍人に非ざれば人に非ずといった調子に窺える。ところが西園寺公のごときは、誠に至公至平、われわれ若造の意見もよく聞き入れられて、指導して下さる」という趣旨のことを言った。

するとと山本伯はあの有名な隼のごとき眼をいよいよ炯々《けいけい》と光らせて、何を生意気なことを言うかといわんばかりに、ますます弁舌に油を注ぎ、曽ての厦門《アモイ》事件における処置にまで言及し、「福州事件の際に陸軍が厦門を攻撃するやの風聞が立ったので、陸軍がかかる暴挙を敢行するにおいては、海軍はそれを援助せざるのみならず、陸軍の輸送船を海上で撃沈してしまうとまで申して、陸軍をして遂に思い止まらしめたことがある。こと苟《いやし》くも対外問題たる場合には、陸軍も海軍もない。国家のために勇断を以て事に処すべきのみ。かかる勇断が長袖者流《ちょうしゅうしゃりゅう》にできるか」と喝破するという調子で、説き去り、説き来り、縦横無尽、全く恐れ入ってしまった。

かくてその日は全然山本伯の独演会に終ったのだが、それでも、最後に伯は声を改め、静かな口調で曰く「我輩がかく言うのも、実は他日、君も責任ある地位に就くことあるを思い、断ずべき時に断ぜずして事を誤ることなきよう、心得までに申したわけじゃ」ということであった。その時以来、伯が亡くなられる昭和八年末まで、比較的短い期間ではあったが、数回お目にかかることが出来た。いつも談論風発、烈々たる気魄の裡にも、何かと温く教えらるるところ多かったものである。

後輩を指導する思いやり

思うに、前の寺内元帥といい、またこの山本伯といい、当時一般には癇癪《かんしゃく》持ちで頑固極まる雷親爺として恐れられていたもので、なるほどその容貌なり語調なりは一見誠に激しいものが感じられたのは事実であるが、これらの明治、大正の先輩政治家の多くに共通した特色は、人を叱ったり、怒鳴ったりする場合には、必ず後輩を扶掖《ふえき》指導するという温い思いやりが込められていたことであって、自己保身と名利に汲々たるもの多き今日の政治家の態度と想い合せて、感慨を催さざるを得ない。

三、外務省の諸先輩

剛腹で緻密だった加藤高明伯

私が外務省に入って以来の歴代の大臣中、直接私が親炙した人としては、一番古いところで、加藤高明伯がある。加藤さんは外交家として優れていたばかりでなく、政治家としても、後年（大正十三年六月から十五年一月まで）総理大臣となられただけに、早くから当時の元老諸公とは深く附き合っておられ、殊に大隈（重信）侯と近かったのである。剛腹であると同時に、他面極めて緻密な頭脳を持っておられた。人も知るごとく加藤夫人は三菱（岩崎家）の出であり、幣原（喜重郎）夫人はその妹であるから、加藤、幣原の両氏は義兄弟の間柄である。加藤外務大臣時代に幣原さんはその次官をやり、加藤総理大臣の時の外務大臣は幣原さんであった。幣原さんがある時本郷切通しの邸宅で園遊会を催すこととなり、その招待状の中に「拙宅において……」という文句があった。それをみた加藤さん曰く「拙宅とは何事だ、あれは岩崎の持ち家で、自分は借家人ではないか」。加藤さんはあれでなかなか皮肉屋でもあった。しかしまた後輩扶掖《ふえき》において誠に行き届いたところがあり、曽て私が奉天総領事として赴任の際に、こちらの勝手極る条件を聴き入れて、加藤総理が私にとって過分の紹介状を書いて下さったことは、前章に述べたとおりである。

得難い国際人本野一郎子

本野（一郎）外務大臣（大正五年十一月から七年四月まで）は、日本内地においてよりは、外国において広く知られていた。外交官として、ドイツを始め、欧洲各地の勤務が長く、語学に長じ、フランス語はフランス人並みであったから、交際の範囲も広いので、欧洲の外交団に本野さんほど名の通った人は、日本人としてはもちろん、外国人でもそれほど多くなかったと思う。

それに近世の外交史に通暁《つうぎょう》しており、当時は英仏協商とかいうように、やたらに協商ということが外交界で流行していた時で、本野さんがまたその事情に極めて明るかったところから、駐露大使時代などには、何か欧洲諸国の間に協商問題が起ると、当時の首都ペトログラードの外交団から本野大使の許にいろいろ協商ということについて問い合わせにやってくるということであった。それほど外国人の間で尊重されていた。当時わが国にとり全く得難い国際人の一人であったのである。

粘り強さで知られた珍田捨巳伯

昭和の初めに侍従長の職にあった珍田捨巳《ちんだすてみ》伯については、一体に地味な人であっただけに、今の若い人で知るものは少いかもしれぬが、外務省の古い先輩の一人である。温厚篤実の紳士で、かつ如何にも東北人らしい、粘り強い人でもあった。

パリ講和会議当時は駐英大使のままで、わが全権の一人となった。この会議で、戦争中日本が占領した膠州湾（山東省）の還附が問題となり、わが牧野全権と顧維鈞支那全権とが相対立したことがあった。米国全権団のうちのランシング氏は支那側の主張を支持し、山東における権益を支那に直接（日本が一旦ドイツから受取って、更に支那に返還するのではない）還附すべきことを、日本が改めて声明するように要望した。

ランシング氏は牧野伯を説得せんとしたのであろう、会議中のある日、日本全権団の宿舎に電話で会見を申込んできた。牧野伯は最初はその会見を嫌がっていたが、結局、米国全権団の宿舎に訪ねて行くことになった。行ってみると、先方のどうした手違いか、牧野全権は宿舎の一般面会人待合室へ通され、如何に待っても、ランシング氏が出てこない。こちらは、これ幸いと、日本の宿舎へ引揚げてしまった。

しばらくすると、アメリカ側の秘書から、珍田さんや私どものいる室に電話がかかり、「只今《ただいま》はとんだ手違いで失礼したが、枉《ま》げてもう一度お出かけ願いたい」というのである。

そこでわが方では皆で相談の結果、「牧野伯は外出中でどこへ行ったか不明ゆえ、代りに珍田がお伺いする」という返事をした。こうして珍田さんはランシング米代表と会見し、長時間に亘って談合の結果、さしものランシング氏も珍田さんの粘りに匙を投げたとみえて、日本は上述の如き山東放棄の再声明を出さずに済んだのである。

カーゾン卿を参らせた珍田さん

かくてわれわれは珍田さんという人の粘り強さを初めて体験したわけだが、つづいてまた同じような、否それ以上の実例を見るに至った。

パリ会議が終ると、西園寺、牧野両全権は、日本への帰途、英国を訪問することとなり、ロンドン滞在中の一日、イギリス王室のお招きをうけた。当時の英国王ジョージ五世陛下は、わが全権に対し、大へん打ち解けられて、いわば家族的なおもてなしを頂いたらしい。その時のお話に、英国王室はスコットランドにも御料地を所有しているが、そこで収穫される馬鈴薯《ばれいしょ》や小麦も、王室の財政収入の主要項目をなしていること、しかもその年は馬鈴薯の不作で、王室のお台所向きにも影響のあったことというような、極めて打ち明けた事柄まで出たということである。かかるお話に感じ入った牧野伯は大使館に帰ると、この話を館員に伝えた。するとある書記官がそれを電報にして、外務省へ詳細報告した。そしてそれが当時外務省関係だけの内輪の雑誌に記事として掲載されたのである。

ところが、この記事がたまたま東京の英国大使館の眼に止まるところとなり、早速イギリス本国に電報で打ち返された。時の英国外相は剛毅を以て鳴るカーゾン卿であったが、カーゾン外相はこれを聞いて赫怒し、わが珍田大使に対し「今後は、日本から如何なる高位高官がきても、もう決して王室に招待しないのはもちろんのこと、われわれ政府要路のものも一切面会は断わることにする」という調子の最強硬なる抗議を申し入れた。これに対し、日頃温厚を以て鳴る珍田大使は、憤激のカーゾン卿を前にして、わが方の悪意に出でたるものに非ざることを諄々として説明、粘ること実に二時間、遂に卿を説得して、「今後日本の要人には一切会わぬ」の言辞を取消させるのに成功したという話である。

これは当時わが外務省で有名になった話で、聞くもの皆、珍田大使の粘り強さに感心したものであるが、それと同時に、この話は、一国の政治家、使節が外国の要人に面会した時の会話の内容を、たとえそれが私的のものであっても、それをそのまま直接話法の形で公表するのは、国際的礼儀の上で、余程慎しむべきであるという教訓を、当時のわれわれに与えた、貴重な実例となったのである。

原敬総理のフランス語

私の育った外務省関係の人についての思い出といえば、古いところでは、原敬氏であろう。原さんは歴代の総理大臣のうちでも、大宰相の一人に数えらるべき人物であるが、若い頃にはフランスに留学し、その後外務省に勤務した経歴を持っている。私がお会いしたのはたった一回、それもパリの講和会議に派遣されたわが全権の一行が、大正天皇の賜宴《しえん》に預かり、私も随員の一人として、陪食の末席に坐した時である（大正八年）。

原さんは当時の総理大臣であったから、私がその時お会いしたというよりは、遠くの末席から、原さんの顔を望見したといった方が正確であろう。もちろん言葉をかけられたなどというのではない。宴半ばにして、日本人は総じて外国語が不得手だというようなことが、卓上での話題になっていたところ、大正天皇が「時に原総理大臣は若い頃フランスにいたというから、フランス語は得意なんだろう」と仰せられたのである。すると原総理は「私のフランス語は、徹頭徹尾胡麻化《ごまか》しでございます」とお答えしたのであるが、それがわれわれ末席にまでよく聴えるほどの大声であった。私は他のことは今は殆ど忘れたが、そのことだけは特に印象に残っている。

なおこれは牧野伯から聞いた話だが、原さんに関する因縁話がある。牧野伯が原さん等とともに、東京のベルギー公使館の晩餐会に招待されたことがあった。宴終って、辞去する前の一ときを、主人役のベルギー公使、原総理、牧野伯の三人きりで応接間で雑談に耽った。当時のベルギー公使館は、もとは牧野伯の実父大久保利通公の邸だった関係で、三人の話題も自ずと大久保公の暗殺にまで及んだ。大久保公は、知られる通り、明治十一年五月、当時参議大蔵卿であったが、壮士島田一郎《しまだいちろう》らによって、清水谷で刺殺された。ところが、そのレセプションからまる一日もたたない翌日（大正十年十一月四日）の午後、原総理は東京駅で暴漢中岡艮一《なかおかこんいち》に襲われ、暗殺されたのである。

四、田中男と幣原男

田中外務大臣の下で次官勤務

私の官界生活のうちで、田中（義一）大将の兼摂外務大臣の下で次官をつとめた時ほど、愉快だったことはない。前にも少しく触れたが、そもそも私が次官になったこと自体が、田中さんに関する思い出の一つなのである。

私の奉天総領事時代に、田中外務大臣の主催で〝東方会議〟というのが開かれたことがある（昭和二年六月二十七日から七月七日まで）。この会議の実際の主唱者は、当時外務政務次官だった森恪《もりかく》君であるが、同君によると、主として支那、満洲各地駐在のわが外務省の出先機関を東京に召集して、本国政府及び政党方面と緊密な連絡を図り、またこれを機として外交を政争の外に置くことを目的としたものだということだった。いずれにしても、この会議は、いわゆる〝田中外交〟の積極的対支政策と結びつけられて、内外の注目をひき、またいろいろの揣摩《しま》臆測《おくそく》が飛んだものである。

それはともかく、この会議以来、森君と私とは、意気投合したというのか、肝胆相照したというのか、甚だ懇意の間柄となった。ところが昭和三年の春、外務省の人事異動があり、私はスウェーデン駐在の特命全権公使に任ぜられ、ついでノールウェー、デンマーク、フィンランドなどの公使をも兼ねることになった。それから間もなく、外務次官だった出淵勝次君が駐米大使に転出することとなり、事務次官だった出淵君は自分の後釜に某氏を推薦し、政務次官の森恪君は私を推すということになったが、出淵君は田中外相の姻戚であり、形勢は私の方に不利のようであった。そのうち、海外へ赴任するある人を横浜に見送りに行った時、森君もそこへ来ていて、私に向い「次官の方は望みなさそうだから、この際はスウェーデンに赴任した方がいい」というのである。

大臣直接に自薦の談判

そこで私は森君に「それなら僕が直接田中さんに談判してみるから、一つ君が斡旋してくれ」といったところ、流石《さすが》心臓の強いので有名だった森君も「そんな乱暴な真似をして大丈夫か」と、何か不安気な顔付である。「大丈夫かどうかはわからぬが、自薦運動をやってみて駄目ならそれでいいではないか」ということで、森君も承知してくれ、その後間もなく田中総理大臣に会う段取となった。

いよいよ田中総理に面会したところ、いきなり「張作霖はこのごろどうかね」という。

そこで私は「今日は張作霖の話で参ったのではありません。私は只今の外務次官候補として最適任者だと自負しておりますが、伺えば総理が御承諾にならないということだから、近くスウェーデンに赴任いたします。ついては出発前に、仮りに私が外務大臣ならば、斯くの如くいたしたいということについて一言申上げたいために参上した次第です」と断って、日頃抱懐する対満、対支政策について一席やったものである。田中総理は私のしゃべってる間一言も口をきかず、ただ庭の方を見やっているのみである。後で聞いたところによると、田中さんは、相手が何か気に入らぬことを話すと、それに対しては、一言も発せず、ただ庭の方を見やるのが癖だということであったから、当日私の対支政策に関する長広舌に対しても、愉快に耳を傾けていたのではないことがわかった。

ところが私が宅へ帰って暫らくすると、総理官邸から電話がかかってきて「明日腰越（神奈川県）の別荘で会いたい」というのである。翌日指定の時間に訪問すると、奥から田中さんがニコニコ顔で出てきて曰く「吉田君、こんど君に外務次官を引受けてもらいたいのだが、異存はあるまいね」というわけである。たった前の日に、自薦運動にやってきた当人に向って「異存はあるまいね」である（昭和三年七月）。

田中さんには、こういうたくまざるとぼけた面があった。爾来私はすっかり田中さんに惚れ込んで、仕えたわけである。私の長い外務省生活のうち、自薦の猟官運動をやったのは二度で、一度はパリ会議の全権随員を志願した時と、二度目は、この外務次官の時である。

〝こいつ馬鹿じゃなかろうか〟

しかし田中さんの下でも、一度困ったことを経験した。ある時東欧某国の公使が訪ねてきて、殆ど日本には関係のない問題で、しかも同じことを何遍も繰り返し、ながながと話しこむので、流石人の好い田中さんも終りにはウンザリしたとみえて、先方が熱心にしゃべっている途中で、私の方を向き「こいつ馬鹿じゃなかろうか」というのである。如何に日本語に通じなくとも、暫らくでも日本に滞在していれば、〝馬鹿〟ぐらいの日本語は了解するので、仲で通訳の役をつとめる私としては、一瞬ヒヤッとせざるを得なかった。田中さんは大ざっぱであると同時に、また誠にユーモラスな人でもあった。

張作霖将軍から虎の皮

田中さんの話に張作霖の名が出たから、ここにこの人物について簡単ながら触れておく。私が奉天総領事の任にあった大正末期から昭和の初め頃にかけては、〝幣原外交〟の全盛期ともいうべき時で、支那に対しては内政不干渉主義を標榜していた。しかし実際問題としては、満洲や支那本土の出先においては、外務省の訓令は往々にして陸軍や満鉄などからは忌避され、あるいは無視されて、日本側の出先機関の間にいろいろ紛争が絶えなかった。

例えば、大正十四年十一月郭松齢叛乱事件が勃発した時なども、外務省側としてはもちろん内政不干渉主義を堅持して、張作霖政権の倒壊も止むなしという態度を執っていたのであるが、張作霖自身しきりに日本の出先軍部と款《かん》を通じて工作をした。その結果、一時危殆に瀕して、逃げ支度さえせざるを得なくなったのに、わが陸軍の援助で漸く頽勢を挽回することを得たのである。

こんな事情で、張作霖はわが陸軍に対しては、可成り恩誼を感じていたが、外務省関係に対しては、むしろ冷淡な態度であった。その頃私も張作霖にはしばしば出会う機会があったが、われわれの仲は決していいとはいえなかった。ある日のこと、張作霖の軍事顧問をしていた町野《まちの》(武馬《たけま》)中佐がやってきて、「張作霖がこれから君と食事を共にしたいというから、来てくれぬか」という。「自分は張家の召使ではあるまいし、食事しに来いなどといわれて、ハイそうですかなどといって、行かれるものか」と断ってしまった。すると二、三日経って、今度は正式の招待状をよこしてきた。止むを得ないから、出掛けて行くと、席上、張作霖が「貴官とは、仲良くやろうとすれば、仲良くやれると思う。どうだ、これからは大いに仲良くやろうではないか」と言うのである。そこで私は「貴官の言う意味がはっきりわからぬ。只今のところでも、こうやって仲がいいではないか」と答えたところ、作霖先生何ともいえぬ顔付であった。こんな調子で、結局終始仲良くならなかった。

前記の郭松齢の乱が治まると、張作霖はお礼の挨拶のつもりであろう、各方面へ虎の皮を贈った。後に判ったことだが、私の処へ送ってきたのは、最も小さい虎の皮であった。

知られるとおり張作霖という人物はいわゆる緑林《りよくりん》出身で、前身は馬賊の頭目であって、かなり変ったところのある人物、或る意味ではなかなか面白い男であった。最後には、多年款を通じていた日本軍部の手で非業の死を遂げさせられるという、数奇な運命を辿った人物であった。

最も外務省的だった幣原さん

近代のわが外交政策について、〝何々外交〟といって、時の外務大臣の名を外交の上に附するようになったのは、〝幣原外交〟が始めではないかと思う。幣原喜重郎という人は、如何なる意味でも、外務省的であったといえよう。何しろ、その閲歴をみても、加藤（高明）、第一次若槻、浜口、第二次若槻と四内閣に亘って、通算五ヵ年余を外務大臣としてつとめたのであるから、幣原さんほど外務省の事務に通暁した人は珍らしいというのも、当然といえば当然であろう。

幣原さん自身にとって外務省は実に居心地のいい場所であったらしい。その証拠に、幣原さんの外務大臣時代、閣議のあった日など、他の閣僚は総理大臣を中心に昼食を共にするのが常例だったのに、ひとり幣原さんだけは、総理官邸から外務省へ帰ってきて、省内の食堂で局長連を相手に食事するのが、むしろ楽しみのように見えた。こんな時には、特に御機嫌がよく、あの謹厳な顔から、シャレが飛び出るのである。

もっとも幣原さんのシャレは、遠慮なく申せば、駄ジャレの域を脱しないものである。一例を挙げると、幣原さんの姓の読み方は、シデハラと呼ぶのが正しいのだが、世間にはヒデハラと読む人もかなり多い。それで誰かが「どっちが本当ですか」と聞くと、御当人の返事はいつも「私はヒ（He）デハラで、家内はシ（She）デハラが正しいでしょう」というのが得意であった。英語にひっかけたところ、如何にも幣原さんらしいミソである。

幣原さんといえば、英語を思い出すほど、語学の達人であったのは、余りにも有名であるが、あれまで達人になると、やはり行き過ぎとでもいうべきことが起るものであろうか。というのは、一時、外務省の主要ポストは幣原さんの息のかかったもので占められたことがあるが、そうした幣原色の特長は、語学に堪能なものばかりということだったからである。すなわち幣原さんが部下をみる場合、どうも語学に堪能なものを以て、有能な人物と思い込んで、これを重要な地位に登用する反面、余り語学の得手でないものを無能視する嫌いがあったと思う。いうまでもなくこの私などは後者に属していたのである。

幣原さんに楯ついた話

私は幣原さんの晩年にこそ特別懇意の間柄となったが、それまでは、私は幣原さんの御覚え目出度いという方ではなかった。もっとも、私の場合には、語学のせいばかりでなく、若い下っ端時代から、何かにつけて、ずけずけものをいったり、時には楯ついたりしたので、気質的にも、幣原さんのお気に入らなかったのであろう。

幣原さんに楯ついた話で、今に冷汗を禁じ得ないことがある。私がまだ大使館二等書記官の頃、ワシントン行を取消され、程経て漸く文書課長心得に復活させられたことは、前章に述べたところだが、当時の私としてはそれでも内心大いに不平で、毎日幣原次官の室から呼び出しのベルが鳴っても、この文書課長は腰を上げず、暫らく頑張り通していた。ところが年度末に至り、どうしても次官室へ顔を出して、頭を下げざるを得ない羽目となった。というのは、この時、私が幣原次官の前に自身で現われないことには、文書課員の年度末賞与の袋を頂戴できないからである。自分だけのことなら、この時も頑張ろうと思ったが、課員全体が賞与を頂くチャンスを失するとあっては、流石に節を屈せざるを得なくなり、渋々次官室に伺候し、幣原さんに対して、恭々《うやうや》しく叩頭して、全課員のボーナスを受取ったものである。

幣原さんとペニシリン

幣原さんは、終戦の年の冬、すなわち総理大臣時代に肺炎に冒されたことがあった。ところが、その頃はまだ日本でペニシリンが容易に手に入らなかった。そこで連合軍総司令部に頼む外はないというので、早速私がマッカーサー元帥を訪ねて頼んだところ、元帥は即座に快諾してくれたその上に、自分の主治医を呼んで、見舞にやろうと言い出した。私の考えでは薬だけ貰らえば結構と思っていたのだが、その主治医は日本の医者を〝藪〟だと思ったのか、「日本の医者はまだペニシリンの取扱い方を知らないだろうから、私が行ってやる」という。親切な話なので、無下にも断わりきれず、結局この主治医の手を煩わした。

二回目に薬をもらいに行ったところ、また同じ主治医が「行ってやる」という。余程日本の医者の腕前を信用しなかったとみえる。それにしても、そうしばしば米軍の医者の手を煩わすのも如何かと思ったので、牧野家の縁つづきに当る武見（太郎）ドクターに「君やってくれないか」と頼んだところ、ドクター曰く「日本の名医がアメリカあたりの藪医の監督下に注射なんかできぬ」といって、どうしても承知しない。結局その後も米軍主治医者の手を煩わして、幣原さんは間もなく全快したのである。

後藤新平大臣と幣原次官

寺内（正毅）内閣（大正五年十月―同七年九月）の末期に、外務大臣の本野一郎子爵が亡くなったので、それまで内務大臣だった後藤新平伯が転じて、その後を継いだ。後藤さんといえば、明治十五年四月六日に板垣退助《いたがきたいすけ》伯が岐阜で刺客に襲われた時に手当をした医者であるが、後には児玉源太郎《こだまげんたろう》陸軍大将が日清戦争の結果領土となった台湾の総督となるに及んで、その民政長官に抜擢せられ、さらに日露戦争後南満洲が日本の勢力範囲となるや、児玉大将（日露戦争当時は満洲軍総参謀長）の満洲経営の意図を承けて、南満洲鉄道株式会社の総裁となったのである。しかも後藤さんの主宰した満鉄は、単なる鉄道会社ではなく、石炭、製鉄を始め、実に各種の事業を経営し、さらに満洲の政治、外交方面にまで手を伸ばし、往年の英領印度における東印度会社にも似た植民地経営の一大国策会社としての実力と権威とを揮ったものである。

こうした閲歴の後藤さんが内務省から外務省に乗り込んできたわけだが、時の外務次官はやはり幣原さんであった。前述のとおり、幣原さんは生粋の外務官僚として、外務省を我家の如く感じている人である。後年幣原さん自身から聞いた話によると、幣原さんは後藤さんが大臣として外務省に来ると聞くや、満鉄の流儀で外務省の機密費を濫費されては堪まらぬから、苟くも筋の通らぬ支出を大臣が希望した場合には、事務次官として断乎その非を諫言して、財布の紐をうんと締めようと決心したそうである。ところが、いざ後藤さんが外務省へやって来ると、「海外事情に絶えず触れておくために、自分に代って外国の新聞雑誌を読む人物を一人雇ってもらいたい、そしてそれの給料は外務省の機密費からでも出してほしい」と希望したのみで、外務大臣在任中——といっても半年ほどの短期間ではあったが——兎に角あとは一文も外務省の機密費に手をつけなかった由で、折角大いに締めてやろうと張り切っていた流石の幣原さんも全く拍子抜けの思いをしたということであった。

何しろ満鉄総裁時代に豪勢に金を使い馴れた後藤さんにしてみれば、当時の外務省の機密費などという端金は、全く眼中に無かったわけであろうと、後藤さんのスケールの偉大さについて、幣原さんと笑い話をしたのであるが、それにしても、この話の主役が、一方は謹直、几張面なる事務家にして、一銭と雖もいやしくもせざる幣原次官であり、他方はいつも常人の考え及ばぬ大計画にとり憑かれ、そのためには万金を投ずるを惜しまざる後藤大臣であって、両者の対照まことに妙を得たものだと、私ひとり心中ほほ笑んだことである。

田中外交と幣原外交

私は外務次官として、田中、幣原両外務大臣の下に勤務したが、その頃、世間では幣原外交、田中外交と言いはやして、これらを対比させ、前者を消極主義、後者を積極主義と看做していた。なるほど、あの当時は、言わばわが国の自由主義華やかなりし時期で、政党政治も今から考えても相当の段階にまで発達し、明治以来の自由党の流れを汲む政友会と、改進党の後身ともいうべき民政党の二大政党が対立して、政権の交代が行われ、しかも両政党の掲げた政策政綱が可成り顕著な特色を以て対照されたものである。たとえば、財政経済政策においても、高橋《たかはし》（是清《これきよ》）さんの積極政策――反対党は放漫政策と悪口した――と浜口（雄幸）さんの緊縮政策――反対派は消極政策とけなした――とは、理論上でも、また実際的にも、ある程度の相違を示していたのである。

財政経済政策ほどに、理論的なものではなかったが、外交政策においても、幣原外交と田中外交との対比は一応は肯けないことはなかった。殊に対支政策において然りであった。すなわち、民政党内閣のそれは、一言で表現すれば、支那に対する内政不干渉主義、列国協調主義を飽くまで表看板として標榜していたし、これに対し田中政友会内閣当時には、満蒙におけるわが権益に重点を置いて、その範囲での自主外交を主張していたのは、事実であった。

しかし実質的にどれほどの相違があったかという問題になると、今から観れば尚更だが、当時においても、大した根本的な相違がなかったというのが真相だと思う。結局支那問題を取扱う手加減に多少異った味が感じられる程度のもので、それも理論的根拠に基くというよりは、その内閣当時の国内政情や国際情勢の相異と変化とがそうさせたと観るべきであろう。

されば幣原外交といっても、満蒙の権益を軽視して放棄論を唱えたわけでは決してなく、また田中外交が自主的だといっても、それまでわが国と欧米各国の間に結ばれていた条約や協定などを全然無視してまで、自己の主張を押し通すなどという、後年の軍部外交とは全く無縁のものであった。現に張作霖爆死事件の如きは、凡そ田中総理の意図とは相反するものであり、その処置に如何に苦慮されたかは、今日では周知のところであろう。従って一を以て軟弱外交と称し、他を以て強硬外交と呼ぶ言葉は、相手を攻撃でもする場合以外は、大して意味のないものだったのである。

五、英国の二人の首相

外国人についての思い出も数々あるが、英国のチェンバレン首相の好意も私として忘れがたいものの一つである。同首相がドイツに対して宥和政策をとったことは有名であるが、わが国に対しても、何とかして融和せんものと最後まで努力を惜しまなかったことについても、前章で述べたとおりである。

チェンバレン英首相のこと

チェンバレン氏が内閣を組織（一九三七年五月）してから間もない頃だったと記憶するが、ある日同氏が当時駐英大使だった私を昼餐に招待してくれたことがあった。一国の総理大臣が何か国祭日などに外国使臣達を招いて、公式の晩餐会なり、パーティーなりを催すというようなことは、決して珍らしとしないが、大英国の宰相が個人的に外国使臣を食事に招くという機会はそうざらにあるものではなく、すなわち余程の好意によるものなのである。行ってみると、その日は私を主賓として、他に首相の旧友三、四人が同席するといった、極めて打ち解けた会合であることが、先ず私を喜ばせた。

従って席上での会話の内容も全く肩のこらない、親友間のそれである。例えば、チェンバレン首相が打ち明けた話をして、「うちの親父（ジョーゼフ・チェンバレン）は、長男のオースチンには、大学を出ると、フランスやドイツへ留学させたりして、金を惜しまずにかけたものだが、次男以下にはそんな贅沢な真似はさせず、一通り学校を出ると、直ぐ銀行へ入れたり、商売人にしてしまった。自分は西インドのファーム（農地）経営にやられた」ということを述べると、旧友の一人が、すかさず「その頃だな、君が雑貨屋も兼営して、土人の娘たちにシミーズを売りつけたりしていたのは」といった風にまぜ返す。するとまた首相も「うん、そうだ。しかもその雑貨屋で損をしちゃって、本国へ呼び戻されることとなり、結局こうして政治をやるようになったのさ」という調子で、主客の哄笑、爆笑相つづき、誠に和気藹々《あいあい》たるものであった。

しかもこうした打ちとけた雑談のうちにも、何となしにイギリス気質というものが横溢しているのを、私は感ぜざるを得なかった。右のチェンバレン首相の、何気ない打明け話によっても察せられるように、あれほどの名家でありながら、チェンバレン家では、次男以下には余り金をかけない。そして政治のごとき金のかかる職業には、主として長男だけに就かせて、次男以下は生産的な実業に就かせる。チェンバレン首相も本来は農地開拓に一身を投ずべきだったのである。如何にもイギリス人の家庭らしい、堅実な家風というべきではなかろうか。

先年外遊に際し、何年振りかで、ロンドンにチェンバレン未亡人を訪ね、しばし歓談の機会を得て、今は亡きチェンバレン首相を偲《しの》んだことであった。

返上したいチャーチル卿の吉田評

英国の首相を語ると、チャーチル卿にも触れざるを得ない。私が大使として在英時代にも、チャーチル卿と会ったことはあるが、当時のチャーチル卿は、第一次大戦当時の海軍大臣としての古い経歴を持ちながらも、チェンバレン内閣には入閣もしておらず、首相との間がよい方ではなかった。いわば党内野党といったところで、余り政界の表面には出ず、一般の評判も、野心的だとか、事あれかしの男だとかいわれて、芳ばしいものではなかった。それに私はチェンバレン首相の方と親しくしていた関係から、チャーチル卿とは余りつき合う機会もなかったわけである。

従って同氏としみじみ語り合ったのは、先年（一九五四年秋）私の外遊の折、ロンドンを訪問した時が、初めてだといっていいほどである。しかも一度会うや、誠に十年の旧知のごとく、特に客を遇する心遣いの行届くことには全く感服させられたものである。わが皇太子殿下が私より少し前に英国を訪問せられた折なども、当時の英国の情勢としては、大戦中の捕虜虐待に基く反日的空気がなお強く残っていた頃であって、ニューカッスルかどこかでは反日的示威運動があったり、ロンドンの新聞にさえもとかくの記事が出たりしたのであるが、チャーチル首相が新聞の代表者を呼んで、「外国の使節に対しては気持よく迎えるのが、イギリス伝統の礼儀ではないか」と注意したところ、その一声で納《おさま》ったということであった。事実、チャーチル首相は、皇太子殿下を首相官邸にお迎えした時、恰もわが子をいたわるがごとき態度を以て、厚くもてなされた。これは当時のニュース写真によっても周知されたところである。

二回に亘る大戦というような、英国にとっていわば国難の秋に真価を発揮する大政治家として、剛毅そのもののごとく思われているチャーチル卿も、直接会ってみると、誠に友好的気分の充ち満ちた人柄であるのを、私の第一印象として強く刻まれたのであるが、そのチャーチル首相自身が、晩餐会の席上、私に対する歓迎の辞において、「吉田総理は本国ではなかなか tough（強情）だということで名が通っているが、今日こうして親しく会ってみると、極めて温厚な人柄であることをも証明した」という旨を述べられた時には、私は内心、今の言葉そのままを主人公たるチャーチル首相にお返ししたい気持ちになったものである。

ブランデーではない、ウィスキーだ

チャーチル卿との話のうちで、たまたま同氏の有名な『大戦回顧録』に触れたところ、「貴下は何故メモアール（回顧録）を書かぬのか」というから私は次のように答えた。「私は嘗て何かの雑誌で読んだのだが、貴下はメモアールに取りかかっている間は、何か構想が浮ぶと、真夜中でもベッドからとび出して、秘書を呼び起し、御自分はブランデーを飲みながら、口述されるそうだが、私にはそんな真似は到底できない。私など、貴下の秘書にならんでよかったと思う」。するとチャーチル卿は「それは話がちがう、私が夜中に飲むのは、ブランデーではなく、ウィスキーだった」といっていた。私のいったこと全体が嘘だというのかと思ったら、飲み物の点だけを真顔で取消すところなど、飄逸《ひょういつ》というか、誠にユーモア掬《きく》すべきものがあった。

コップの水・地中海の水

これは人伝《づ》ての話だから、真偽のほどは保証しないが、チャーチル卿がある年、地中海沿岸の何処かへ休養旅行をした時の話である。一日海水浴を楽しんでいると、新聞のカメラ・マンが傍にやってきて、海水着姿のチャーチル卿に対してカメラを向けたところ、チャーチル卿はやにわにそのカメラ・マンに海水をぶっかけたということである。これをき

いて、カメラ・マンに水をかけたもの、世界で私一人でないことを知り、内心可笑《おか》しさに堪えなかった。もっとも私の場合はコップの水だが、チャーチル卿の場合は地中海の水である。かけ甲斐があったろうと思う。

チャーチル卿が私に語ったところによると、同氏の母君は嘗て日本を旅行したことがあり、同氏の幼少の頃によく母君から、日本の景色の優れていること、特に富士山のきれいなことを聞かされ、印象に残っているとのことだったので、「それなら日本の一流の画家に富士山の絵を画いてもらって送る」と私は約束した。帰国後同じく大磯に住む安田靫彦《やすだゆきひこ》画伯に依頼したところ、「私はあまり富士山は研究していないから、横山大観《よこやまたいかん》氏が最適任だ」といって一応断わられたが、遂に安田画伯に引受けてもらい、非常に結構なものが出来たので、昨年だったか、チャーチル卿に贈った。大へん喜んだ礼状をもらった。

チャーチル卿の名言

人も知るごとく、チャーチル卿は大政治家であるとともに、名文家、雄弁家でもあり、その口から出る名句、警句にして、世界的に伝わっているものも少くない。〝鉄のカーテン〟のごときその一例である。その著『大戦回顧録』の中にも、読者を感服せしむる多くの名文句が見出されるのであるが、私が感銘深く受取った一つは、〝グッド・ウィルとペイシェンス〟（善意と忍耐）という言葉を挙げ、「これあるによって、これまで幾多の戦争が回避され、またこれなきために、多くの不幸な事変が国際間に起ったことは、歴史の証するところである。外交は常にこのグッド・ウィルとペイシェンスを以て終始せねばならぬ」と述べて、短見浅慮の外交を戒めている個所である。練達の老政治家の訓言として、後進の常に銘記すべきものだと思う。

六、マッカーサー元帥のこと

わが皇室の理解者としての元帥

来るべき昭和三十六年（一九六一年）は、わが国の講和独立十周年に当る。私はその際、ここに至るまでに寄与貢献した外国人をわが国に招待し、国民的感謝の意を表するとともに、復興再建の実情も視てもらう計画を提案したが（第十八章六節）、もしこの案が実現するとすれば、招待者名簿の第一席を占めるのは、なんといっても、当時の連合軍最高司令官ダグラス・マッカーサー元帥であることには、何人も異存のないところであろう。わが国が占領管理下にあった時期における元帥の功績については、本書の各巻に亘って随所にこれを録したのであるが、ここにもう一度概略を纏めておくのも、敢えて無駄とはしないであろう。

元帥の功績の第一は、われわれ日本人からみれば、天皇制を今日の姿において保存維持する上に元帥の立場として許される最大の好意と支持とを与えてくれたことである。もちろん終戦当時アメリカ本国においても、わが国の天皇制支持者としては、元駐日大使のキャッスル氏やグルー氏のごとき知日的、親日的の人々の努力のあったこともわれわれとして決して忘れることはできないが、とにかく占領軍の最高責任者としてマッカーサー元帥が、極東委員会や対日理事会の険悪なる空気を顧みず、いや、顧みたからこそ、先手を打って、わが皇室制度を擁護するために、新憲法の制定を始め、各種の遠謀深慮的措置を講じた苦心に対しては、今日われわれは多大の敬意と謝意とを表せざるを得ないのである。

北海道の赤化を防いだ元帥

次には、連合軍の一つとしてのソ連軍による北海道進駐の提案を、マッカーサー元帥が峻拒《しゅんきょ》したことである。もしもあの時、ソ連軍が北海道に進駐したりとせば、今日わが国が如何になっていたかを思うならば、元帥の峻拒が日本国民の幸福に寄与せる功績の偉大さについて多言を要しないであろう。また一時総司令部に在勤したニュー・ディーラー達の観念論的占領施策にブレーキをかけ、その行き過ぎを制御し得たのも、元帥の良識と勢威とによるところが多かったのである。さらにはまた、元帥の日本駐兵早期撤退論が、対日講和促進に与って力ありしことも贅言を要せずして明らかである。かくの如く挙げきたれば、元帥がわが国に致した功績は数うるに堪えない程である。しかも、かかるいわば大恩人に対して、わが国の人々の間に、それらの功績の認識と感謝が十分表明されていないが如くであるのは何故であろうか。私が平素いささか疑問に思う点である。

思うに元帥は、いずれかといえば孤高を楽しむ風が強く、いわゆる大衆向きでないためかもしれない。米国内においても、崇拝者も少くないが、しかし全体として人気があるとはいえないようである。占領期間中も、元帥は宿舎たりし大使館と総司令部のあった第一相互ビルとの間を往復するだけで、時に朝鮮戦線の視察に出かける以外は、殆ど外出することなく、社交場や娯楽場にも一切顔を出さず、毎夜就寝前の一時、聖書を読み耽るという日々を送った。占領軍の総司令官として、これほど厳粛にして清浄な生活を送った将軍は、古今の歴史にも稀なのではないだろうか。

もちろん元帥も人間である以上、評者によっては気取り屋であるとか、お高くとまっているとか、色々というものもないではないが、日本人に対し相当高い評価をしていた元帥を、占領軍の最高責任者として迎えたことは、なんといっても、日本の幸運だったと思う。

玩具の驢馬と老将軍

元帥が孤高の態度を持していたため、その私的生活は一般に知られることが極めて少い。ある年のクリスマスに、私は元帥の独り息子アーサー君―当時漸く十歳そこその子供だった—に玩具の驢馬《ろば》を贈ったことがあった。その驢馬はどこだったか、身体の一部を押すと、脚を上げたり、首を振ったり、尻尾を動かしたりするものであった。四、五日して大使館を訪れる機会があって行くと、元帥夫人が「クリスマスの贈物、どうも有りがとう。ただしあのプレゼントは、ゼネラル——夫人はいつも元帥をこう呼んでいた——が取り上げてしまって、アーサーにはやらないんです。ゼネラル自身、毎日驢馬の脚を動かしたり、尻尾を上げたりして、楽しんでおります。そんなわけで、アーサーはお礼をいいませんが、ゼネラルの方が大喜びです」といっていた。元帥のある一面を物語るものとして、私は興味深く思った。

元帥は現在は夫人及び一子アーサー君とともに、ニューヨークのオルドルフ・アストリア・ホテルのアパートメントに住み、タイプライター製造会社として世界的に有名なランド・レミントンの取締役会長の職に就き、元気に暮している。先年外遊の際、私が久し振りに訪ねて、日本の近況を伝え、素晴しい復興再建振りを報告すると、元帥は心から喜んで、日本のため祝福してくれたものである。

【編集者註】

西園寺公望（一八四九—一九四〇）　右大臣徳大寺公純の次子として生れ西園寺家を継ぐ。明治、大正、昭和の三朝に仕えた元老政治家。政友会二代目の総裁となり、二度に亘って総理大臣となった。

松岡洋右（一八八〇―一九四六）　山口県出身。少時米国に渡って苦学し、帰国後外務省に入り、総領事となる。一九二一年以来満鉄理事、二七年副総裁となり、後に一九三五年総裁となった。一九三三年、満洲事変処理の国際連盟総会に出席し、連盟脱退の立役者として当時の世論に称えられた。一九四〇年第二次近衛内閣に外務大臣として入閣、四一年日ソ中立条約を結んだ。戦後東京裁判の被告として審理中病死。

牧野伸顕（一八六一―一九四九）　明治維新の元勲大久保利通公の次男として、鹿児島に生る。牧野家を継ぎ、早く米国に留学、帰国して開成校に入り、十九歳にして外務省書記生となり、英国駐在となった。伊藤博文公が憲法制定のため欧洲視察の途次、ロンドンにて日本の地方制度に関する意見書を提出したことが縁となり、帰国後、内閣書記官に任命された。その後文部次官、イタリー及びオーストリア公使を歴任し、第一次西園寺内閣では文部大臣、第二次西園寺内閣では農商務大臣、山本内閣では外務大臣となった。大正九年内大臣として宮中に入り、昭和十年まで十六年間の長きに亘ってその職にあり、当時准元老と俗称された。伯爵。その著書に「松濤閑談」、「回顧録」等がある。本書の著者吉田茂はその女婿。

山本権兵衛（一八五二―一九三三）　鹿児島県出身。第二次山県内閣の海軍大臣。海軍大将。大正二年及び大正十二年の両度に亘り内閣総理大臣。伯爵。

加藤高明（一八六〇―一九二六）　愛知県出身。幼名服部総吉。加藤家を継ぎ、後

に高明と改名。伯爵。第四次伊藤内閣を最初に、第一次西園寺内閣、第三次桂内閣、第二次大隈内閣に外務大臣として入閣。後に憲政会総裁として内閣を組織したが、在職中に病死。

本野一郎（一八六二—一九一八）　明治、大正の外交官。法学博士。駐ロシヤ大使を経て、寺内内閣に外務大臣として入閣。子爵。

珍田捨巳（一八五六—一九二九）　明治十八年外務省に入り、駐独、駐英大使を歴任。パリ講和会議の全権の一人。皇后大夫、侍従長、枢密顧問官。伯爵。

カーゾン卿　George N. Curzon（一八五九—一九二五）　英国政治家。一八九九年インド総督、抑圧政策をとり、反英運動をまき起した。第一次世界大戦後外務大臣となり、対ソ干渉政策を進めて失敗、一九二四年辞職。

原敬（一八五六—一九二一）　岩手県出身。外務省に入り外務次官。逓信大臣、内務大臣（三度）。大正三年政友会総裁。同七年総理大臣となり、平民宰相といわれ、政党内閣制度確立の端を開いた。在職三年余にして、同十年十一月四日東京駅頭で刺客中岡艮一に暗殺さる。

田中義一（一八六四—一九二九）　陸軍大臣（二度）、陸軍大将。大正十四年政友会総裁、昭和二年政友会内閣の総理大臣、在職二年余。男爵。

森　恪（一八八二—一九三二）　大正、昭和にわたる政治家。実業界より政界に入り、政友会幹事長。犬養内閣の書記官長。

張作霖（一八七五―一九二八）　奉天省生れ、遼西の馬賊から身を起こし、全満洲を支配し、後北京に進出し、大元帥に就任し、軍政府を組織したが、国民党革命軍の北伐に敗れ、奉天に撤退途上、日本の関東軍の陰謀にかかり、列車とともに爆死した。

幣原喜重郎（一八七二―一九五一）　大阪生れ。明治二十九年外務省に入る。大正五年より七年まで外務次官、後駐米大使。加藤、第一次若槻、浜口、第二次若槻の四内閣の外務大臣を経て、終戦後（二十年十月）内閣総理大臣となり、翌二十一年四月進歩党総裁に推さる。後第一次吉田内閣には国務大臣として入閣。昭和二十二年四月の総選挙で大阪府より衆議院議員に選出さる。昭和二十四年一月の総選挙にも当選、同二月衆議院議長に就任す。男爵。

後藤新平（一八五七―一九二九）　岩手県出身。伯爵。医師から政治家となり、明治、大正、昭和に亘って大きな足跡を残した。台湾民政長官、南満洲鉄道会社総裁、第二次及び第三次桂内閣の逓信大臣、寺内内閣の内務大臣及び外務大臣、その後東京市長を経て、第二次山本内閣の内務大臣を務めた。その間東京市長時代には、ソ連から非公式にヨッフェを招いて日ソ両国国交開始の緒口をつけ、また山本内閣内務大臣時代には帝都復旧院総裁を兼務して大震災によって破壊された東京地区の再建に努めた。

チェンバレン　Arthur Neville Chamberlain（一八六九―一九四〇）　英国政治家（保守党）、一九三七年組閣、対独宥和政策をとったが、第二次世界大戦勃発す。

クレーギー氏 Robert L. Craigie（一八八三―〔一九五九〕）英国の外交官。一九三七年駐日大使として来任し、太平洋戦争勃発まで在任。

グルー氏 Joseph C. Grew（一八八〇―〔一九六五〕）米国の外交官、満洲事変直後一九三二年駐日大使として来任、太平洋戦争勃発まで在任し、交換船で帰国後、国務次官を務めた。日本に関する著書に Reports from Tokyo (1942) 及び Ten years in Japan (1944) などがある。

七、近衛公に繋がる失敗談

近衛文麿公に関しては、既に世間に広く知られていることだし、本書でも多少記したから、改めて多く附け加えることはないが、公にいささか関係のある失敗談について述べて置こう。

スパイ禍も公と縁つづき

失敗談といえば、前に述べた戦争の初め頃に近衛公と一緒に渡欧して和平工作をしようと考えた一件も、そのまま途中でお流れになって失敗に終ったし、近衛公の上奏文に絡んで憲兵隊生活四十日に及んだのも、失敗談といえば失敗談だが、そんなことよりも、恐ろしく馬鹿々々しい話が一つ二つある。

いつ頃だったたか、私の大磯の家で、書生代りに男手が欲しいということで、女中の世話で従兄と称する男が来ることになった。忠実によく働く男で、家人も調法がっていたところ、私が憲兵隊に監禁される直前に、私の家から姿を消した。これと前後して、その男を世話した従妹の方の女中もいなくなった。おかしいと思ったが、その時は左程気にも留めなかった。

後になってだんだん調べてみると、これが憲兵隊のスパイで、私の行動を監視して逐一報告していたものだ。然もその女中がこれと通謀し手引して私の家に入れたことがわかった。このスパイは大変な男で、私のところの任務を終ると、小田原の近衛公別邸の縁の下に潜り込み、マイクロフォンを仕込んで、座敷の会話をすっかり録音したという。スパイの禍まで近衛公と縁が繋がったわけである。

これは余談だが、終戦後にこの男がひょっこり私を訪ねてきて、「戦争中は誠に申訳ないことをした。不本意ではあったが、上官の命令で止むなくスパイをするようなことになって迷惑をかけた」と詫びるから、私は「与えられた仕事を忠実に実行したのだから、別に謝る必要はない」と激励して帰したことがあった。その後この男が就職の斡旋を依頼してきたので、「勤務振り誠に良好なり」と太鼓判を押して、ある職場へ紹介してやった、今でも然るべく大いに活躍していることであろう。

不覚、酒に酔って乗り越し

戦後東久邇《ひがしくに》〔稔彦《なるひこ》〕内閣の出来てからのことで、ある日国務大臣の近衛公から連絡があって、何の問題だったか、牧野伸顕伯の意見をきいてくれという。そこで当時千葉県の我孫子に引籠っていた牧野伯を訪ね、帰途永田町の総理官邸に立ち寄って報告した。用件だけで帰るつもりでいたら、そこへやはり東久邇内閣の国務大臣だった小畑敏四郎《おばたとしろう》君（元陸軍中将）が部屋へはいってきた。二人して「久し振りだ、一緒に飯でもたべよう」というので、ついその気になり、連れ立って当時荻窪の街端《まちはず》れにあった公の仮住居荻外荘《てきがいそう》に出かけた。

公爵夫人も交えて歓談したが、話はおのずから戦争中のことになって尽きず、夫人手料理の食事と、公の取って置きのシャンペンに思わず時を過した。帰ろうと思って立ち上がると、いささ酩酊に及び、足許が覚束ない。夫人は泊ってゆけといわれたが、大磯に用もあったので、とにかく帰ることにした。公はしきりに大丈夫かと心配され、車を出してくれたので、書生に附添われて新橋駅までたどりついた。

車の中ですでにすっかり酔いが廻っており、どんなにして汽車に乗り込んだか記憶していない。何時間ぐらい経ったか、ふと目が醒めて辺りを見廻わすと、おかしい。右手に山、左手に海が、夜目にもはっきり見えるではないか。大磯までにはそんな場所はない。然るにさっぱり見当がつかない。やがて汽車が停ったのでとにかく降りて見たら、熱海まで乗り越したことがわかった。すぐ引返そうと思ったけれど、終列車が出た後である。止むなく駅の待合室で一夜を明かさねばならぬことになった。

シャンペン化して靴となる

そのとき気がついてみると、後生大事に抱き締めているのが、近衛公から貰ったシャンペンの罎《びん》であった。酒好きの私には、罎の重さもさして苦にならなかったものと見える。朝になってまた目醒めると、多勢の人が行列している。行列しないと切符が買えないと知って、慌てて行列に加わったけれど、意地悪く私の二、三人前で「売切れ」の表示が出た。大いに癪に障ったけれど致し方ない。次の汽車の切符売出しまで、まだ二時間ばかりあるという。腹は空いて来るけれど、当時は食事をさせる店もない。

誰か知人はいないかと、思いを廻らせると、私の駐英大使の頃に、学生としてロンドンにいた蜂須賀《はちすか》（正氏《まさうじ》侯）のことに気がついた。彼なら遠慮は不用と勝手にきめて、右のシャンペンをぶらさげて歩いて蜂須賀家を訪ねて行った。いきなり朝飯の招待を申出でて、前夜からの経過を話した。食事がすむと蜂須賀は「貴方によいものを上げる」といって、新しい靴を差し出した。英国製だという。誠に有り難いと思って、その返礼として近衛公に貰ったシャンペンを置いて靴を頂戴に及んだ。

後日近衛公に会ったら、「あの晩は無事に帰ったか」ときくから、斯々の次第だと話したら、公は笑いこけながら「あの時はずいぶん飲んだものなあ」といわれた。よほど飲んだものと見える。但し、公から貰ったシャンペンが靴に化けた話はしなかった。

第三十二章　書簡と論文

一、憲法調査会に対する公述書

〔編集係記〕　昭和三十一年六月十一日公布の憲法調査会法に基き、三十二年八月十三日発足した憲法調査会は、同年十二月十八日に第八回総会を開いたが、この日参考人として出席を招請されていた本書の著者は、疲労の故を以て欠席し、その代りとして、下記のごとき書簡を高柳《たかやなぎ》（賢三《けんぞう》）会長に提出した。同会長は総会席上これを朗読したが、この書簡は翌十九日附の全国各紙に殆ど全文掲載され、中でも憲法改正に対する著者の態度が、各方面に反響を呼び、且つ論評の的となった。論旨は本書の第八章において記述するところと全く同じであるが、発表当時問題となったものであるから、本書と重複を厭わず、ここに書簡全文を掲載することとした（本文中の太字による見出しは編集係が挿入したものである）。

拝啓、先般、御光来下され感謝のいたりに候。折角お引受け仕り候ところ、ここ数日来、はからずも上京度重なり疲労のため十八日上京難渋仕り候。はなはだ申し兼ね候次第には候えども当日のため用意の原稿代読にて小生欠席の儀、何とぞ御宥恕下さ

れたく、この段お願い方々おわびまで、かくのごとく候。　頓首

十二月十七日　吉田茂

高柳老先生侍史

憲法改正草案要綱の生まれるまで

新憲法成立の経過については、すでに他の参考人から詳細に述べられているようでありますし、また、私自身、細かいことはあまり記憶しておりませんので、ごく断片的に思い浮ぶところを述べることに致したい。

幣原内閣時代の憲法調査については、私は直接には関係しておりませんが、松本〔烝治〕君が一つの試案を作ったことを承知しております。私の記憶では、松本君は連合国側から押しつけられてはならないというわけで、大いにはりきって案をこしらえたと思います。むしろそれを向うに押しつけようというくらいの意気込であったように思うのですが、結局松本君の案は先方の容れるところとならず、逆に先方から司令部案を持ち出してきたのであります。先方は、極秘のうちにその立案を進めておったものと認められ、日本側にはそのような気ぶりは全然感知することができなかったのであります。

昭和二十一年の二月十三日に総司令部側の申し入れにより、外務大臣官邸で先方と会見

致しました。日本側は、私と松本君、白洲〔次郎〕君などで、先方はホイットニー民政局長、ケーディス大佐その他の顔ぶれでありましたが、そのときに、ホイットニー局長は、日本側の改正案は到底これを受け容れることが出来ないことを述べるとともに、総司令部で作った草案を何部か差し出して、それに基いた日本案を至急起草してもらいたい、といい、この案は、米国政府にも、極東委員会にも承認されるべきものであること、マッカーサー元帥は、かねてから天皇の地位について深い考慮をめぐらしているが、この草案に基く憲法改正を行うことがその目的にかなう所以であり、然らざる限り天皇の一身の保障をすることはできないというようなことを述べ、「日本政府にこれを命ずるわけではないが、日本政府が総司令部案と基本原則及び根本形態を同じくする改正案を速かに作って出すことを希望する」とも申したのであります。

このとき松本君は、熱心にその内容に目を通しておったようでありますが、私も、その内容を一瞥して、これは飛んでもないものをよこしたものだと思いました。松本君は先方と二、三の問答をしておりましたが、とにかく「十分内容を熟読した上で意見を述べよう」ということでその日の会談を終ったのであります。

この総司令部案の内容が当時として、いわば革命的なものであったことは申すまでもないことで、政府としては、そのままこれを改正案の基礎として採りあげることを躊躇し、容易総司令部とのあいだに交渉をはじめたのでありますが、何分、先方の態度は強硬で、容易に妥協を許さざるが如き気色でありました。

二月十九日の閣議で、松本君から、これまでの経緯についての報告があり、二、三の閣僚から、司令部案のごときものは到底受諾できない、という発言もありましたが、結局、幣原総理が総司令部を訪問し、問題の処置は、その後改めて協議しようということになったのであります。そこで、二月二十一日幣原総理がマッカーサー元帥を訪問して、その意向を直接たしかめ、その結果を翌日の閣議で報告したのでありますが、その話によると、元帥は、衷心から、日本のためを考えており、ことに、天皇にお会いして以来何とかして天皇を安泰に置きたいと念願していること、司令部案は、天皇制護持を図ったものであること、を述べ、その主眼は、第一条の天皇を国の象徴とする規定と、第二章の戦争放棄の規定の二つであることを強調したということであり、幣原総理は、「自分の印象では、この二点のほかは十分妥協の余地があるように思う」ということを述べられたと思います。

しかし、その後の交渉の結果は、決してなま易しいものではなく、松本君が直接民政局長に確かめたところでは、国会の一院制を二院制とすること以外は、先方の態度はなかなか強硬であることがわかったのであります。

かくして、総司令部のはげしい督促のもとに、三月四日に日本側の草案を先方に提出し、民政局では日本側当局を相手に徹夜の審議を行うというようなことになって、結局、司令部案と大差のない草案ができあがるということになったのであります。

三月五日の閣議において、松本君からその報告を聞くとともに、司令部の徹夜会議でまとまった案が次々ととどけられてくるのを検討しました。その内容については、閣議としては、不本意な点が多く、特に天皇の御地位については異議が多くて容易にまとまらぬという模様でありましたが、その席上、陛下御自身、総司令部案でいいではないかといわれたことが伝えられるに及んで、各閣僚も大体この案に従うほかはあるまい、ということになったと思います。皇室の御安泰を図るにもこのほかに途はないということでありました。かくして、総理から上奏の上、草案作成についての勅語をいただいて草案要綱の発表となったわけであります。

マッカーサー元帥との関係について

総司令部として、何故にこのように草案の作成をいそいだのかということは多くの人の疑問を抱くところでありますが、これについて、まず考えられるのは、元帥の天皇に対する好感と熱意であり、元帥が天皇制の支持者であったということであります。それらに関連して元帥の最も懸念したのは極東委員会との関係であったと思います。当時極東諮問委員会が改組されて、極東委員会となり、本格的な活動が開始されようとしていたことは御承知のとおりでありますが、元帥としては、極東委員会が発足すれば、ただちに日本の憲法問題を採りあげることは必至であり、その結果はソ連や濠洲側の意向からすれば、天皇の地位はどのようなことになるかわからない。そこで先手を打って、既成事実を作ってしまおうという決意をしたものと思われるのであります。このことは、極東委員会の第一回会合が二月の下旬に開かれているというところから見ても十分推測することができると思いますし、また、憲法草案について、天皇の地位その他に関し、日本側と司令部側との見解がわかれた場合、先方が口癖のようにいっておったのは、司令部の意見のとおりにすることが、極東委員会あたりとの関係で、結局、天皇の為になるのである、ということでありました。

マッカーサー元帥が、陛下にお会いして、その御人格に対し非常に感激したことは、元帥自身が私に語ったところによっても想像されるところでありますが、元帥が日本へ進駐するに当って、降伏を円滑に実施させるためには、天皇のお力に頼るほかはないという信念の下に、いろいろ工夫をこらしておったと思います。元帥は、終戦も天皇の詔勅によってできたのであって、天皇が国民の尊崇の的である以上、天皇の援助なくしては無用の戦闘を重ねることになると考えたことも十分想像できることであります。元帥は、私に対して、「日本は戦争に敗れたとはいえ、皇室の存在は依然磐石の重きをなしている。この皇室を中心に団結しなければ、日本の再建は図りがたい」と語ったことがありますが、これは彼の偽らざる信念であったと思うのであります。

なお、この機会に一言触れておきたいことは、私がマッカーサー元帥に実際に接していて、わかったことは、元帥はもともと古くからかなり日本の事情に通じ、日本人というものを知っておったということであります。元帥の父アーサー・マッカーサー中将が日露戦争当時、旅順、大連を視察した際、当時少尉か中尉ぐらいであった元帥も父中将の副官として随行し、そのときにわが東郷大将や乃木大将に面接して、日本の将軍連が武勇のみならず、人間としても立派であったことに深い感銘を受けたということであり、よく元帥はその話をして「自分は日本とは四十年来の因縁がある」といっておったところであります。また、私に対し、自分は五箇条の御誓文も知っておるというようなことを申したこともあるくらいであります。

むろん、総司令部の内部にはいろいろの考え方を抱く者があり、中には、日本に対する警戒心をもち、あるいは、日本を特殊の理想実現の実験台に使おうというような考えをもって臨んだ者もあったかも知れないと思いますが、少くとも、マッカーサー元帥は、日本に対する理解と信頼をもって臨んでおったと見てよいように思うのであります。彼がはじめて厚木に着陸する際、身に寸鉄を帯びずして下りたったというようなことも、日本人に対する信頼感の致すところと察せられるのでありますが、そのようなことから推して、この憲法草案に関しましても、私は民主国家としての日本再建についてのマッカーサー元帥の善意を認めるに吝かではないのであります。

なお、草案作成をいそいだ理由として、当時四月十日に予定されていた衆議院議員総選挙を前にして、国民に批判と意思決定の余裕を与えるために、早目に草案を公表することをねらったということも考えられます。

ポツダム宣言及びその受諾の際の先方の申入れによれば、日本国政府の形態は、日本国民の自由に表明した意思により決定せられるべきことになっておりますが、この総選挙は、その国民の意思を問うについての好機会であったに違いないのであります。特にマッカーサー元帥は、その後昭和二十二年三月には、早くも日本に平和回復の資格のできたことを声明したのでありますが、もし元帥が当時から、早期講和の構想を抱いていたとすれば、この四月の総選挙こそは、新憲法草案に対する国民の声を聞く無二の機会と考えられたことも推測できるのであります。

終戦後、いくばくもなくして、憲法改正というような根本的改革に着手し、しかも、それを半年や一年の短期間で完成しようとしたことについて、アメリカ式の合理主義ないしは性急さを云々することもできましょうが、私は、ことの真相については、このような各種の事情がそこに複合しておったと思うのであります。

日本政府の立場、特に戦争放棄について

ひるがえって、この過程についての、わが方の立場を顧みますと、少くとも、草案完成までの段階においては、実際上、外国との条約締結の交渉と似たものがあったように思い

ます。この交渉における日本側の立場を一言にしていうならば、いわば消極的であり、漸進的であったのに対し、司令部側は積極的であり、抜本的、急進的であったということができると思います。

事実また、憲法改正要綱の発表は、政府として十分納得し満足すべきものとしてなされたわけではなかったのであります。しかし、政府がその要請に応じたのは、その方が大局上有利なりと判断した故にほかならぬのであります。すなわち、当時のわが国として当面の急務は、独立を回復することであり、これがためには一日も早く民主国家、平和国家たるの実を内外に表明し、その信頼を獲得する必要があったのであります。もとより憲法改正は重大なことではあるが、このごとき客観状勢の下において、立法技術的な面などに、永くこだわっていることは策を得たものにあらず、その大綱において差支えないならば、これを早く取りまとめることがよいというのが当局者の心事でありました。

この草案が、枢密院に附議せられた際、憲法改正をなぜ急ぐかとの質疑に答えて、私は、「日本としては、なるべく早く主権を回復して、進駐軍に引きあげてもらいたい。G・H・QはゴーΞ・ホーム・クィックリー(Go home quickly)の略語だなどという者もある。そのためには、連合国に対し、再軍備の放棄、徹底的民主化の完成という安心感を与える必要がある。それらが根本法として憲法の上で確立することが希ましい」という趣旨のことを答えたのでありましたが、これも上述のような考えに基くものであったのであります。

なお余談ながら、これに関連して、戦争放棄の条項は幣原総理がいい出したのではないか、という説がありますが、私の感じでは、これはやはり、マッカーサー元帥の考えによって加えたものと思います。もちろん幣原総理も同様の信念をもっておられ、総理と元帥との会談の際そのような話が出て両者が大いに意気投合したということはあったかと思いますが、憲法にこの種の規定を設けるまでのところを幣原首相が申し出たものとは考えられません。

当時は、連合国側の意向として、この際日本を全く無力のものにし、将来、日本を戦争の発議者とすることを封じなければならない、ということもあったと思いますが、またその一方、戦争はこの第二次大戦でもう終りであるという世界的な平和の空気がみなぎっておったということも事実であり、マッカーサー元帥自身が戦争はわるいことで、もうやめるべきであるという、いわば宗教的心境に達して、それがたまたまワシントン方面の希望にも合致し、あのような条項となって実現したものであるように私には感ぜられるのであります。

この戦争放棄については、私自身も賛成であったのであります。日本は平和に害のある好戦国民であるというのが、当時の連合国における通念であったと思われますが、そのような誤解をとき、日本国民が平和愛好の国民であることを認めさせるためには、戦争放棄の規定を設けることは適切であると考えておったのであります。

なお、これは、憲法実施後のことであり、また、余談でもありますが、朝鮮事件のころ、再軍備論が起りましたときに、私はこの憲法の条項を楯にとって正面からこれに反対し、幸いにこの問題は日米双方の検討の後、マッカーサー元帥の理解ある示唆によって処理され、日本に残存する旧陸海軍の遊休設備を活用することによって、その要望に間接に協力することにしてはどうかということに落ちついたことがありました。このときなどもこの第九条が役立ったというように考えておるのであります。

枢密院及び帝国議会審議経過

かくして憲法改正案は決定され、四月十七日に枢密院に諮詢されたのでありますが、枢密院において審議中に、内閣の更迭があり、私が総理として憲法問題を引きつぐことになりました。

枢密院の可決後、憲法改正案は第九十回帝国議会に提出されたのでありますが、この議会に臨むに当って元法制局長官金森徳次郎《かなもりとくじろう》君を憲法担任の国務大臣に迎え、委員会等における説明については、ほとんど同君に引き受けてもらったのであります。

この議会における論議の中心は、国体の問題及び戦争放棄の問題であったと思います。ことに国体の問題とこれに関連する主権の存在の問題は左右両面からの質疑の焦点となったのであります。すなわち、社会党方面は、主権在民をもっと明確に法文の上にあらわすべきであるという主張であり、一方、自由党、進歩党の側は、多くの議員が国体護持の旗印の下に選挙を戦ってきたという事情もあって、国体は変らないという言明を期待する立場にあったわけであります。

私は、最初の答弁の機会において「現憲法は、万世不磨《ばんせいふま》の大典として、国民の崇敬の的であったことは、周知のとおりであるが、不幸にして憲法の意義精神が歪曲せられて、今日の悲運をもち来した。なお、ポツダム宣言等に照し、現在のままでは、国権運用の上においても、また、国際関係からみても十分ではない」こと、また、「日本がこの悲運に処して国体を護持し、国民の幸福を維持するがためには、日本の従来における国家組織が再び世界の平和を脅かすものであるとの諸国の誤解をとくことが第一であり、そのためには基本法たる憲法を平和主義、民主主義に徹するものとして世界に表明しなければならない」ということを述べ、国体の問題については、「日本の憲法は御承知のごとく五箇条の御誓文から出発したものといってもよいのであるが、この御誓文をみても日本は民主主義であり、デモクラシーそのものである。故に民主主義は新憲法によってはじめて創設せられたものではない。憲法と皇室との関係においても、皇室の存在は、日本国民の間に自然に発生した日本国体そのものであり、国体は新憲法によって何等変更はない」ということを述べたのであります。

また、戦争放棄については、「戦争放棄に関する本案の規定は、直接には自衛権を否定していないが、第九条第二項において一切の軍備と国の交戦権を認めない結果、自衛権の発動としての戦争も、また交戦権も放棄したことになる。近年の戦争は多く自衛権の名において戦われた。今日、わが国に対する疑惑は、日本が好戦国であり、何時復讐戦をして、世界の平和を脅かすかも知れぬということが、日本に対する大きな疑惑となっている。まずこの誤解を正すことが、今日我々として為すべき第一のことであると思う」という趣旨のことを述べたのであります。

憲法改正案が議会に提案せられました後は、総司令部は、大体傍観的な態度をとっておりましたが、主権在民を明確化すること、総理大臣及び国務大臣の半数以上は国会議員から選任せられるべきこと、なおこれらの者はシビリアンであるべきことの要件を追加するなどの要求が先方から提起されました。このシビリアン云々の点は政府からその不合理なることを指摘し、反駁した結果、先方はこれを撤回したのでありましたが、貴族院の審議の段階に至って再びこれがむし返され、貴族院の修正として加えられたという経緯があったのであります。

なお、衆議院における皇室財産関係の修正案に関連して、司令部側の発言があり、その間若干のいきさつがあって現行法に見るが如き条文になったと存じます。

かくして、憲法改正案は、八月二十四日の衆議院本会議において、反対わずかに八票、全会一致に近い圧倒的多数をもって修正可決されたのでありました。その修正点は二十何ヵ条に上りましたが、以上述べました諸点のほかは、ほとんどすべて衆議院の自主的発意に基くものであったのであります。

貴族院におきましては、八月二十六日から十月六日まで、約一月半にわたり、慎重、熱心な審議が行われたのでありますが、その結果、憲法改正案はやはりほとんど全会一致をもって可決せられ、反対者は多くとも四名程度にすぎなかったと思っております。

貴族院における修正点は、前文字句のほかは三ヵ条であり、前述のシビリアンの修正と成年者による普通選挙の保障に関する規定及び法律案に関する両院協議会の規定を追加するものであります。この成年者による普通選挙の条項も連合国側の申し入れによるものでありましたが、これは当然のことでもあり、貴族院においても何等異議は見られなかったのであります。一方シビリアンの方は第九条との関係上、不合理であることは明かでありましたが、このときは、極東委員会の強い要請に基くもので、総司令部としては何とも計らいかねるということであり、貴族院においてはやむを得ず、「文民」という新語を案出して、これを挿入することにせられたのであります。

かくして、憲法改正案は貴族院の修正可決の後、衆議院への廻附、枢密院への再諮詢等の手続を経て、成立、十一月三日公布せられました。幣原内閣の憲法問題調査から数えて一年、総司令部案の呈示から九ヵ月余にしてこの日を迎えたわけであります。

最近の憲法改正意見に対する私見

最後に、現在の憲法改正論議についての私の所感を申し述べたいと思います。最近、新憲法の制定の経過に顧みて、これは占領軍の圧迫によって日本国民に押しつけられたものだという批判が見られるのでありますが、私の経験からいって、これについては必ずしも無条件に同感出来ないものがあるのであります。もっとも、政府における立案の段階におきましては、種々内容に関する注文もあり、時間的にも性急な督促を受けたということは事実であります。また、政府としても当初は、必ずしもその内容について全面的に満足しておらなかったこともさきに述べたとおりであります。しかしそれにしても、徹頭徹尾、強圧的、もしくは強制的に、横のものを縦にせよというのではなく、先方として、わが方の当局者の意見に耳を傾け、その主張を採り入れた場面も少くなかったのであります。また、彼我の議論が対立したような場合、先方は、「とにかく一応実施して成績を見たらどうか、その結果、どうしても不都合であるというならば、適当の時期に再検討して改めればよいではないか」ということをよくいっておったのでありますが、現に、新憲法公布前の昭和二十一年十月に、新憲法再検討の極東委員会の決定がなされており、昭和二十二年一月、新憲法の実施前に新憲法再検討に関するマッカーサー元帥から日本政府あての書翰がそのことを正式に示唆しておるのであります。なおその後、重ねて昭和二十三年の夏に総司令部から憲法再検討の示唆がなされているという事実があるのであります。

草案作成の段階については以上の通りであるとして、憲法草案が完成致しました後、国内手続として、当然枢密院、衆議院及び貴族院の審議を経たのでありますが、私の知るかぎりにおいては、これらの機関に対し憲法草案の審議に関して総司令部からの直接の指示のなされたことは一回もなかったと思っております。むろんその間において、例の文民の問題等先方の要求に接したこともありましたが、これらの要請についてはすべて政府を介するという形をとっておったのであります。なお、これら枢密院及び議会の審議におきましては、草案に対する論議が縦横に行われ、また政府原案に対し、両院の自主的な発議によって幾多の修正が行われましたことも事実であります。また、そのいずれの場合においてもほとんど満場一致で可決されておるところであります。

要するに、問題は、憲法の内容そのものが、国家国民の利害に副うか否かが重点であり、制定当時の事情にあまりこだわることは私としては同感し得ざるところであります。今日改正の問題点とされておるところについても、その要否の疑わしいものが多いように感ぜられるのであります。たとえば、天皇に関する「象徴」の語に致しましても、われわれが、はじめてこれを見たときに異様な感じを抱いたことは事実でありますが、今日、天皇陛下に対する国民一般の敬愛の念は以前と少しの変りもなく、私の感じをもってすれば、国民は皇室に対し戦前以上に親近感を抱いておるとさえ思われるのであります。要するに皇室と国民生活との緊密な結びつきこそ、わが国の基本の特色を活かす所以であり、この点から見た場合、現行憲法には別段の欠陥は認められないのであります。

憲法第九条につきましても、今日直ちにこれを改正せねばならぬという必要は認め難いと思います。国民負担の点から考えましても、また、現今の国際情勢、特に海外の対日感情を考慮致しましても、早急にこれを改正することが適当であるとは思われないのみならず、理由なき戦争による傷痕がまだ癒えていない国民思想の実情からいって、再軍備の背景となるべき心理的な基盤が、全く失われているということも、時期尚早なりとする理由にあげることができるのであります。

家族の問題についても同様であります。新憲法に関連して家族に関する古来のいわゆる醇風美俗が失われたということがよくいわれるのであります。現代のこの風潮については私も遺憾に存ずるところが少くないのでありますが、これも、やがて国民生活が安定向上し、国民一般の教養が高まるようになれば、いずれは国民の良識に基く新しい醇風美俗が打ち立てられることを信ずるものであり、この現実をもって制度の罪なりと断定することには必ずしも同感できないのであります。

むろん、私としても、永久に憲法改正を不可とするものではありません。しかし、それについては、国民の総意が、盛り上って改正の方向に結集したときにはじめて、これに乗り出すべきものと考えるのであります。

憲法改正の如き重大事は、仮にそのことありと致しましても、一内閣や一政党の問題ではないのであり、そのためには、相当の年月をかけて検討審議を重ねた上、国民の総意を体し、あくまで民主的な手続を踏んで、これに当らなければならぬものと信ずる次第であります。

二、重光全権に与うるの書

〔編集係記〕昭和三十一年（一九五六年）七月二十五日、外務大臣重光葵氏は、モスクワにおける日ソ交渉の全権として出発したが、これに先立つ数日前、すなわち同七月二十一日附の各新聞紙に、本書の著者より重光全権に与える書簡という形式で、左記の一文が掲載された。周知の如く、以後日ソ交渉は成立し、日ソ国交は回復したのであるが、書簡中に示された著者の主張中には、例えば領土問題の如く未解決のままになっているものもあるに鑑みここに全文を再録する。

外相閣下、対ソ交渉のため、遠路海外出張の段まことに御苦労に存ず。
そもそも従来の日ソ交渉ほど不可解のことこれなく、樺太、千島の領土主権は連合国に対し、放棄せるものにして、ソ連は力をもって強奪占拠せるものに過ぎず、ソ連に対し我は抗議力争こそすれ、懇請すべき筋合いにあらず、鮭《さけ》、鱒《ます》の公海漁業は米、加をも加えて沿岸国会議において決定すべく、これまたソ連にのみ懇請すべきにあらず、捕虜、未帰還問題も長きに亘り、抑留するが不法にして、戦後九年、戦犯に藉口して拘禁するの不法不正を世界の世論に力訴すべく、哀訴嘆願すべきにあらず。

由来ソ連は対外交渉において相手国により、手段は異にするも、目的は常に赤化、衛星国化にあり、世界制覇を終局の目標とするに変りなく、英に対しては貿易発注、北阿、中近東その他アジア諸邦に対しては経済援助、武器供与、さらに最近米英自由国家群に対しては共存共栄、東西交流および軍縮案を提唱し、もって自由陣営を攪乱せんとする意図の如し。ソ連がチェコ、ポーランドなど東欧諸邦を赤化、衛星国化せる跡をみるに、まず宣伝員を潜入せしめて国情を攪乱紛糾せしめ、しかる後に駐兵、革命、赤化の手順に出ず。極東においては終戦直前、日ソ中立条約を破棄し、突如兵を満洲に進めて、軍事占領を開始、我が官、公、私有財産施設一切を掠奪し、巨額の我が軍器を押収し、これを北支共産軍に供給して南方国民軍を掃蕩し、全支を共産化し、ソ連の勢力下に収め、もって現在のソ支共産圏態勢を完成せり。

日本に対しては、終戦後ソ連は対日連合国の一員として対日理事会に加わり、その東京代表部には、五百にのぼる人員を配属して、対日宣伝、共産党の指導、ストライキ、労使闘争、工場占拠、手薄の地方警察、町村役場の急襲占領、鮮人暴動の使嗾《しそう》など暴挙枚挙にいとまあらず、更に北海道駐兵をも提案せるは既に周知の事実なり。

最近の日ソ交渉において、鮭、鱒の漁業権を餌にして国交再開、大使館設置を提案せる、その真意は、推察するに難からず、まず宣伝、流説、飛語をもって国内を攪乱、外交関係の紛糾を捲き起さん意図たるは明白なり。然らざるも近時わが国民の政府、政党に対する不信の念漸く顕著にして、政府は対米親善はわが外交の基調なりとしばしば公言、標榜する半面、日ソ国交回復は現内閣の重大政策の一なりと誇称して、親ソ的意図をしばしば表明するは、自由国家群の信頼をつなぐ所以にあらず、これ米極東軍司令部及び連合軍司令部をハワイ若しくは朝鮮に移駐を招来せる所以に非ざるか。

さきにハースト系日本通信には、わが国情不安定を報道するあり、また英のエコノミスト誌は、現在日本には欧米にいわゆる政府なるものは存在せずと断言し、数日前のロンドン・タイムズには、参院選挙の結果より判断して、自由および共産陣営の間を彷徨する不決意の日本と批評しおれり。いまだ日ソ国交再開、ソ連大使館の設置を見ずして、国情不安定、外交系列紛糾の批評を招く態様を呈し来れり、いまや我が国運の前途暗雲低迷の観あり、まことに懸念に堪えず。この際に当り閣下自ら日ソ交渉の衝に当らる。国家全局の利害を念として慎重事に処し、案件を日ソ単独交渉より、旧連合国会議に移行、附議せしむるよう努力せられんことを要望す。

三、平和条約締結五周年を迎えて

〔編集係記〕左記一文は、昭和三十一年（一九五六年）九月八日附「産経時事」紙に、「平和条約五周年を迎えて」と題して掲載されたものである。前節の「重光全権に与うるの書」と同じく、著者の論旨の主要点は、今日においてもなお適切なるものあるを思い、ここに再録して置く。

サンフランシスコ条約が生れてからすでに五年になる。その間に日本は政治的にも独立し、経済的にも復興して、国民の生活はとみに向上している。しかし一方また戦争の跡始末として未解決の問題が幾多あることは忘れてはならぬ。

その最も大なるはソ連との関係であるが、その他にも賠償の計画さえまだ立たざる国が残っているし、通商条約も未締結の国はまだ多々ある。ガット加盟で一応日本も世界貿易の仲間入りをしたものの、まだまだ日本商品の差別待遇を敢てする国が、そのガット加盟国の間にさえ多数ある。韓国との間も正常になっていないし、中国との間にもまた問題がある。何よりも捨て置き難きは、抑留者の問題である。その他、裏南洋や小笠原の邦人復帰の問題も重大である。

日本今後の外交は、かかる諸問題の解決に努力を注ぐと同時に、わが方の立場を世界各国に十分諒解せしむる運動を敢然と起さねばならぬ。特に抑留者の問題に対しては、この件だけを切り離して、一つの人道問題としても、国際的検討を求めるべきだと思う。

ソ連との国交回復は、残された問題の最大のものだが、領土条項で行詰っているときく。領土の問題はもちろん重要だが、それより前に政府も国民も、もっと根本的な点に対する関心を欠いていると私は思う。ソ連が国交回復を強要する意図が奈辺に存するかは、改めて説くまでもあるまい。領土を略取し、財産を持ち去り、わが同胞を抑留酷使したるのみか、これを人質として外交駆引の具に用いる暴虐についてもまたいうまでもない。もしこのような国を相手に交渉を敢てするならば、日本としては自国の国際的立場を確然と自由諸国の間に保持し、かつ国内態勢も十分に整備してその上で交渉を開始すべきであった。サンフランシスコ条約の締約国、特に米国との連繋を緊密堅固にし、且つ十分なる諒解の上になすべきであった。

然るに鳩山内閣の対ソ交渉は、正当なる外交当局を度外視し、奇怪なる裏面の策謀に乗ぜられて事を始めたるのみか、恰かも米国との親交関係を疎遠にしてソ連への接近を進めるかの如き態度であった。それはまずその出発点において誤っていたとせねばならぬ。

私は先頃重光全権がモスクワへ発つ前に、新聞を通じて、領土問題はソ連との間で取引すべきものでなく、国際的な問題として取扱うべきである旨の意見を発表したが、その考えは今となっても少しも変らない。然るに鳩山内閣の対ソ外交は、漁業問題を好餌とする駆引に釣られて相手方に引廻されたる上に、政府も、全権も前後一貫せず、相手国の軽侮を招きたるはもちろん、世界の同情をさえ失っているかに見える。然も今日政府中枢の行動を見れば、対ソ交渉は国家の大事というよりも、二、三野心家の政治的命脈延長のための具と化し去っている。これは鳩山内閣の対ソ交渉が、その動機と手段とに不公明なるものを蔵したることを立証するものである。今日の事態は、現内閣が何の準備もなく、信念もなく、且つ定見もなくて、ソ連の如き国柄を相手に開始した交渉が、終局において赴くべき当然の帰結である。

そもそも外交のことは、内に多数国民の支持がなくてはならず、政府部内も緊密に一致していなければならぬ。事ここに至れば、この国辱的事態を救う道は、従来の奇怪なる交渉はこの際これを中断し、新しき陣容の下に、新しき構想を樹立し、第一歩より出直すことの外にない。私は深く思いをここに致す次第である。

【回想余話】大蔵大臣から見た吉田総理

小笠原三九郎

私と吉田さんとの関係は昭和二十年十月、幣原内閣成立の時に始まる。吉田さんは外務大臣、私は商工大臣としてであった。当時私は終戦後の産業行政を担当し、破壊せられた日本の産業設備や機構を前にして、一日も速かに生産を軌道に乗せるのが私の仕事であり、為《ため》に貿易庁を創設して三井の大御所といわれた向井《むかい》忠晴《ただはる》君を引張り出したり、新たに石炭庁を作って元の満鉄社長小日山直登《こびやまなおと》君を長官にすえるなど、懸命に努力した際でもあった。いわゆる渉外関係の事項が多かっただけに吉田外相を煩わすことが少くなかった。吉田さんは常に心持よくキビキビと処理して下さって全く感謝に堪えなかった。

幣原内閣に於ける吉田さんについて一、二のことを思い出すと、吉田さんは、或る日の予算閣議で、外務省予算に大鉈《おおなた》がふるわれるや、「そんなことをしても善いのかね」といって突然席を起って外相官邸に帰ってしまわれた。幣原さんが、「この儘《まま》にして置いてはいかん、一寸行って来ます」と、吉田さんを往訪せられた記憶がある。また松村《まつむら》〔謙三《けんぞう》〕農相が農地調整法の農林省原案を説明した時に、私が一時間以上に亘りかなり手ひどく修正意見を述べたことがある。吉田さんは松本国務大臣とともに私の意見に賛成せられ、相当強く私の主張を支持せられたことなど、私の記憶に蘇生《よみがえ》ってくる。

私が追放解除になり、昭和二十七年十月の総選挙に当選して来ると、私は第四次吉田内閣の農林大臣に任ぜられたが、或はこうした経緯が、吉田さんの頭のなかにチラついたのかも知れない。後にたまたま通商産業大臣の失言問題が起り、私は命のままに通商産業省へ横すべりをし、私の任務を励んでいたが、翌年五月、第五次吉田内閣の成立とともに大蔵大臣に任ぜられた。前大臣の向井君が留任を固辞して受けなかったところから、私に御鉢《おはち》が廻って来たのであろうが、実は当時の日本経済は真に容易ならざる事態に追い込まれていた。

その頃の世界の物価は、三年前の朝鮮事変勃発当時に比較すると、米国が一割、英国が二割八分しか上がっておらぬのに、日本のみが六割四分も上がっており、この日本の物価高が、輸出の激減、輸入の激増を招き、為に我が国際収支は急激に悪化して放置し難い状勢にあったのである。そこで私は就任早々、国内物価の概ね一割を引下げて、日本商品の国際競争力を強化し、輸出増加、輸入の減少を図る以外に日本経済立て直しの根本策なしと考え、まず、予算緊縮の見地から、昭和二十八年度の予算に対して、別に実行予算を編成し、既定経費の中で、物件費、施設費等を五分乃至一割削減することとした。国会や同僚からも強硬な反対があり、中には「大蔵大臣は国会で承認した予算をば何の権限があって削減するか」など喰ってかかった人もあったが、「既定予算の範囲で経費を切り詰めるのは大蔵大臣の責任だ」と突っぱねて実行に移した。

思うに、大蔵大臣は国家全体のために各省予算を按配する立場にあるため、予算を請求する各省からは反対されるのが常だ。如何に私心がなくても大蔵大臣は悪口をいわれ勝ちなものだ。これを支持するものは国政全般を掌理する内閣総理大臣を措いて外にない。そういった意味では、吉田さんは最も有難い総理大臣であった。私は蔵相時代に於ける吉田首相の庇護支援を思う毎に頭が下るとともに、将来の首相がこの吉田さんに倣ったら、日本の経済と国家とが頓挫《とんざ》せずに栄え行くであろうと確信する。吉田内閣の財政経済政策については、既に本書の著者が詳しく述べられているので、特に私の蔵相時代について詳説するはいささか蛇足であるが、私が蔵相としての困難な緊縮の仕事を、とにもかくにも成し遂げ得た背後にあった吉田さんの激励を偲ぶ意味で、重複を省みず、多少の説明を附け加えたい。

いよいよ昭和二十九年度予算の編成に入ると、本格的な私のいわゆる経済健全化政策を具現することとした。これは後になって、〃一兆円予算〃と呼ばれたものであるが、申す迄もなく日本経済に主導的な影響力を持つものは国の財政であるから、私はこの二十九年度予算の編成に取りかかるに当って、国民に異常な覚悟を要請する意図の下に、㈠苟くも過去の蓄積を食わない。㈡公債其の他何等の名儀を以てするも、新規の借入をしない。㈢歳出予算は厳格にその年現実に受け入れ得る歳入の範囲内にて賄うこと。㈣当然自然増収等の不確実な歳入を見込まないことを根本方針とし、このことを吉田総理に話して諒解を得るとともに、二十八年九月、米国ワシントンに於ける国際通貨会議に出席の際、英文で「日本財政の現状と対策」と題する小冊子を作り、米国の主立った向きに配布した。ドッジ氏とも午餐《ごさん》を共にする機会があったので、所見を話して意見を求めたところ「独立国の日本の財政に就てかれこれいう立場にいないから私見は述べないが、御意見には全幅的に賛成する。実行を切望する」とのことであった。

補足的に記すと、昭和二十八年度予算は、国会解散で年度内に成立せず、やっと八月から正式に実施に入ったのであるが、この予算は日本独立後初めて自分達の手で自由に作り得る予算だというところから、占領中に抑圧されていた財政支出に対する要求が反動的に高まって来たことと、積極財政論なるものが一部政客の間に擡頭して、財政投資の大幅な増加が行われたこと、しかも政府は絶対多数の与党を持たぬ弱さから、妥協を余儀なくせられたことなどから、千億円近くの歳入が不健全な財源に依存したりした。このようなわけで、昭和二十七年度補正予算以来、累次《るいじ》したこの財政支出の行過ぎが、国内物価騰貴の主たる原因をなしていたことは争えず、その結果輸出は停滞し、輸入は思惑も加わって増加し、昭和二十八年度の国際収支は三億一千万ドルからの赤字を示すに至ったのである。

そこで、昭和二十九年度の予算編成に当っては、収支均衡の原則を貫き、年度内に受け入れうる歳入九千九百九十余億円を以て歳出の限度額とし、前年度に比し一般会計に於て二百七十五億円も減少し、また財政投資を五百八十億円削減、一般会計に財政投融資を加えた政府財政の総計額に於て、約六百億円の削減を行ったのである。また輸入の削減をはかり、外貨予算の編成に当って二十九年度中の輸入支払総額を二十億ドルの枠以内に抑え、前年度に比し約一割五分を減少した。金融は基幹産業に対しては若干ゆるくしたが、引続き引締方針を堅持した。税制の改正、補助金の整理、行政整理など、何れも健全財政政策線上の諸政策は実行した。

この昭和二十九年度における財政の緊縮、金融引締の強化、外貨予算の操作、行政整理、税制改正等一連の経済健全化政策により、日本経済はいわゆる底が浅く、感受性の鋭い関係もあったであろうが、二十九年二月以来次第に効果を現わし始め、折から の世界経済の好況も幸いして、日本経済が全体として予期以上の短期間に、予期以上の改善を見るに至ったことは世間周知の通りであるが、第五次吉田内閣の事績としてこれを指摘する人は遺憾ながら少い。特に吉田総理の蔭の功績を知る人はもっと少いようである。

実際において、これを実現し得たのは全く吉田総理の理解と同情と支持の賜物といってよい。今から想起しても衷心より感謝に堪えない。吉田さんは度々《たびたび》「私は数字のことは分らぬ。いいようにやって下さい。しかし断乎として所信を貫いて欲しい」と注意せられた。私はどの大臣を引受けた時でも、即日いつでも日附を入れられる辞表を認《したた》め、常にこれを壊に入れていたが、若しも吉田さんの理解と同情と支持とがなかったら、或は途中で辞表を提出していたかも知れない。

私は二十九年度と同様の方針で、三十年度、三十一年度の両年度のことを考え、二十九年度を荒ごなしの年とすれば、この両年度を仕上げの年とし、一方に国際収支の均衡に着眼しつつ、日本商品の国際競争力を養うための産業設備の刷新改善、近代化を図り、他方に国内景気の凸凹、緊縮政策に原因した受益者、被害者の平準化をはかるための税制改正等、諸般の措置を講じたいと考えていたが、二十九年十二月、吉田さんとともに、中道にしてその地位を去らなければならぬこととなった。国民諸子にまた吉田さんに、この仕上げ工作を見て喜んで貰うことをひそかに思っていた私としては、正に千秋の恨事であった。（元農林・通産・大蔵各大臣）

【回想余話】吉田総理を偉いと思ったこと

水田三喜男

昭和二十七年一月、初めて自由党の政調会長となった時のことである。当時自由党の看板であった某重要法案が、遂に司令部の許可するところとならず、周東《すとう》〔英雄《ひでお》〕経審長官が国会提出を断念するに到ったという経緯を聞いて、私は政府提案を議員立法に置き換えて頑張るよりほかに方法はないと決心し、司令部との接衝を一切党側に引取ったのであるが、これは大変な仕事だった。私が中心となり、愛知《あいち》揆一《きいち》、神田《かんだ》博《ひろし》、福田《ふくだ》一《はじめ》の三氏と四人が交渉役になったのであるが、果して司令部は強硬であり、法案の審査を拒否したばかりでなく、最後には反対に対案を示して、それを国会に出すよう迫られた。しかし、私は即座に拒否してその対案を受け取らなかった。これが重大な問題になって了った。

口論の途中で、司令部側から「これは自由党の選挙費稼ぎの法案である」といわれたので私どもはすっかり腹を立てた。「これは日本の復興を賭した真剣な法案である。

公党に対するただ今の侮辱的発言は取消してほしい」と迫ったが、なかなかに取消す気配が見えなかったので、遂に私は「この問題に関する従来の司令部行政は賄賂行政ではないか、一部日本人の利権屋と組んで、誤った先入観に基く指導は迷惑である」とまで発言した。司令部は激昂して総起ちとなり、私の発言取消しを迫ったのであるが、私どもは応じなかった。公党に対する重大な侮辱発言を取消すことが前提であると、腹をきめて頑張った。ところが遂に事態は最悪となり「四十八時間以内に司令部対案を受取らぬ場合は占領軍に対する反抗と見做す」という正式な宣告を某大佐から受けてしまった。

私どもは直ちに党本部へ引揚げ、首脳部に報告して、極秘の協議を行ったが結論は出なかった。占領軍への反抗となると、罪は追放程度では済まず、銃殺かもしれない、という法務庁からの意見も出て来て緊張そのものだった。結局吉田総理に会って、一切を報告し、指示を仰ぐ以外に方法がなくなったので、周東長官にも同席して貰うことにし、目黒の公邸を訪ねた。

和服姿でストーブに手をかざしながら、私の報告を聞き終った吉田総理は、その時こう言った。「そこまで来て了ったらもう仕方ないではないか、喧嘩となった以上はとことんまでやることだ。今聞いた程度ではまだ諸君の喧嘩は足らぬようだ。四十八時間一杯頑張りなさい」と。そこで私は質問した。「喧嘩が足りないといわれるならば、もっと恐れずにやりますが、最後に総理は果して助けに出てくれますか」と。吉田総理の曰く、「それは判りません。しかし昔から仲裁人というものは、生はんかの喧嘩には出ないものですよ」と。私どもも行きがかり上腹をきめざるを得なかった。「判りました。四十八時間一杯喧嘩して来ます」といって席を立ち、外へ出ようとしたところ、私はうしろから総理に呼びとめられた。「喧嘩するのはいいが、したあとでは直ぐにシーボルトさんの所へ行って、もみ手をしながら逐一報告しておきなさい」との注意であった。

目黒の公邸を出て私どもはその足で直ちに司令部へ行った。某大佐が立ち上って朝日新聞の綴を示し、輿論調査によると自由党は一回毎に人気が落ちているといって、逐年の新聞統計を読み上げ、自分達の意見に従うことによって初めて自由党の人気は維持されるであろうという。私どもは「あなたの間違った偏見と争うことによって、自由党の人気は一〇〇パーセントとなるだろう」と応酬したので、またまた争いとなり、「諸君との会見は無用である。ただ四十八時間を待つのみである」という言葉を浴びせられて司令部を出た。

シーボルト氏とは山川良一《やまかわりょういち》氏の斡旋と努力によって面会することができ、総理にいわれた通り、これまでの経過を詳細に報告したのであったが、同氏は「私は将来の外交任務をもって日本に駐在するものの、総司令部に対しては指揮の権限を一切もっていないので、参考として聞いて置こう」という態度であった。

いよいよ宣告の時限が迫った時、私どもは司令部の首脳から突然電報で某ホテルの指定室に呼ばれたのであったが、私は占領軍首脳部の態度が余りにも立派であったことに今でも感激している。

ドアーを開けるより早く、数人の人達によって、私どもは固く手を握られた。そして「この問題は司令部の負けである。独立を目前にして、日本の国会に干渉を加えることは本国政府から許されぬことである。諸君は諸君の欲する法案をそのまま直ちに国会へ提出してほしい」と告げられた。そこで私は感謝の言葉を述べた後で「それでは法案にＯＫがいただけますか」と質問したところ「御承知のような経緯であるため、内部から正式な手続を経て来るＯＫは出せないが、自分達で責任をもち、一切を諒承するから心配はない」とのことだった。しかしＧ・Ｈ・ＱよりＯＫのない法案の提出は、野党追及の種となって、混乱が目に見えている当時だったので、私どもは「法案を出しても、某大佐がおらるる以上国会を通過させる自信はない」と答えたところ、即座に「法案の審議中、某大佐は国外に出張させるであろう」「いつ出張させて貰えるか」「恐らく今週の金曜日までには」との応答によって、私どもは一切を諒承し、凱歌を挙げて退出した。朝日新聞が司令部のＯＫなしと大きく書いたりしたために、果して法案は幾多の難航を重ねたのではあったが、議員立法として遂に両院を通過させることができた。

占領治下の秘史ともいうべく、私どもは今日まで全く公表したことのない事実であるが、この間に処して、少しも騒がず、援助の言質も与えることなく、我々を叱咤して、強い抵抗をさせて置きながら、恐らく背後では黙って仲裁と解決への労を執ってくれたであろう吉田総理の態度は立派であったと敬服している。単なる迎合者であってはならないし、そうかといって抵抗することは命懸けの仕事であった当時として、大胆且つ細心の配慮が何よりも必要であったことを思うにつけ、あの時の総理の毅然とした態度と、適切な指示を今でも私は忘れ得ないのである。（衆議院議員・元通産大臣）

第三十三章　施政方針演説（衆議院）

第九十回帝国議会の施政演説――昭和二十一年六月二十一日

〔編集係記〕第九十回帝国議会（特別）は昭和二十一年四月十日の総選挙の後をうけて五月十六日召集され、恰も同日、本書の著者に内閣組織の大命が降下した。開院式は六月二十日に行われたが、同日帝国憲法改正案（新憲法案）が衆議院に提出され、翌二十一日内閣総理大臣の施政方針演説が行われた。

不肖今般図らずも大命を拝して内閣を組織致しました。洵《まこと》に恐懼《きょうく》に堪えませぬ。唯《ただ》渾身の力を捧げて奉公を致す覚悟でございます。

御承知の如く我が国は目下洵に容易ならざる事態に際会致しております。ポツダム宣言の趣意に副うて民主主義的平和国家の建設という大事業を控え、目前の問題としてできるだけ速かに食糧問題を解決致さなければならないのでございます。このことたるや、諸君の一致協力に俟《ま》つの外ないのは勿論でありますが、新たなる意味における国民総力の結集を必要と致すのであります。

諸君、今議会の劈頭において、新生日本の建設の基盤たるべき憲法改正案が勅命によって附議せられましたのであります。幸いにして今議会は新選挙法による総選挙の結果成立したる歴史的民主議会であります。政府はこの機会に、諸君とともに国家最高の法典たる憲法の改正を議することを無上の光栄と致します。しかして政府は速かに民主主義と平和主義とによる政治の運営並びに行政と経済の全般に亘って再検討を行い、これが改革を実行し、真に平和的国際社会の一員たるの資格と実質を贏《か》ち得んことを期しておるのであります。

随って憲法の改正を俟つまでもなく、軍国主義と極端なる国家主義との色彩を完全に払拭し、その将来における再生を防止するため、教育の内容と、制度の全面にも亘って根本的刷新を行わんとしておるのであります。また言論、思想、結社の自由については、格段の注意を以て必要なる措置を執っております。また自由と放縦とを混同し、これを以て「デモクラシー」となし、善良なる風俗を紊し、社会秩序を破壊せんとするような行動に対しては、厳にこれを戒めなければなりませぬ。今日社会秩序の混乱の徴候が見えまするのは、畢竟ずるに国民道義の頽廃の結果であります。それは永年に亘る教育の積弊、殊に教育をその時々の国策の手段とするような傾向に胚胎しておるのであろうと思います。現内閣と致しましては、教育の尊重、道徳の滲透、被教育者の人格の完成並びにその個性の健全なる育成に重きを置き、殊に学校教育に併行して、家庭教育、社会教育を尊重して、この目的の実現に鋭意努力したいと思っておる次第であります。

次に敗戦による経済の混乱を克服し、平和産業を活潑に復興せしめて、国民生活の安定を図ることが急務であります。就中、今日の食糧事情は未曽有の困難なる状態に陥っております。京浜地方はじめ、北海道その他の消費地方において殊に甚だしきものがあります。この危機を突破するためには、何としても連合国の援助に俟つの外はありませぬが、幸いに連合国は好意を以てこの問題を考慮しておることは、洵に感謝に堪えませぬ。併しながら先ず以て我が国民自ら今日の食糧の窮迫を克服するの覚悟を要するのであります。従って政府は凡ゆる政策に先きだって食糧問題の解決に重点を置き、全国民に対して忍苦、友愛の精神による挙国一致の団結を強く期待しておるのであります。農業生産力の発展は日本再建の基礎であります。この際更に農村の民主化を徹底させ、肥料その他必需資材の増産については、石炭その他の基礎産業の振興と併せて適切なる施策を講じ、農業技術の刷新、大規模なる開墾干拓及び土地改良事業をも実施せんとしておるのであります。なお将来の食糧問題の解決のためには、蛋白《たんぱく》、脂肪、澱粉《でんぷん》等各種の食糧を綜合的計画的に増産することが根本でありますから、この際所要の諸対策に遺憾なきを期したいと思うのであります。特に水産物の画期的増産は今日極めて重要であります。緊急に実効を挙げるよう努力するつもりであります。

金融財政については悪性インフレーションを絶対に生ぜしめないよう必要なる対策を行うべきは当然であります。しかしながら、目下の我が国において最も肝要なることは、産業の復興、生産の増強であります。その基本をなすものは生産意欲の昂揚であります。斯くてはじめてインフレーションの防止もできるのであります。よって現内閣は此の目的のために、産業界及び金融界を終戦後の事情に即応して速かに整頓し、今後の国民の鞏固なる経済活動の基礎を確定することとし、民主主義的にして新たなる希望に燃ゆる産業の勃興を促し、民需生産の増加を図ることにあらゆる努力を致さんとするつもりであります。その具体的施策については今議会に別途若干の法律案を提出して御協賛を得るつもりであります。

生産の復興と関連致しまして現下の労働不安の問題については、労働組合の健全なる発達を促すとともに、事業者側の生産への努力奮起を要望し、労資の間に合理的基礎に立脚した問題の解決を促進する所存であります。また我が国経済界において中小工業の占めておる地位、役割の重要なるは今後ますます大なるものがあることを信じられます。その安定向上については経営、技術、設備、労務等の全面に亘って必要なる対策を講ずる決心であります。

また失業問題の解決も極めて重要であります。政府は六十億の国費を投じて公共事業を起し、生産の振興と相俟ってその目的を達したいと考えております。右の外、国民最低生活の保障のため適切なる施策を講じたいと考えております。

最後に戦災の復興につきましては、政府の特に重点を置いておるところであります。戦災者、在外同胞及びその帰還者並びに復員者等の援護等に能う限りの手を尽し、特にこれらの人々が安定して、業務に就いて経済的基礎を固め得るようにしたいと思っておるのであります。

以上施政の大綱と所信とを述べ、諸君の御協力を切望する次第であります。

第九十一回帝国議会の施政演説——昭和二十一年十一月二十七日

〔編集係記〕新憲法は昭和二十一年十一月三日公布されたが、これに附属の法典、すなわち皇室典範、皇室経済法、参議院議員選挙法、内閣法等の制定を目的に、第九十一回帝国議会（臨時）が、同月二十五日召集され、二十六日開院式が行われた。

今回の臨時議会は、主として去る十一月三日公布せられました改正憲法の実施に伴う附属法典の制定について御審議を願うためでありますが、この機会に現下の国情につきまして政府の所信を一言申し述べたいと思います。

終戦以来、わが国はポツダム宣言の本旨に則りまして、国内において種々の改革を実行いたして参りました。その改革の最も重要なるものは、すなわち憲法の改正であります。

今回御審議を願わんとする諸法案は、主としてその附属法であります。しかしながら法令はよるべき基準を明らかにするに止まりまして、真に国民文化の向上をはかり、民主平和国家としての日本の将来を安定せしめんがためには、まず国民生活の経済的基礎を確立することが欠くべからざる前提であるのであります。

しかるに現下わが国の経済界の実情は、今春以来やや安定の傾向を示しておりましたが、根柢においてはなおきわめて憂慮すべき事態にあることを認めざるを得ないのであります。一時深刻をきわめました食糧危機はともかくも切り抜け得まして、かつ本年の豊作によりまして幸い事態は大いに改善せられましたために、政府は去る十一月一日から主食基準配給量の増加を断行いたしまして、食糧面においてはかなり明るい希望をもち得るに至ったのであります。この基準量の配給を続けて行きますためには、供出を完遂いたさねばならないのでありますが、なおその上にも連合軍当局の支援を仰がねばならないような状況にあります。今後の食糧生産が天候と肥料の増産とに左右せらるる所少からざる点を考えましても、食糧問題の将来についても決して楽観を許さないのでございます。

食糧以外の重要物資の生産は、終戦後一時著しく低下をいたしまして、その後或る程度の回復をいたしましたが、なお甚だしく低位に止まっておるのであります。またその生産の回復も消費財においては相当活潑でありまするが、将来の生産を維持拡大して行くために必要な生産財については、その絶対量におきましても、また上昇の比率におきましても、低いことは御承知の通りであります。さらに現在までの生産は、従来の在庫資材、ストックに依存したものが少くなく、しかもそのストックは将来におきまして急激に涸渇して参ることが予想せらるるのであります。他方生産及び輸送の設備は、現状維持のために必要なる補修資材さえも十分に配給することができない現状であります。既に戦争中酷使せられ、また老朽化しておりまする諸般の設備が次第に故障を生じ、生産力そのものを低下せしめる恐れも決して少くないのであります。

現在の鉱工生産の綜合指数は、戦前に比べましてわずかに二五％乃至は三〇％を出ないのであります。石炭に例をとりましても、その本年度の生産見込は、この下半期の懸命なる努力にもかかわらず、その懸命によって生じました増産を加えましても、わずかに二千三百八十万トンでありまして、戦前の四〇％を出ないのであります。すなわち現下の最低需要量に比べまして約一千二百万トンの不足を生ずるのであります。さらに石炭と相並ぶ基礎資材であり、かつ石炭増産のためにも隘路《あいろ》となっておりまする鉄鋼につきましては、その本年度の生産予定は二十万トン内外であります。すなわち戦前の約十五分の一に過ぎないという惨憺たる状況であるのであります。これでは戦災復旧等の特別事情を考慮のほかにいたしましても、なお現下の最低需要量の七分の一を賄うには足らないのであります。

これを要しまするのに、現在わが国の産業は、領土の縮小、貿易の困難、戦災及び賠償により産業の規模を著しく縮小いたしましたばかりでなく、その上設備を消耗し、過去のストックを消耗しつつありまして、物によりましては、生産せられるものよりも多く消耗しつつあるという状態であるのであります。まことに憂慮すべき事態にあります。しかし私どもはこの現実に眼を蔽《おお》うことなく、これを率直に明確に認識いたしまして、もってこれに対処する工夫と努力を必要とするのであります。この経済再建の根本に横たわる危機を突破しまして生産の増大をはかるためには、国民全部があらゆる部面において消費を節約し、耐乏の生活を忍び、既存の資源と新生産物資とを極力次の生産に振り向けて、しかも最大限に能率を上げて働いて行かねばならぬのであります。これは決して容易な問題ではございません。しかしながらかかる事態は、敗戦後の状態といたしまして当然なことであり、むしろ来るべきものが来たと申すよりほかないのでありますが、なおこれを中央ヨーロッパ等の惨憺たる状態に比較いたしますれば、今日われわれは徒らに悲観失望しているべきではないと思います。

元来日本経済は貿易なくして存立し得ないのでありまするが、殊に今日物資資材の面におきまして、連合軍の援助を緊切に必要とすることは言うまでもありません。しかし右援助を願うにいたしましても、その連合国の援助は、わが国民自らの誠意努力の結果として与えられるものでありまして、わが産業経済回復の前提としてこれを要望するようなことは、国民としていたしたくないものであると考えます。

政府は去る十一月四日六大政綱について発表いたしましたが、目下その実施実現に邁進せんといたしております。しかしながらこれら政府の施策も、全国民の国を挙げての御協力を得るにあらざれば、効果を上げることは全然不可能であります。この意味におきまして、最近議会の決議によって起されました貯蓄増強運動や、或は企業家団体及び労働組合が、産業回復振興について強力なる運動を展開しつつありますことは、政府といたしましても、まことに心強く感ずる所でありまして、全幅の賛意と敬意とを表するものであります。

なお石炭、電気等の基礎産業の復興は、わが国経済再建の成否を決するものでありまして、一トンの減産、一日の休止も、全産業に及ぼす悪影響はきわめて重大であることは御承知の通りであります。しかるにこれらの基礎産業が労働紛議に終始せるがごとき現状にあることは、国家再建の上において甚だしき損害であります。この問題は国家経済全般及び国民生活の安定その他広汎な諸問題を包含して、決して簡単に解決を期することは困難でありますが、労資一団となりまして、国家再興に当る熱意をもって一日も速やかに解決いたしたいと考えます。

なおこの際特に教育家諸君に希望する所は、各位が深く時局の実相を把握せられて、教育者たるの使命を自覚せられ、日本再建の途上における指導に誤りなからんことを期せられたいものであると思うのであります。

これを要するにわが国の再建と国民生活安定のために、現在の甚だ憂慮すべき厳然たる事実を直視するとともに、この危局を打開する積極的及び建設的気魄をもって、新しい憲法の理想とする民主主義の精神に基づいて、すべてを国家再建の一点に結集いたしたいと思うのであります。また今日の現状は、これを諸外国の例に見ましても、決して悲観或は絶望すべきものでないということは、先ほど申したごとくでありますが、しかし今日日本国家、日本の経済を破壊するということは、決して連合国の意思でもなく、従ってまたこの日本経済再興のためには、日本のわれよりする筋の立った希望であるならば、連合国においても、相当の考慮を払い、また理解をもって援助してくれるものと私は確信いたすのであります。何とぞ各位におかれましても、この経済危機突破のためには、国を挙げて協力努力して、この危機を突破し得るように御協力を切に希望いたします。

第九十二回帝国議会の施政演説——昭和二十二年二月十四日

〔編集係記〕　第九十一回帝国議会は、昭和二十一年十二月二十六日の閉院式とともに終り、引続き第九十二回帝国議会（通常）が二十七日召集された。二十八日開院式が行われ、年末年始の休会に入ったが、議事の開始は社会党との連立工作などの事情により例年よりも遅れ、翌二十二年二月十四日にようやく施政方針演説が行われた。

この議会では国会法、行政官庁法、裁判所法、地方自治法、教育基本法、財政法、労働基準法などの重要法の外に、いわゆる六三制を採り入れた学校教育法、独占禁止法などが成立した。また大選挙区・制限連記制を中選挙区・単記制に変更する衆議院議員選挙法の改正が行われた。なお、この議会は総司令部の指示により三月三十一日解散され、旧憲法下の最後の帝国議会となった。

議員各位、終戦後ここに一年有余を経過いたしまして、その間わが国は、憲法の改正、労働組合法の制定、農地制度の改革、補償打切りに関する諸法令の制定等を始めといたしまして、国内諸体制の全般にわたりまして、民主的平和的なる国家建設の歩を進め来ったのでありまするが、ここに本年五月新憲法の施行を目標といたしまして、法律制度を整備せんがために、本議会に多数の関係法律案を提出いたしまする考えでございます。

しかるに国家復興の基礎である経済に関しましては、今なお健全なる状態を回復し得ず、ために国民生活の安定を確保し得るに至っておらぬことはまことに遺憾なる次第でございます。これに対して政府はそれぞれ緊急施策を進めつつありまするが、そのうち重要なるものは産業の再建と労働の問題であります。さらにインフレーション及び国民生活の安定の問題であります。

産業の再建は、資材を重点的に集中活用して、基本的原材料の生産を振興するをもって基調とするものであります。石炭の生産の増強は、当面における中枢的目標であります。二十二年度において年産三千万トンの出炭を目標として、わが国民経済を拡大再生産の過程に転ぜしめんと欲するものであります。本年四月以来、まず鉄鋼、肥料等の基本物資より逐次生産量の拡大を示すはずでありますが、連合国輸入の重油、石炭等はこれがためであります。これがため、一時他の産業または国民生活に対し相当の犠牲を余儀なくされることになりますが、経済復興を急速ならしめるために、ぜひとも国を挙げての協力を期待するものであります。

この際、特に政府の経済統制について一言いたしたいと思います。政府の目標とするところは、できるだけ速やかに個人企業的自由を確保する経済状態を可能ならしめんとする点にあります。しかしながら敗戦後極度に窮乏に陥ったわが国において、社会秩序と経済秩序を維持しつつ、前に述べた通り基本産業を中心に急速に経済を再建し、国民生活の基本を確保せんがためには、当面において基本原材料、重要生活物資関係につき、適正にして強力なる統制方策を採用することがきわめて必要な措置であります。これはまたわが国がこれら重要物資について、外国からの支援輸入に俟つところが少くない以上、当然とるべきところであります。統制の目的がかかる点に存する以上、政府は今後の統制については、必要な範囲、程度を超えしめないことはもちろん、現に行いつつある統制にして、その弊害顕著なるもの、または存続不要となったものについては、是正し、もしくは廃止せんとするものであります。政府はこれがため統制制度の調整に関する機関を内閣に設置して、急速にこれが実施をなさんとするものであります。同時に必要な統制の効果をあげ、インフレーションを防止するためには、重要物資に関する闇行為、闇市場の撲滅を期し、政府はこれについて必要なる施策を積極的に実施せんとするものであります。

次に、悪性インフレーションが国民生活を脅威し、産業経済の基本を危うからしむることについては、政府の最も苦慮し、これが対策に遺憾なからしむることを期するものであります。貯蓄増強運動については、議会の格別なる協力によってその効果の見るべきものがあり、今後も引続き強力に推進いたしてまいるつもりであります。しかしながら対策の基本は、金融財政の健全化、物資の生産増進及びその流通の円滑適正に俟たねばならぬのであります。よって財政収支の均衡を保持し、産業資金の貸出しを合理化し、併せて所要の監査制度を樹立する等の方針を、生産流通面における格段の施策と併行してとらんとするものであります。これによって通貨の膨脹を抑止し、これが価値の安定を期するものであります。

労働対策について申し述べますが、現下の経済危機を克服して、わが国産業再建の基礎を確立いたしまするためには、国民全体が真に一丸となってこれに当らねばならぬのであります。特に全勤労者の積極的な協力なくしては、その完遂が不可能なることは申すまでもありません。よって政府は勤労者の地位の向上と生活の安定については重大なる関心をもっておるのであります。その賃金、勤労時間、休息その他の勤労条件について、その最低基準を定め、もってその地位の向上と能率の増進をもたらすために、労働基準法案を本議会に提出することにいたしておるのであります。さらに税制の改正その他の方法によって、不公正なる富の分配を是正し、よって生ずる収入をもって、公益事業及び生活安定施策の拡充に充てる等、労働者の保護と経済復興への推進に資することについて考慮いたしておるのであります。特に給与の問題については、給与審議会において、わが国経済力を綜合的に検討し、現在わが国民に許さるべき生活の水準と、それに基く一般賃金基準とを算出し、それらを基礎として各部門の適正賃金を決定し、わが国の実情に適応した合理的な給与体系を確立いたしたいと考えております。

わが国の労働運動は、終戦以来労働組合組織の整備充実を通じて活潑に展開せられつつありまするが、これら労働運動がわが国経済再建にますます貢献いたすように、政府は衷心より希望してやまぬのであります。また昨秋以来各方面において、産業経済復興に関する具体策の樹立のため、活潑なる活動が開始されつつありまするが、政府はその成果を十分に尊重し、取るべきものは進んでこれを取入れ、真に盛上る労働者の勤労意欲により産業の再建が完遂せらるることを期待するものであります。

さらに今回の官公庁職員の争議については、御承知のごとく政府は、その要求が切実なる生活事情に基いておることを率直に承認し、ゼネストの禍を防止するため、応急措置として、国家財政の許す限度までこれを認めることにいたしましたのでございます。しかして中央労働委員会を通じてあらゆる努力を払い、折衝したのでありますが、まことに不幸なことには、ただその危機を回避するのは、わが国民みずからの手によって回避せらるべきはずでありましたが、不幸にして国民みずからの手によってこれを回避することができなかったことは、まことに遺憾に思うところであります。

労働組合が、その内部における民主化を徹底いたしまして、かりにも少数者の独裁的指導により、組合員大衆の意思と游離した活動をなすがごときことがないよう、正常かつ健全なる発達をなすことを政府は希望してやまないのであります。すなわち政府は、個々の組合員の人格が十分に尊重され、その自由に表示された意思が正しく反映されるように、組合内部の民主化が徹底することを期待するのであります。それがためには単に労資関係者のみならず、一般国民大衆が民主主義の真の精神を理解し、自己の良心に従って、率直に自己の意思と見解とを表明し得る、道義的勇気をもった自主の人たることが何よりも必要であり、これこそは民主主義の基礎であり、国民の教育の要諦もまたここにあると確信しておるのであります。政府は右の趣旨に則り、必要な啓発活動を実施するとともに、教育の刷新を企図いたしておるのであります。

この際食糧問題について一言いたします。昨年秋における豊作によって、わが国の食糧事情が好転したのを機会に、政府は主食の増配を断行したのでありまするが、今年度におきましても、なお多量の食糧の輸入を仰がねばならぬことは御承知の通りであります。従って主食に関する統制はこれを行って行かねばならぬのであります。特に供出の完遂は、経済再建の途上にあるわが国においては、きわめて必要であり、農民諸君の十分の理解と協力とによって遺憾なきを期したいと思うのであります。政府としては、肥料その他の見返り物資の供給はもちろん、供出確保の措置についてはさらに一段の努力をなさんとするものであります。

官紀の粛正については、申すまでもなく官公吏は国家公共の公僕であり、直接公共の福祉に奉仕するものでありまするから、その行動は直ちに国家全般の利害に重大なる影響をもつものでありまして、官紀綱紀の厳粛に保持せられねばならぬことは、もとよりであります。殊に直接教育に携わる教職員は、再建日本の礎石たるべき若き子弟に与える影響力の重大なるものあることを考え、その任務の崇高なるに思いをいたし、常にみずからの行動に深い戒慎を加えられたいと思うのであります。近時民主主義の真精神を誤解し、一面には著しく綱紀が弛緩し、みずから規律を軽んじ、法を無視してはばからない風潮がはなはだ顕著なることは、まことに国家のために遺憾に堪えないのであります。かかる風潮は一日も速やかにこれを是正し、官界における綱紀の粛正をはからねばならぬと思うのであります。よって政府は給与の改善と相まって、官界における綱紀の維持刷新を期し、真に国民の公僕たるゆえんを十分に徹底せしむる所存であります。

以上は政府の施政方針の大綱でありまするが、最後に国際の関係について一言いたしたいと思います。国際情勢は漸次平時の状態に復帰せんといたしておるのであります。わが国との関係においても、やがて近く講和条約等を考慮せられるの時期に至ることを予想いたしまするが、われわれは一日も早くその時期が到来して、国際社会に復帰せんことを念願してやまないのであります。しかしながらそのことに至らしむるためには、国民が挙国一致、国家再建に専念するの誠意と事実が最も顕著に内外に表明せられねばならないのであります。しかるに終戦以来次第に国民の一致団結、国家再建に邁進する気魄の日に衰えつつあるの感があるのは、真に遺憾であります。かつて愛国心に富める国民なりとして列国より尊敬せられたわが国民は、敗戦の結果志気沮喪し、道義頽廃、相剋摩擦日に加わるの風を見るは、まことに慨嘆にたえぬところであります。わが国の生活水準は、わずかに過去のストックと連合国の輸入物資により支えられ来ったのでありますが、そのストックの消耗とともに、一に輸入物資に依存せざるを得ない実情にあるのが今日であります。また輸入物資は、わが輸出の増進せざる限り、現状においては連合国の負担において輸入せらるるものであります。しかるにもかかわらず、現下のごとく労働争議の続発により、ひいて各方面に一致を欠き、民主政治の円満なる発達を妨げつつあるがごとき外観を呈するにおいては、わが国に対する国際の批判も自然低下し、連合国の同情も離れ、遂に物資の輸入も減退して、さらに国家経済再建の遅延せらるるのみならず、かくては講和条約の時期も自然遅延せらるるに至らざるかを恐れるものであります。ここに見るところあって、マッカーサー元帥は本議会後総選挙を勧告せられたものと想像いたします。議員各位におかれても、よくこれら現在各般の実情を直視せられ、この難局突破のために、はたまた国家再建のため、ぜひともますます十分の協力あらんことを切に希望いたします。

第四回国会の施政演説――昭和二十三年十二月四日

〔編集係記〕昭和二十三年十月七日芦田内閣崩壊の後、いわゆる山崎問題を経て、第三回国会において本書の著者が内閣首班に指名され、十九日第二次吉田内閣が成立した。少数党内閣として、国会の解散は必至であったけれど、解散権に関する疑問のためその事あるに至らず、芦田内閣当時のポツダム政令二〇一号の立法化（国家公務員の罷業禁止）が行われたのみで、人事委員会勧告による新給与関係の追加予算案等は、審議未了のまま次の第四回通常国会（十二月一日召集）に移された。そして第四回国会は新給与関係の予算並びに法律案を可決した後、いわゆる〝馴合い解散〟により衆議院の解散となった。

私は、第四回国会の初めにあたりまして、ここに施政の方針の演説をいたしますことを、欣快に存ずるものであります。

去月十五日、私の演説において述べました通り、現内閣は、芦田内閣総辞職後首班指名を受けた少数党内閣であります。この少数党内閣は、先ず国民の信を問うために、世論に従い、冒頭解散をいたすべきものと信じておるのであります。第三国会は、芦田内閣以来公約せられました公務員法及びその関係法規の制定のために召集せられた臨時国会であります。それゆえに、その通過のため、関係方面の斡旋によりまして、先月二十八日政府と社会党、民主党、国協党等主要政党との間に協定が成立いたしましたのであります。すなわち、政府は公務員給与及びその他緊急予算を第三回国会に提出し、野党はその予算の提出後二週間を経て不信任案を通過せしめて、衆議院を解散することになっておるのであります。その予算は去る二十九日提出せられ、現に本第四回国会において審議せられつつある緊急予算であります。従って、私の施政方針演説も、その予算を主としていたすものと、御了承願いたいのであります。

第一に、国家公務員法の改正に照応いたしまして、公務員の生活を保証し、その職務の能率的運営を確保するために、国民経済と国家財政の現状とをにらみ合せて、公務員に対する妥当なる給与対策を講ぜんとするものであります。

第二は災害復旧費であります。近時各種の災害が相次、罹災地方に対しては、まことに同情にたえないのであります。これが根本対策につきましては、組閣以来腐心し、苦慮しておるのでありまするが、とりあえず本国会に提出した予算中に所要経費の一部を計上いたしまして、迅速適切な処置を講ぜんとするものであります。

次に、現在なお海外在留者は四十余万に上っておりまして、四たび酷寒の寒い異境において越冬を余儀なくされておる状況は、まことに憂慮にたえないところであります。今後一段と引揚促進にあらゆる努力をいたしますとともに、引揚げ同胞及び留守家族の援護厚生につきましては万全の処置をいたしたいと考えておるものであります。

その他予算成立後の経済状況、殊に物価騰貴等の必要に基きまして、終戦処理費、価格調整費等の増額を計上いたしております。

他面政府は、我が党年来の主張によりまして、生産第一主義にのっとり、統制の整理簡素化、行政の整理、企業の合理化を断行いたしまするとともに、健全財政の方針を堅持いたしまして、収支の均衡をはかることを根本といたして財政計画を立て、一層健全な予算の編成に努力いたすつもりであります。

なお特につけ加えたきことは、文教刷新、民主教育の徹底であります。これが国家再建の根本であることは今さら申すまでもないのでありますが、新しい理想を目ざして発足いたしました新教育制度は、現に実施の途上にあるものであります。この完成のためには、今後容易ならぬ努力を要するのであります。政府は、能う限りの熱意をもちまして、その実質的な完成を期したいと考えております。

最後に申し述べたいことは、講和条約についてであります。先般第三回国会における決議にある通り、講和条約なき限り、わが国の独立は確保せられないのであります。講和条約促進のためにも、先ず第一に、わが国においては民主政治が確立せられなければならぬのであります。

新憲法の成立せる今日、これが運用を全からしむることは、その精神にのっとり、最も正しき憲法上の慣例をつくり上げることであります。この故をもって、我が党は、新憲法のもとに行われました最初の総選挙の結果を尊重いたしまして、首班を当時の第一党たる社会党に譲り、吉田内閣は総辞職をいたしまして、民主政治の趣旨精神の貫徹徹底を期したのであります。（発言する者多し）。

次に、主義政策を異にせる政党の連立内閣は、遂に内閣を弱体化し、敗戦後の国家再建を妨ぐるものと考えまして、当時我が民自党は入閣をがえんじなかったのでありますが、爾後一年有余、政局は安定を欠き、政党政派の離合集散続出し、経済は萎縮し、生産は振わず、紛擾また紛擾、ために片山内閣より（発言する者多し）芦田内閣に及び、遂に疑獄事件のために吉田内閣の出現に至ったのであります。

しかるに、さきの首班選挙にあたりましては、私を首班に推せるは百八十余、白票を投ぜるは二百有余にもかかわらず、首班の指名を受けて国会内における少数党内閣たるの事実の明白なる以上、早きに及んで正しい国民の批判に俟つことこそ、国民諸君の期待するところであると考えるのであります。公党たるものは、よろしく国民の命ずる、国論の命ずるがままに総選挙に当り、正しい民主政治を確立すべきものであると考えるのでありま す。

第二には、わが国復興再建でありまするが、わが国唯一の経済資源は生産的労働力であります。正直にして勤勉、企画的にして能率的なるわが国民の労働力が、その愛国的熱情をもってわが国再建復興に協力する事実の顕著なるに至ってこそ、外貨の導入となり、資材の供給となるのであります。すなわち、わが国経済の復興が世界の繁栄増進の一環をなすことを列国が承認するようにならなければならないのであります。

第三に、現下の疑獄事件に至りましては、わが国未曽有の不祥事件であります。政府は、これが究明に努め、再びかかる不祥事の起らないように努力したいと思うのであります。政府としては、強力に綱紀粛正の方途を講じ、政界の浄化と官紀の粛正をはかり、政治と行政に対する国民の信頼と列国の信用を回復しなければならぬと思うのであります。

以上申し述べました三点の達成により、わが国ははじめて講和条約を締結し、待望の国際団体復帰を許されるに至るものと信ずる次第であります。各政党は、しばらく党利党略を度外し、その主義主張に基いて互いに切磋琢磨し、わが国再建復興のために、公党として民主政治の確立、経済復興に努力せられたいものと、私は切望してやまないものであります。

第五回国会の施政演説──昭和二十四年四月四日

〔編集係記〕総選挙の結果、民主自由党は戦後初めて一党派による絶対多数を獲得したが、総裁たる本書の著者は、昭和二十四年二月十一日召集の第五回国会において、重ねて内閣首班に指名され、十六日第三次組閣を完了した。然るにドッジ・ラインによる超均衡予算の編成に手間取り、同国会の施政演説はようやく四月四日に行われた。なお、第五回国会では大規模の行政整理を織り込んだ行政機関職員定員法が制定された。

ここに現内閣の施政の方針に関して一言する機会を得ましたことは、私のまことに欣快とするところであります。

思うに、国民は今回の総選挙におきまして、終戦以来の苦しき経験に鑑み、安定せる政局のもとに、わが国の再建を健全なる保守政党に託さんとして、われわれ保守政党を圧倒的に支持したものと考えるのであります。ここに政府は着々所信を断行いたしまして、もって国家の復興再建を成就し、外は連合国の好意と援助にこたえ、内は国民の輿望と負託にこたえんとするものであります。

十年間にわたる無謀なる戦争による、名状し難い破壊と混乱の跡始末をなし、わが国の復興再建をはかるために、挙国一致協力、この痛ましき現状を直視して、一大決心と覚悟のもとに、敢然として将来の大計を立つべきときと考えるのであります。

昨年十二月二十九日、マッカーサー元帥の私にあてた九原則を含む書簡及び最近におけるドッジ氏声明は、すべて右の趣意に出でたものであります。私も、この線によるにあらずんば、わが国の再建はできがたしと衷心より信ずるものであります。

今回提出せんとする予算はこの九原則及びドッジ氏の声明を了承いたしまして、政府の責任においてこれを具体化したものであります。政府は、幾多の困難なる事情あるにかかわらず、まずもって均衡予算を作成し、真の自立再建をはかる決心であります。しかしながら、敗戦後今日に至る間、わが経済は非常に縮小し、わが財源は極端に枯渇し、重税に国民はいまだかつて見ざる苦痛を感じつつあるのであります。まことに憂慮にたえざる事態であります。ゆえに政府は、根本的に行政財政等の改革を断行し、均衡予算案実施の途上においても税制及び徴税方法の改善をはかり、他面、歳出の面におきましても、さらに現実に節約を期し、でき得る限り国有財産を処分し、その実績を得るに従って臨時国会を召集し、予算の補正、国民の負担軽減をはからんとするものであります。

真の安定と進歩とは、国家的諸問題を健全なる財政通貨の政策により処理することに立脚しなければならないのであります。有効な安定をもたらすためには、財政政策の基本的手段たる政府予算とすべての政策決定とを関連せしむることが必要なのであります。過去においてインフレーションを激化せしめたものは、主として政府であります。今日の段階においてこれを終熄せしめなければ、国家経済の破滅を来すほかないのであります。補給金、投資その他一般費目から支出を削ることは、政府にとってはなはだ困難なことでありまするが、これは必ず実行しなければならないのであります。

また、わが国の現状を見まするに、日本の生産指数は、米国の援助資金の大幅な累進的増加によりまして上昇しており、輸入超過額も増加し、輸出入の不均衡は年々激増しつつあるのでありますが、わずかに米国の援助資金によって、つじつまを合せておるような次第であります。この現状は、国家経済上看過しがたきところであります。経済の終局的安定をはかり、徹底的にインフレーションを終熄せしめ、さらにゆたかなる経済的発展を遂げ、祖国を自立再建するためには、国民生活にたとい一時容易ならざる影響があるといたしましても、国民最大多数の究極における幸福のために断じて行わねばならぬところであります。でき得る限り早く光明のある未来を招来するためには、手術は早きを必要とし、国家をしてこの手術に耐えしむるためには、一に国民諸君の不動の信念と熱烈なる愛国心の協力に俟たねばならないのであります。連合国、特に米国の日本に対する深い理解と絶大なる援助は、われわれの衷心より感謝にたえないところであります。しかしながら、われわれとして最も大切なることは、でき得るだけ早くこれらの援助なくして自立し、祖国を復興することであります。私は、連合国の恩恵のみに依存することなく、国民みずから強烈な自主的精神と、耐乏生活に徹した努力とによって、すみやかに再建を成就する決心を八千万国民がこぞって固うせられることを切望してやまないのであります。英国国民が非常なる決心のもとに経済的自立を目ざす協力一致の態度は、まことにもってわれわれが最も学ぶべきところと信ずるのであります。私は、現内閣が今後遂行せんとする強力にして責任ある政策に対し、国民諸君が全幅の後援と鞭撻を与えられんことを切望してやまないのであります。

ここに一言いたしたいことは、近く設定を見る運びになっております単一為替についてであります。単一為替レートは、申すまでもなく貿易振興、外資導入のため必要かくべからざるものであります。現在の日本経済は、一応表面的には安定の段階に達したように見えますが、その実は自力によるものでなく、米国の援助と支援によって支えられてあるのでありまして、内面に幾多の不安要素を包含しておるのであります。また、たとい単一為替レートの設定を見ましても、健全なる経済力の回復がなければ、これを維持し得ることはできないのであります。また、経済に必要なる外資の導入も期しがたいのであります。なおその他輸出産業の刷新とか、農業の振興改良とか、失業対策、災害対策、文教の刷新、科学技術の振興、道義の高揚等、これことごとくみな重要な問題でありまするが、これらの施策については、順次所管大臣から説明があるはずであります。

なお、海外同胞引揚げについて、外務大臣として一言いたします。これまで約六百十余万の引揚げを了しておりますが、いまだなお四十余万の同胞が、厳寒の地に四たび越冬を余儀なくせられておることは、まことに遺憾なことでありまして、その親戚故旧及び家族に対しては、まことに同情にたえないのであります。連合軍司令部も非常なる同情をもって引揚げ完了に尽力し、相手国との交渉に不断の努力を払っておらるる結果、相手国もわが国の事情は深くこれを了としておりますから、本年中には引揚げを完了し得ると私は考えるのであります。

この機会に一言つけ加えまするが、近ごろ、わが国の国際情勢より来る将来の危険性に関連し、いろいろなうわさが生じておるのでありますが、これは大戦後常に生ずる状態でありまして、いずれの国も、今日戦争の記憶は今なお新たなるものがあるのであり、いずれの国も、平和を欲する国はあれ、戦争を欲する国はないのでありますから、国民諸君におかれても軽々しく海外の情報に迷わされることなきよう希望してやまないのであります。

また最近、学術、宗教、赤十字、労働、通商等の諸会議にわが国の招請せられるものようやく多く、また通商使節として海外渡航を許される者のだんだん多きに至っておりますことは、まことに喜ぶべき現象であります。

また国内事情において、極右、極左というような言葉がよく使われるのでありまするが、これはためにするものの言うところであって、現在国民の大多数は、安定せる政局のもとに経済再建を強力に衷心よりこいねがって、その道に邁進協力して行こうと決心しておる国民であることは、私は信じて疑わないのであります。しかしながら、またあらゆる手段を通して祖国の再建を妨害するものがあることは、（発言する者多し）これまた遺憾ながら明らかなる事実であります。少数でありましても、とにかくそれの存在することは事実であることを認めなければならぬのであります。（発言する者多し）

これを要するに、このたび提出の予算案は、戦後のわが政府が当然実行しなければならなかったことでありますのを、今日までゆるがせにしておったものであります。（発言する者あり）政府は、ポツダム宣言及び九原則を含むその他の管理政策を熱意をもって誠実に遵守履行し、国民はこぞって経済的愛国心により自主経済並びに民主政治を確立し、世界列国が一日も早く栄誉ある国際社会の一員としてわが国を迎え入れるに至らんことを、私は切に国民諸君とともに希望するものであります。

ここに政府の施策大綱と私の衷情とを披瀝し、あえて国民諸君の協力と奮起とを衷心より切望いたすものであります。

第六回国会の施政演説——昭和二十四年十一月八日

〔編集係記〕総司令部の指令に基き、食糧の超過供出を法的に強制する立法たる食糧確保に関する臨時措置法改正案は、第五回国会以後継続審議に附されていたが、昭和二十四年十月二十五日召集の第六国会（臨時）においても審議未了となり、閉会直後ポツダム政令によって処置された。

本日ここに施政方針に関し私は所見を述ぶることを欣快といたします。

今日国民が最も熱望いたしておりますことは、平和条約締結の一日も早からんことであります。最近外電はしきりに米英両国が条約準備中の旨を伝えております。これは米英の、わが国民の終戦以来自省耐乏、条約及び占領政策を誠実に遵守した等の努力に対する好意ある理解の結果と私は考えるのであります。

独立を回復して国際団体に復帰の日のようやく近からんことを考えます時に、まことに諸君とともに御同慶の至りであります。ますますその実現を確実ならしむるためにも、わが国が国際社会の一員としてはずかしからざる民主文化の国家であることを内外に実証することが、唯一の確実ならしめる方法であると考えるのであります。米国政府の勧奨により、最近学術、労働、通商等各般の国際会議にオブザーヴァーとして招請を受くることようやく多く、外国との交通の自由も漸次回復いたしまして、各種の国際協定への参加、通商協定の締結等、事実上国交回復の実をあげつつありますことは、まことに喜ばしいことであります。

最近、原子力の問題に関連いたしまして、わが国においても、わが国の安全保障について国民の関心を一層深くいたしておりまするが、わが国の安全を保障する唯一の道は、新憲法において厳粛に宣言せられたるがごとく、わが国は非武装国家として、列国に先んじてみずから戦争を放棄し、軍備を撤去し、平和を愛好する世界の輿論を背景といたしまして、世界文明と平和と繁栄とに貢献せんとする国民の決意をますます明らかにいたしまして、文明国世界のわが国に対する理解を促進することが、平和条約を促進する唯一の道と私は考えるのであります。つらつら敗戦の過去の事実を回想いたしまするると、過去において、たまたまわが国が国際情勢に十分の知識を欠き、自国の軍備を過大に評価し、世界の平和を破壊してはばからざりしことが、逆に歴史を汚し、国運の興隆を妨げ、国民に、その子を失わしめ、その夫を失わしめ、その親を失わしめ、世界を敵として空前の不幸を持ち来したのであります。軍備のないことこそ、わが国民の安全幸福の保障でありまして、またもって世界の信頼をつなぐゆえんであります。また平和国家として世界に誇るに足るゆえんであると私は確信致すのであります。ゆえに私は、国民諸君が国をあげて、あくまでもこの趣旨に、徹底せられんことを希望するとともに、国民がかく覚醒することを私は信じて疑わないのであります。

政府は先にドッジ氏の勧告に基き、まず本年度におきまして、終戦後初めての均衡予算を編成し、経済安定政策を実行し来ったのであります。幸いに米国の好意ある援助と国民諸君の努力とによりまして、インフレーションも現段階においてはその進行を停止し、国民経済はここに安定、正常化いたしまして、さらに積極的、本格的復興の段階に進みつつあることは、まことに諸君とともに御同慶に存ずるところであります。

また先般来訪のシャウプ博士の熱心なる調査研究の結果たる報告書に基き、マッカーサー元帥は、私に対して税制改正の勧告書を寄せられたのであります。政府は、右勧告書に基いて、現下の国情に適する広汎にして合理的なる租税制度を確立せんとして、目下成案を急いでおるのであります。

税制は政治の出発点であります。租税は歳出を基礎として課せられるべきものであります。税制及び課税の方法が公正にして民度に適合して初めてここに善政が生ずるのであります。国民の生活が安定するのであります。しかるに、多年軍備及び戦争遂行のために税制及び課税に多くのむりを来し、また不当にして公正ならざる徴税をあえてしてはばからざるの風を生じましたことは、遺憾千万であります。この積弊は一朝にして払拭することは不可能でありますが、この積弊が改められて、ここに初めて国民の生活が安定し、政治が明朗となるのであります。政府も国民も相協力してこれが是正に努力いたさなければならないのであります。

国民負担の軽減と災害復旧とは当面の急務であります。政府は、本年度の予算の執行にあたりまして、行政費、価格差補助金等各般の助成金の節減のほか、極力歳出の節約をはかり、これによって捻出した額をもって諸税の軽減をはかるとともに、応急の災害復旧費に充てんとするものであります。昨年度においては、さらに不急不要の歳出を圧縮し、もって諸税の調整軽減をはかる考えであります。

最近における累次《るいじ》の風水害は、再建途上わが国経済に至大な障害を与えておるのでありまするが、まことに罹災地方に対して同情にたえないのであります。しかしながら災害の原因には異常なる降雨量にもよりますが、一面、多年治山、治水、利水、電力資源開発等を含む根本的総合国土計画が欠如しておったということにも原因いたしておると考えるのであります。ゆえに政府は、この根本的総合国土開発施策を樹立いたしまして、所要の経費を計上し、強力にこれを推進実行し、かねて公共事業費による失業問題解決にも資せんとするものであります。

文教の基本を確立いたしまして、民主国家を担当するにふさわしい国民を育成することは、今日に於て最も重要なる国務の一つであります。政府は特に初等教育に力をいたし、健全なる思想と円満なる常識とを涵養せしむるに必要なる施設を充実完備せんといたすものであります。

行政整理は去る九月末をもって完了いたし、来年度約二百余億円の行政費の節約をいたすことになったのであります。さらに進んで中央地方を通じ、行政制度全般に亘って検討を加え、各種の統制経済の廃止、整理とともに、真に合理的であって簡素なる行政機構を設け、一面各種補給金も漸次削減いたしまして、極力歳出の節約に努め、均衡財政方針を堅持するとともに、国民経済の基礎をますます強化いたしたいと考うるのであります。いずれの時代、いずれの国に於ても、政府及び地方庁は国内最大の消費者であります。少しく油断すれば、行政費はとかく濫費《らんぴ》せらるるのであります。戦後わが国復興のために何としても行政を簡素化し、行政費の節約をいたさなければならないのでありますが、ややともすれば官吏の増員、政府の援助救済資金の増加を要求するの弊が今なお政府内外にやまざることはまことに遺憾であります。国家公務員の一部には官権を濫用して苛政を行い、行政手続をいたずらに煩瑣にして、国民の怨嗟の的になっておることは、おおうべからざる事実であります。政府としては、この積弊排除に十分の注意を払いたいと考うるのであります。歳出縮減、行政の簡素化も、国民諸君の協力、監視を得なければ実現ははなはだ困難であります。私は、これがために国民諸君の最も理解ある協力を切望してやまないのであります。

戦後、物資の極度に欠乏する場合は、自由経済に移行する段階として、統制も止むを得ないのでありまするが、幸い米国の援助及び生産の回復により、今や物資の統制を不必要とするもの、または有害とするに至れるものははなはだ多く、従って政府は従来統制の整理もしくは廃止に努力して来ましたが、本年に至り、野菜をはじめとして、石炭、銅、非鉄金属、まき、水産物等多数を統制よりはずすことができました。なおこれに伴い、各種公団は大幅に整理または廃止を断行する所存であります。

またさきに単一為替レートが国民の予期せる額より円安に設定せられて、貿易振興に寄与いたしたことは、諸君御承知の通りであります。ポンド切下げは、わが国輸出に一時はある程度の困難を加うるでありましょうが、三百六十円レート設定の当時、すでに三百円説あり、三百三十円説があったのでありますが、将来の内外の経済環境を勘案いたしまして三百六十円に設定いたしたのであります。政府は、生産費の切下げ、品質の改善等によって販路の開拓に資するとともに、三百六十円レートをあくまでも堅持する考えであります。もし政府が、この際現在の円為替レートを堅持することなく、わが国内外もまた、いたずらに切下げを待望するが如きものがありましたならば、ただに輸出を阻害するのみならず、ようやく安定しつつあるわが経済を脅かすこととなるのであります。現に英国に於いても、ポンド切下げが早計であったというような輿論が一部に発生いたしておるのでありますが、これはわが国においても最も有益なる参考資料といたすべきであると考うるのであります。他方、貿易協定の締結、貿易統制管理の大幅の緩和等、輸出貿易進捗に政府はますます努力いたす考えであります。

また国際信義を守り、わが国の対外信用を高むることの大切なることは、申す迄もないのであります。政府は、戦争以来久しく停止いたしました外貨債の償却を再開する用意をいたして居ります。このことを、この機会において重ねて私はここに宣明いたしたいと思うのであります。

次に、農地改革によって農村は自作農本位に再編成されましたが、政府は、今後における国際情勢、経済情勢の変化に順応いたしまするよう、農家の経営の安定を図り、農業の基礎を確立するため、適切なる農業政策を樹立実行いたすつもりであります。

今日賃金ベースの改定について論議せられておりますが、賃金の改定は、ただちに物価に影響を及ぼし、再び物価と賃金との悪循環を誘発する恐れがありまするから、政府はその改定を行わず、又減税と諸手当の充実、厚生施設等に注意いたしまして、極力実質賃金の増加をはかりまして、公務員の生活の安定をはからんといたしておるのであります。

数千万に上るわが労働力は、わが国に残されたる最大の資源であります。最近我が国労働運動は、ようやく健全にして建設的なる方向をたどり、労働の生産性が高揚しつつあることは、私の深く喜びとするところであります。行政整理、産業合理化の進捗の結果、相当数の失業者の発生をする恐れのあることは、まことに憂慮に耐えない所でありまするが、政府は、これが当面の応急策として、公共事業を拡充し、災害復旧事業、国土資源開発事業等に可及的多数の労働者を吸収するとともに、他面において緊急失業対策事業、失業保険制度の適切なる運用と相まって、失業者の生活を安定せしめんといたしております。しかしながら、畢竟産業の振興、輸出の増進によって、ただに現下の失業者を救済するのみならず、新たなる労働の需要を誘致して、雇用の増大をはかる以外に失業対策はないのであります。政府はこの点に十分の注意をいたしたいと存ずるのであります。

在外邦人の引揚げに就きましては、終戦以来総司令部の非常な尽力により、各関係地方より昨年までに六百余万の送還をせられたのでありますが、さらに又、本年六月下旬より現在に至るまで約八万五千人が送還されたのであります。しかしながら、いまだシベリヤ、中共地区等に多数の同胞が残って居りまして、寒気に向わんとする際、まことに心配に耐えないのであります。今後とも関係方面の援助を得て、その引揚げ促進のため一層の努力を払いたいと考えております。

なお、過般国家公務員法に基き、人事院規則をもって政府職員の政治活動を規正致しましたが、これはまことに適切かつ必要なる措置であると考えるのであります。国家の奉仕者たる政府職員が、その公正な立場を保持するため、その行動に若干の制約を受くることは、当然であると私は信ずるのであります。

およそ戦後に於ける生活難に伴う社会不安が外国の矯激なる思想を誘致し、国家を破壊と混乱に陥れんとするものの生ずることは、世界各国にその例を見る所であります。わが国に於ても、自由と人格とを無視する暴力的、破壊的傾向の一部少数分子が近時治安を乱し、経済復興を阻害するが如き好ましからざる事件を頻発せしめましたることは、はなはだもって心外に存ずるところであります。国民諸君は、批判力と自主的勇気とを堅持して、治安及びわが復興を妨害するものに対して敢然これを排除し、国家の再建に国をあげて努力して他を顧みざることを、私は信じて疑わないのであります。又矯激なる思想を抱くものといえども、経済生活が安定し、健全なる国民思想が普及し、国際の環境が明朗となるとともに、自然愛国的民族意識に立ち返るの日のあることを、私は確信して疑わないのである。政府は国民諸君の協力を得て、国家の平和と秩序維持に万全の措置を講ずる決心であります。

以上のほか、中小企業対策、農林、水産業振興、運輸交通、通信の改革、社会保障制度及び地方財政の確立等は、ことごとく重要な時務でありまするが、所管大臣より詳細説明いたすはずであります。

第七回国会の施政演説——昭和二十五年一月二十三日

〔編集係記〕シャウプ勧告に基く税制改革関係諸法案は、昭和二十四年十二月四日召集の第七回国会（通常）で審議されたが、その大半は成立したけれど、地方税法案は参議院で否決され、両院協議会でも成案を得るに至らず、次の臨時国会の召集を必要とした。

第七回国会開会に際しまして、ここに施政の方針を述ぶるは、私の欣快といたすところであります。

終戦以来四箇年有余、同情ある外援と国民の努力によりまして、食糧事情は緩和せられ、生産は漸次回復し、貿易また増進致しまして、財政の均衡を得るとともに、インフレは終熄し、今や国家復興によみがえらんとする国民の意気とみに旺盛なるの概あるは、まことに御同慶の至りであります。

経済の安定は自然政情の安定を促し、民主主義は国民の間にますます根底を固め、健全なる発達をいたしておることは、諸君御承知の通りであります。過激思想に対して、国民は正確なる判断のもとに、これを支持せざる事実は、累次の各種選挙において、はなはだ明瞭なる事実であります。すなわち各政党の得票に徴しまして、この事実ははなはだ明瞭と私は信ずるのであります。労働運動は、矯激、挑発的傾向より、漸次合法手段によって労働階級の利益の保護増進に努めんとし、穏健なる歩調をたどっております。わが政治経済の安定は、自然連合国の好意と期待とをもって迎えられ、対日講和の機運を醸成しつつあるは、諸君のつとに感知せらるるところと信ずるのであります。

隣邦諸国を顧みますれば、中国の政情ははなはだ安定を欠いておるのみならず、その外交関係はしきりに紛糾を加え、東南アジアもまた共産分子の活動に非常な脅威を感じておるのであります。極東の平和のために、誠に憂うべき事態であります。この間、ひとり我が国は、復興再建の曙光に一層の希望を抱き、新年を迎えて新日本建設の決意を新たにするの状あるは、まことに邦家の大慶であるのであります。国民は講和実現、国家の復興、東洋の平和のために相率いてますます努力をいたすべきときと私は信ずるのであります。幸いに講和条約成り、国際団体の一員として再び国際間に活動の自由を得るにおきましては、国民は一段と矜持を高むるとともに、新たなる希望に燃えて、政治経済活動に一層の光彩を添うることと考えます。その機会の一日もすみやかに至らんことを私は切望致してやまないものであります。

さきに臨時国会におきまして、講和問題につき種々論議せられましたが、全面講和の何人もこれを希望するのはもとよりでありますが、しかしながら、これは一に国際の客観情勢によることでありまして、我が国の現状と致しましては、いかんともできないことであります。また、我が国の将来の安全保障につき、内外多大の関心の生じていることは当然のことでありますが、我が憲法において厳正に宣言せられたる戦争軍備の放棄の趣旨に徹して、平和を愛好する世界の世論を背景といたしまして、あくまでも世界の平和と文明と繁栄とに貢献せんとする国民の決意それ自身が、わが安全保障の中核をなすものであります。戦争放棄の趣旨に徹することは、決して自衛権を放棄するということを意味するものではないのであります。我が国家の政策が、民主主義、平和主義に徹底し、終始この趣旨を厳守して行動せんとする国民の決意が、平和を愛好する民主主義国家の信頼を確保するにおきましては、この相互の信頼こそ、わが国を守る安全保障であるのであります。この相互信頼が民主国家相互の利益のため、わが国の安全確保の道を講ぜんとする国際協力を誘致するゆえんであるのであります。

今回ここに提出いたします明年度予算は、本年度予算同様、総合均衡予算の原則を堅持するものであります。また既定の経済安定復興政策を、さらに積極的に遂行せんとするものであります。総合均衡予算は、既往昭和六年以来初めて現内閣においてここに編成せられたものであります。ただ真の均衡を確保し得たるのみならず、明年度は本年度に比して約八百億円の歳出入の節約を断行致します。九百億円の減税を実現致します。また約一千億円の公共事業費を計上致しまして、我が国経済の積極的復興をはかるとともに、教育費に約四百億円、災害復旧に四百七十億円、失業対策等社会対策諸費に五百六億円、その他の重要行政費に相当の額を計上致しまして、国民生活の安定向上に資せんとするものであります。

税制改革は国民多年の要望であり、また政治の源であります。政府は、シャウプ博士の勧告に基き、前国会に引続き、中央地方を通じ、すでに全面的税制の大改正を行わんと致しておりますが、なお進んでますます行政の簡素化、官庁、官業の合理化ないし統合を遂行いたしまして、財政の緊縮、課税の軽減をますます行うのみならず、地方行政調査委員会議の調査を待ちまして、地方制度をも改革し、健全なる自治の発達、地方財政の確立をはからんとするものであります。地方府県民諸君は、政府の趣旨のあるところを了承せられて、地方制度の簡素化、支出の節約、府県民の負担の軽減を自主的に実現せられるよう、切望してやまないのであります。

政府は、今回の公務員給与ベースに関する人事院の勧告には応じがたしとの結論に達したものであります。現給与は、実質的には昨年三月改訂せられたばかりでありまして、爾来物価は毎月低落の傾向にあるにもかかわらず、もし給与の引上げを行いますならば、遂に物価と賃金の悪循環を引起し、再びインフレに逆行することは勿論であるのみならず、減税、各種手当の適正なる支給、社会施設の充実整備等実質賃金の向上によりまして公務員の生活保障に努めんとするものであります。しかしながら、政府も目下の給与をもって足れりとするものではないのであります。財政の余裕を待ってさらに検討を加えまして、もって十分なることをいたしたいと考えておるのでありますが、公務員諸君もしばらく忍んで国力の回復に協力せられんことを希望いたします。

統制の整理撤廃は、我が党年来の政策でありまして、政府もつとめてその実現に力をいたし、統制品目の大部分を整理いたしましたが、なお明年度において更に大幅にこれを減少して、残存品目はこれを最小必要の限度にとどめたい見込であります。

鉱工業昨年度の生産は、戦前の八〇％に達し、一昨年に比し二割余の増加を示しております。ことに質的方面における向上の跡は、誠に顕著なるものがあります。貿易は漸次増進いたしまして、昨年の輸出は一昨年の倍額に上っております。最近輸出入ともに管理貿易より民間の自由貿易に移行せしめましたが、なお他面通商協定、海外渡航、政府出先機関、商社の支店の設置、船舶の増加に伴う可及的自国船舶による通商等、貿易の条件に改善を加えんと力を致しております。

食糧問題は著しく好転いたしておりますが、政府は、能う限り国内食糧を増産して自給度の向上を図るべき根本方針は、あくまでもこれを堅持する方針であります。また新たに農政審議会を設け、農地の改良保全、農産物の最低価格の維持等、農家経済の改善安定に資する施政に万全を期したいと考えておるのであります。

その他重なる諸般の問題につきましては、主管閣僚において説明するところによって御承知を願いたいと思います。

最後に特に一言したいことは、海外抑留同胞のことであります。現在なおソ連地区に残留しておる多数同胞の実情調査に関し……（発言するもの多し）先般東京において、シーボルト議長のもとに開かれた対日理事会の討議に基き、米国及び濠洲政府のとられたる措置に対し、政府は深甚なる謝意を表せんとするものであります。政府は、引続き本問題の迅速満足なる解決に全力を傾倒いたしたい考えでございます。

第八回国会の施政演説――昭和二十五年七月十四日

〔編集係記〕前国会で不成立に終った地方税法案の審議を主課題として、第八回国会（臨時）が、昭和二十五年七月十二日召集されたが、折から朝鮮事変勃発並びに、警察予備隊設置の指令を受けて、国会の論議は国連協力、自衛権、安全保障などの問題に集中された。警察予備隊は国会終了後、ポツダム政令によって設置された。

第八回国会開会にあたりまして、ここに施政の方針を述べることは私の喜びとするところであります。先ずここ当面の問題について所見を述べることに致します。

地方税改正法案の意図するところは、先に成立した国税関係の諸改正法律とともに、国税、地方税を通ずる国民租税負担の均衡及び軽減をはかり、併せて地方財源の強化拡充を通じて、我が国民主化の根幹たる地方自治及び財政の確立に裨益《ひえき》せんとするものでありますす。前国会に於いて地方税法案が不成立になりまして、結果は地方公共団体の財政運営の上にははなはだしく支障を来し、よって政府は各般の応急措置により当面の問題を救済いたしたのでありますが、すみやかに地方税制を確立することを政府は念願といたすものであります。政府は、これ等の事情を十分考慮し、その後に於ける事情の変化に即応し、また各方面の意見を尊重いたしまして所要の修正を加え、再び本国会に提出いたすのでありまます。もとより国民租税負担の軽減はきわめて重要なことでありまして、政府は引続きその軽減に努力いたしまするが、負担の軽減は国税地方税を通じて初めて出来るのであります。今回の改正案に依りまして、地方自治の強化を期し、かつまた租税負担の均衡をはからんとするものであります。地方税総額は増加し、税種によりましては若干負担が増加致しまするが、国税及び地方税を通ずる国民負担の総額は軽減致さるるのであります。

地方財政自立の結果と致しまして、今後各地方において歳出を節約し、地方民の負担を軽減すれば、それだけ地方民の負担を減ずることを得る次第でありまして、私は、地方財政は中央財政とともに一層緊縮節約せらるることを期待するものであります。

終戦以来、占領下すでに五年を経過致しましてやや国民の独立心、愛国心がいささか沮喪するに至ったのではないかと感じられる節あることは、誠に憂うべき次第であると考うるのであります。独立心、愛国心のなき国民が国際間において尊重せらるるはずはないのであります。早期講和は今や国民のあげて熱望するところでありますが、早期講和を期するにあらずんば、わが国民の愛国心、独立心の維持はむずかしいと考うるのであります。又早期講和を実現せんと致しますならば、国民及び政党があげて一致協力、既往の行きがかりの如きはこれを捨てて大同につき、国家再建復興のため、まず政治、経済の安定にともに全力を尽すべきものであると思うのであります。政府は、この全国民の要望を体し、講和に臨む国内態勢を一段と整備いたすために最善の努力をいたしておるのであります。幸い、最近米英等の連合国により対日早期講和の機運が強く擡頭いたして参っておりますことは、又対日講和の準備が進められておることは、外電等において諸君御承知の通りであります。

六月二十五日、突如として北鮮共産軍が三十八度線を越えて南鮮に侵入し、アジアの一角に紛争状態を現出するに至りました。国際連合においては、時を移さず加盟国大多数の同意を得て侵略者の武力制裁を決定し、平和回復維持に極力努力致しているのであります。しかしながら不幸にして、只今南鮮には混乱状態が現出しているのであります。この突発事件は決して対岸の火事ではないのであります。共産勢力の脅威がいかにすでに我が国周辺に迫っておるかを実証するものであります。赤色侵略者がいかにその魔手を振いつつあるかは、朝鮮事件によって如実に示されているのであります。この際国際連合の諸国が敢然として立って、多大の犠牲を顧みず被侵略者の救援に出動いたしておりますることは、われわれの大いに意を強うするところであります。万一大戦争が勃発した場合、我が国の軍備撤廃の結果、わが安全保障はいかにするか、いかにして保障せられるかということは、国民が常に懸念するところであります。この懸念よりいろいろな議論が紛糾いたしておることは諸君御承知の通りでありますが、国際連合今回の措置は、我が人心の安定に益するところ多大であり、又我が人心に影響するところ多大であると考うるのであります。我が国としては、現在積極的にこれに参加する、国際連合の行動に参加するという立場ではありませんが、出来得る範囲においてこれに協力することは、きわめて当然のことであると考うるのであります。

かかる事態に直面致しまして、いまなお全面講和とか永世中立とかいうような議論がありまするが、これはたとい真の愛国心から出たものとしても、全く現実から游離した言論であります。みずから共産党の謀略に陥らんとする危険千万な思想であります。我が国の安定は、我が国民自身が進んで平和を愛し、国際正義にくみする国民の精神態度を中外に明瞭にいたして、平和と秩序を重んずる自由国家とともに世界の平和に貢献せんとする国民の意気を明瞭に内外に表明することによって来るのであります。すなわち、やがて自由主義国家の一員として迎えられ、わが国の安全が保障せらるるにいたるのであります。

国民一致して平和を確保し、民主主義制度の樹立に努力すべき今日、一部国民の間には、過激なる思想を鼓吹し、あるいは他人を煽動し、あるいは反米運動を使嗾し、ただに国内治安を紊乱し、国家再建復興を阻害するのみならず、あたかも我が国に於いて共産主義の激化しつつあるかのごとくよそおい、早期講和の機運を阻止せんとするもののあることは、誠に私の遺憾とするところであります。政府は、法の示すところに従い、特に治安の維持のために善処する考えであります。政府が先に日本共産党中央委員並びに同党機関紙アカハタの編集責任者に対し公職追放の手続をとりましたのも、又この趣旨にでるのであります。

政府は、かねて治安維持の必要上警察制度につきまして深く留意し、その研究を続け来ったのでありますが、去る八日、我が国の警察及び海上保安制度に関して、マッカーサー元帥より、最近の治安状況に鑑み、更に我が国の警察力を民主的諸国家の水準に達せしめるに足るまで、その数を増加すべきことを許容せられたのであります。又許されたのであります。又海上保安庁も、我が国の長い海岸線を不法な入国者や、あるいは密貿易から守るために、更により多くの人員が必要であることは明らかであります。政府は、我が国の治安に対し常に甚大なる関心を有せらるる連合国最高司令官の好意をすみやかに具体化し、少数不法の破壊分子に依る民主政治の攪乱を防止し、密出入国の取締りを厳にするため、その与えられた権限に基いて警察予備員七万五千を増加し、又海上保安庁定員を八千名増加し、従来の国家地方警察及び自治体警察と相俟って、我が国の治安の維持に万全を期せんとするものであります。

政府は、先に本年度予算編成にあたり、前年度に引続き均衡財政の大方針を堅持するとともに、その実施にあたっては財政と金融との一体的な総合調整に意を用いて居るのであります。今や物価も賃金も一応の安定を見、インフレの危険は去ったのであります。これはまさに国民全体が誇るにたる安定計画の成功であると考うるのであります。政府は、この安定を更に強固にし、復興再建への基盤を一層充実するため、先に財政経済の新政策を決定し、これが実現のために着々準備を進めて居ります。

国民生活の向上については政府の常に意を用いてきたところでありますが、なかんずく公務員の給与べースにつきましては、インフレ抑圧、財政均衡の目標に向って公務員諸君の協力をえたことを満足に考うるものであります。今や財政の均衡を得、経済又安定の度を加えた今日におきまして、政府は更に行政諸経費の節減をはかると同時に、国家財政の許す限度、時期において給与べースの増額に資せんとするものであります。

今、貿易の推移をみまするのに、昨昭和二十四年度における輸出入ともそれぞれ前年に比し増加を示し、更に本年四月には戦後最高の実績を見るに至ったのであります。しかしながら、いまだ経済自立への規模に到達するにはほど遠いものがあるのであります。政府としましては、貿易振興のため、協定貿易の促進、海外市場への拡大、ことに先般設置致しました米国内在外事務所の効果に鑑みまして、更にスターリング地域にも在外事務所を設置し、かつ輸出金融機関の設置に努力するとともに、従来の統制を大幅に撤廃し、世界市場への参加に資せんとするものであります。

失業対策は政府の常に関心を有するところでありますが、失業の情勢は必ずしも楽観を許さないのであります。政府としては、輸出産業を中心とする民間産業の振興をはかるのほか、都市及び農村を通じ昨年度に倍する約一千億円の公共事業の実施等による雇用量の増加を失業対策の根幹といたしまして、失業情勢の変化に即応して、本年度失業対策事業費の残余三十億円を一応繰上げ使用する等によりまして、応急対策の機動的運用並びに失業保険法の改正によりまして、失業者なかんずく日雇い労働者の就職の確保と生活保護に出来る限りの努力を傾ける考えであります。

以上、当面する問題の大要につきて政府の所信を述べた次第であります。

第九回国会の施政演説——昭和二十五年十一月二十四日

〔編集係記〕　補正予算案並びに地方公務員法案などを審議するため、第九回国会

（臨時）が昭和二十五年十一月二十一日召集された。

本日ここに提出の……（発言するもの多く、議場騒然、聴取不能）所見を述ぶる機会を得ました事を欣快と存じます。

最近、外電は対日講和の近きを報じ、米国を中心として関係諸国間予備交渉が進められつつある趣でありますが……（発言するもの多し）これは長い間講和を待ち望んで来たわれわれ日本国民にとって、まことに喜びにたえないところであります。一日もすみやかに、一国とでも多く講和をいたしたいと切望いたしておる我が国民としては、平和国家、民主国家としての日本の再建に……（発言するもの多し）さらに一段の努力を傾注すべきときであると信ずるのであります。

なおこの機会に、政府は、スウェーデン国王グスタフ五世陛下の崩御に対し深く哀悼の意を表するものであります。スウェーデン国は、戦時中わが国の利益代表国として在外邦人に対し多大の好意と庇護とを与えられたるのみならず、戦後も変らざる好意を寄せられておることは、誠に感謝にたえません。新国王グスタフ・アドルフ陛下は、先年現皇后陛下とともに、我が国を訪問せられ、京都、奈良のわが国に保存せられたる東洋文化につき、非常に興味をもたれ、わが国に対し深き理解を有せられる方であります。私は陛下の御即位に対し、つつしんで慶祝の意を表するものであります。思うに、日瑞関係は陛下の御即位によりまして、一層親善を加うることを信じて疑わないのであります。

先ごろ予期せざる朝鮮事変の勃発を見たことは、きわめて遺憾のことであります。これは我が国民にも多大の衝動を与えたのでありますが、われわれはまた韓国民に対し誠に同情にたえざるものであります。幸にして国連軍の適切果断の処置により事変の終熄がはかられつつありましたが、本日マッカーサー元帥自ら陣頭に立って全軍を指揮し、北鮮の戦闘をただちに終結せられんとする趣であります。これにより朝鮮全土のすみやかなる平和回復も期待せられ、誠に慶賀に耐えないのであります。東亜、ひいては世界の平和のために一日も早く安定が回復することを希望してやまないものであります。

政府がここに提出の昭和二十五年度の補正予算の大要を申し述べますが、まずわが国の経済の自立性を確立するため、価格調整費は当初予算よりもさらに大幅な減額を行うとともに、災害復旧費、失業対策費等にそれぞれ相当額を計上することに致したのであります。

公務員の給与につきましては、政府は財源や経済全般への影響の関係につき研究中のところ、今や経済状態も著しく安定の度を加え、また財源にも若干余裕を生じましたので、この際公務員の給与改善につき考慮を払いました。政府としては今後も引続き行政機構の簡素化、定員の減少に努め、もって冗費の節約を一層徹底して行うことは勿論であります。

なお政府は先般大幅な税制改革を行い、国民の租税負担の軽減をはかったのでありますが、今なお負担は相当に重いのであります。今後一層の減税を加えたいと考えておるのであります。

以上が本年度補正予算の大綱でありますが、国民の精神的方面の作興、すなわち文教の振興の重要なること今日にしくものはないのであります。最近民主的秩序を暴力をもって破壊せんとするものの行動は国民多数のいるるところとならず、その勢力も逐次衰退しつつあるのでありますが、一層この際教育に思いをいたし、健全なる国民思想の涵養をはかるべきものであると、かたく信じておるのであります。

さきに国家公務員法が公布せられましたが、ここに地方自治の直接の担当者である地方公務員に対し地方公務員法案を提出いたすことにしたのであります。またこれによって中央地方を通じ民主国家にふさわしい公務員制度の完成を期せんとするものであります。

政府は昨年二月公職資格訴願審査委員会を設置し、爾来同委員会は熱心かつ慎重に審査を進めて参りましたが、その結果、一万有余名に対する特免を発することを得たのであります。これらの人々が今後我が国の自立再建に貢献せらるることは期待致して誤らないと考えるものであります。

わが国の経済安定復興のため貿易の振興の要をますます痛感せらるるのでありますが、現在までに二十四の通商協定が成立し、在外事務所の設置、邦人の海外渡航の機会の増加、その他通商振興のための諸問題が漸次解決しつつあるのであります。特に最近輸出が飛躍的に増進いたしておりますことは、我が国貿易の前途のために誠に賀すべきことであります。政府は更に貿易に伴う資金の円滑なる供給を確保するため、輸出銀行を設置する所存であります。また輸出振興の基盤として我が国中小企業の占める重要性は政府のつとに認むるところであります。特にその金融については、すでに見返り資金のわくを拡げる等の措置をとったのであります。

電気事業再編成法案は、前々国会において不幸にして成立することができなかったのでありますが、本問題は集中排除法に基き一日もすみやかにこれを実現する義務であるのであります。また我が国の電源、ことに水力発電の開発により電力の供給を豊富ならしめることの必要は申すまでもないことであります。かかる事情のもとにおいて、政府は今般電気事業再編成令及び公益事業令をポツダム政令をもって公布するのやむなきに至ったのであります。

災害対策は、我が国再建のため最も重要な問題の一つでありまして、政府としては、これについては最大限の努力を払っております。すなわち、既定公共事業費及び予備費を支出するほか、今回の補正予算にも相当額を計上致しまして、すでに発生した災害の復旧と災害防止の応急工事の迅速なる施行に努めるとともに、今後は治山治水費等の増額により、その根本対策を強力に推進し、併せて農業の振興及び食糧自給度の向上を期したいと考え、その施策に遺憾なきことを期しておるのであります。

最後に、在外同胞の引揚げについては、従来政府は懸命の努力を傾けておるのでありますが、総司令部当局の多大なる理解と不断の好意により、近く国連総会において正式に討議されることとなっており、すでにわが国よりも国民の代表が非公式に招聘されて渡米致しております。本問題が国際正義によりやがて解決せらるることを私は確信して疑わないのであります。

第十回国会の施政演説――昭和二十六年一月二十六日

〔編集係記〕昭和二十五年十二月十日召集された第十回国会（通常）は、休会明けの翌二十六年一月二十五日、対日講和促進を任務とする米国大統領特使ダレス氏の来日を受けて、議場の論議はおのずから講和問題に集中された。

ここに私は、第十回国会の開会に際し、施政の方針を述ぶることを欣快といたします。最近わが国の復興再建の機運とみに横溢し、昨年末には辺隅の地に至るまでまれに見るところの光景を呈したことは、まことに御同慶の至りであります。目を国外に転ずれば、朝鮮動乱は中共軍の参加とともに一層の紛糾を生じ、これを中心として冷たい戦争の様相を世界至るところに現わし来っております。この間に、わが国における共産主義者の跳梁はようやく影を潜め、治安上何等憂うべきもののなきことは御承知の通りであります。いな、わが国を民主主義の基盤として、極東共産主義制圧の一勢力たるの期待をかけられつつある国際的環境にあるのであります。この内外の情勢は、自然対日講和の機運をますます高めきたり、わが国が米英その他多数の民主、自由主義国家の間に伍する日の遠からざるを思わしむることは、わが全国民のともに満足するところと信ずるものであります。そのこに至らしめたるは、終戦以来わが国民の独立を思うの熱誠、愛国の至情であるのでありますまたこの熱誠なる至情は、つとに連合国、わけて連合国総司令官たるマッカーサー元帥の了解せられるところであり、久しきにわたりて終始かわらざる好意ある努力の結果であることを記憶すべきは申すまでもないことであります。

講和条約の問題は、自然わが国の安全保障に想到し、すでに種々論議の焦点となっておりますことは、もとより当然のことであります。わが国の安全は、国民みずからの力によって保障され、擁護せらるべきはもちろんであります。しかしながら、これをただちに再軍備に結びつけ、これを軽々に論断することは私のとらざるところであります。わが再軍備論は、すでに不必要な疑惑を中外に招いており、また事実上強大なる軍備は、敗戦後のわが国力の耐え得ざるところであることは明白であります。国の安全独立は、一に軍備軍力のみの問題ではないのであります。頼むべきは国民の独立自由に対する熱情であります。独立自由愛国的精神の正しき認識とその観念であります。この熱情及び正しき観念に欠くる軍備は、外に対しては侵略主義となり、内においては軍国主義政治となるのは、わが国最近の事実の経過に徴してはなはだ明らかなところであります。再軍備に対しては、国民諸君は最も慎重を期せられたいと存ずるものであります。

朝鮮の動乱は、国際連合の努力にもかかわらず、今なお解決を見ないことは、まことに遺憾とするところであります。もとより世界にわたる、民主、共産両陣営の間には根本的の対立が存在するのであり、従っていわゆる冷たい戦争は容易に解消しがたいのでありす。第三次世界大戦の勃発必至なるを思わしむるごとき神経戦は、今後ますます世界の至るところに激化することを覚悟しなければならないのであります。この間に処してわが国民に最も要望されるものは、一時的な戦局の推移に一喜一憂することなく、冷静毅然たる感度を持することであります。世界の自由と平和と正義を確立せんとする民主主義国家の目的は、必ずや究極の勝利を収むべきものと私は確信いたします。わが国民は、右顧左眄することなく、世界政治に民主自由主義の確立を目ざして他を顧みざるの気概を有すべきものであると私は存ずるのであります。

講和条約後わが国が真の独立国家として立ち上るためには、経済の自立を図るはもちろんでありますが、強く国民道義を高揚し、国民の自立精神を振起することが根本であります。これがため文教の振興に一段の力をいたしたいと考うるのであります。

政府の財政金融政策の基調とするところは、すでにかち得た安定の基盤の上に、経済の自立を目ざして積極的に努力を積み重ねて行くことであります。近時わが国産業界がますます活況を呈していますが、久しきにわたる戦中、戦後、わけて敗戦日本の復興回復は、まことに容易の業ではないのであります。国民一致協力、わが国経済の着実な復興発展をはかるべきものであると存ずるのであります。

今回提出いたしました昭和二十六年度予算案は、この構想によって編成せられたものであります。真の財政の均衡を堅持しつつ、産業経済の回復をはかるとともに、本年度に引続いてさらに大幅の減税を行わんと欲するものであります。前年来歳出の節減による減税に努め来ったのでありますが、なお国民は重税に苦しみつつあるのであります。政府は、行政の簡素化、歳出の節約とともに、税制及び徴税方法の改善に一段の努力を払いたいと考えるものであります。

産業金融政策におきましては、資本の蓄積と輸出入の振興に重点を置く所存でありますが、ことに輸入の促進につきましては、国際的軍備拡充の気構えに伴い、諸原材料はその価格が高騰するのみならず、各種の重要物資の入手がはなはだ困難なる現状に鑑みまして、国内資源の開発活用、輸入の促進をはかるとともに、必要なる船腹の増強にその力を注ぎたいと考うるのであります。なおまた電力、鉄道交通及び通信事業の公共性、及びこれが産業開発の根幹をなす事実に鑑みまして、これら事業の拡充、振興に一層の努力を払いたいと考えます。

政府は、わが国の農林水産業の現状に鑑み、これが発達奨励に必要なる公共事業費等を計上するのほか、長期資金の確保につき、近くこれに関する特別措置を講ずる考えでございます。

また最近台風等による被害がはなはだしく、政府は重要施策の一として災害対策を重視し、さらに積極的に治山治水、利水事業の総合計画を強力に実施する考えでございます。

わが国経済の自立振興のためには、労働秩序の安定が大切なことでありますが、幸いに昨年来、特需産業その他各種部門において雇用量は増加しつつあるのであります。政府は産業の振興によりさらに失業者の吸収をはかるとともに、失業対策事業費を増額計上し、失業者の就労の確保並びに生活の保護に努力いたしたいと存ずるのであります。

近来国民生活は漸次改善せられ、生活水準も向上しつつあるのでありますが、社会保障制度の整備及び結核の予防撲滅に注意し、政府は明年度よりその対策強化のため必要なる予算を計上いたしております。

政府は、一層地方自治の確立をはかるために、地方の税及び財政制度等をさらに整備する目的をもって関係法律案を提案いたします。

政府は、現下の内外の諸情勢に鑑み、警察制度の改正及び海上警備を一層充実いたす考えであります。

引揚げ問題に関して、いまなお多数の未還者のあることは、まことに遺憾に存ずるのでありますが、本件は先般国連総会にも上程せられ、わが国よりも代表が出席いたしたことは諸君御承知の通りでございます。幸い国際連合に捕虜に関する特別委員会が設置せられることになっております。この委員会の今後の活動に多大の期待を持っておるのでありますが、政府は目的達成のために、なお今後ともあらゆる努力を払う考えであります。

以上のほか、重要政務につき順次所管大臣より説明いたすはずでございます。

第十一回国会の講和問題報告演説（省略）

〔編集係記〕　第十一回国会は昭和二十六年八月十六日、第十二回国会は十月十日、いずれも臨時国会として召集され、前者においては講和問題の報告並びに全権の決定、後者においては平和、安全保障両条約の可決が行われたが、前者の全文並びに後者における講和条約の説明に当る部分は、第十八章十節（中巻）にこれを掲載したから、ここには省略する。

第十二回国会の施政演説——昭和二十六年十月十二日

（前段講和条約説明の部分は前記の理由により省略）

財政について申し述べますが、平和条約に基く、今後わが国の財政経済上の負担となるべき事項として、賠償、外貨債の支払い、連合国財産の損失補償等の他、対日援助費の処理、防衛費の負担等、今後経済に重大なる影響を及ぼす問題は少くないのであります。これ等条約に基く諸問題については、政府としては誠心誠意その処理に当るはもちろん、一方わが国の経済力の現況から見て、これ等負担が国民の生活水準に重大な圧迫を加えることのないよう万全の努力を払う所存であります。

補正予算については、今国会に提出する昭和二十六年度補正予算において、従来の健全財政の根本方針を堅持するとともに、最近における主食等の値上げに基く生計費の増加に応じて所得税負担の適正化をはかることとし、更に公務員の俸給の改善をはかる等の措置を実施いたします。産業の開発促進のため必要の資金の確保についても配慮を加うる考えであります。

行政の簡素化については、すでに一昨年相当規模の行政整理を断行いたしましたが、いまだに行政機構及び人員が、戦前に比較致しまするというと、昭和七年の公務員が五十九万人であったのに対し、現在百五十二万人であるというような顕著な増加となっておるのであります。よってこの際、わが国の国力に適応するとともに、近代文化国家の運営に真に必要な簡素強力な行政内容を基礎として、これを能率的に運営するにふさわしき機構と人員にいたしたいと考うるのであります。これがため、先ず事務の簡素化をはかり、また人員についても、現定員に対し、とりあえず十二万人程度を、来年一月一日より六箇月間の期間に整理することといたしました。これが実施のため必要な法律案を本国会に提出するとともに、政府関係機関については所要の予算上の措置を提案する所存であります。なお本整理による退職者については、財源の許す範囲で退職金等の増加支給に考慮をいたします。その失業対策としても、出来るだけの手段を尽す考えであります。

なお政府として国会、裁判所、会計検査院等の独立機関についても、国一般の行政官庁に準じて人員の整理を断行するよういたしたいと存ずる次第であります。

地方財政について——政府は、地方行政の改革についても、中央の行政改革に対応し、只今具体案を検討中であります。

食糧問題農林水産について——食糧事情は今や安定した状態になったのに鑑み、政府はすみやかに現行の主食の管理統制制度を撤廃する方針を決定致しました。よって今後も農林水産業の生産の増強を図りたいと存ずるのであります。

第十三回国会の施政演説——昭和二十七年一月二十三日

〔編集係記〕第十三回国会（通常）は昭和二十六年十二月十日召集され、昭和二十七年一月二十二日開会式が行われたが、この国会では破壊活動防止法の外重要法の制定が行われ、会期は七月三十一日に至る長期国会であった。この年の二月に日米行政協定が調印され、また平和条約発効に伴う諸立法（前記破壊活動防止法を含む）がこの国会に提案されたために、野党特に革新勢力の論難攻撃ははなはだしく、しばしば議事の混乱をもたらした。

私は、ここに第十三回国会開会に際し施政の方針を演説することを欣快といたすものであります。

平和条約は近く列国の批准を了して効力を発し、新日本として国際の間に新しく発足せんとするに至りましたことは、まことに御同慶に存ずる次第であります。そのここに至れるは、過去六箇年有余にわたり、八千万同胞が一致協力、国力の回復に渾身の努力をいたし、列国がわが民族の優秀性と愛国の至誠を認識せる結果にほかならぬと存ずるものであります。

わが国現下の情勢は、まず食糧の確保を基礎といたしまして、内外の諸環境と相俟って、日々安定を加え、労資の関係も漸次健全なる方向に向いつつあるのであります。わが国民所得は、昭和二十六年度においては四兆六千六百億円に達し、生産額は戦前昭和七年より十一年までを基準として一三八％となり、外国貿易は一昨年以来とみに激増し、輸出入総額は一兆二千億余円、三千五億ドルに達し、世界の軍拡景気に刺戟せられ、ますます活況を呈しつつあるのであります。ことにドル資金は昨年の末において五億五千万ドル、英貨は七千五百万ポンドを保有し、国家財政の基礎も堅実の度を加えて参っておるのであります。政府は、来年度以降においても均衡財政を堅持するに努めつつ、極力インフレ防止に力をいたして参るつもりでおります。

しかしながら、明治以来幾十年の国力の蓄積は、敗戦の結果一朝にして喪失し、多少の繁栄によって近時経済の基礎ようやくならんといたしておりますが、いまだ脆弱なるを免れないのであります。ゆえに、市場景気のささいなる変動により、ただちに経済界に影響し、一喜一憂するの現状でございますがゆえに、たとい平和条約発効により独立回復いたしましても、かかる脆弱なる財政経済の基礎においては、自立経済の達成ははなはだ困難と考えるのであります。

しかしながら、もしそれ産業の合理化、施設の改善、電力源の開発、外航船舶の増強などなるにおきましては、生産及び対外貿易は一層の進展を見るに至るべきことを確信いたすものであります。しかして、そのことたるや、一に外資の導入に俟つにあらざれば急速の発展は期しがたいのであります。外資の導入は、国情の安定、わけて政局の安定を見るにあらざれば期待いたすことができないのであります。政府は、国民諸君の協力をもって国情並びに政局の安定に極力力をいたす覚悟でございます。

次に、当面重要なる事項について政府の所信を述べたいと思います。

まず第一に外交関係でありまするが、各連合国における平和条約批准の状況は、現に順調に進行いたしておる模様であります。また日米安全保障条約に基く行政協定についても、近く具体的交渉が行われる予定であります。

今日、平和の維持、経済の発展は、自由主義諸国が互いに密接なる互恵援助の関係を樹立するにあらざればその実現は期しがたいのであります。政府は平和条約を基調といたしまして、国際連合の原則にのっとり、極力国際協力を推進いたしまするとともに、平和条約に調印しなかった諸国ともすみやかに国交回復を実現すべく、現に話を進めております。また中立国及びイタリア、ヴァチカン等の国々との間にも国交再開の話合いを進め、そのうち若干の国とはすでに外交関係再開の了解に到達いたしております。中立に関しては、平和条約に示された諸原則に従って国民政府との間に正常な関係を再開する条約を締結する用意がある旨を明らかにいたしたのであります。

また、わが国の国際連合加盟のすみやかならんことを希望いたしまするが、その加盟前においても、国際連合の行う平和維持の措置に対しては今後とも全幅の協力をいたす考えであります。

平和条約中の漁業条項と賠償条項に関する交渉は、政府としては十分なる誠意を持ってこれに当る決意であります。また日、米、加三国政府の代表者の間において、すでに北太平洋の公海漁業に関する国際条約案が一応妥結いたし、昨年末十四日に仮調印を見るに至ったのであります。これは関係各国において好感情をもって迎えられております。

また賠償については、すでにインドネシアの代表団と、賠償や漁業等の問題について協定を成立せしめる意向のもとに交渉を開始いたしました。フィリピン政府とは、賠償のための下交渉の準備を始めております。

なお、わが国と韓国との間における諸問題の解決のため双方の意見を交換し、相互に理解を深めておりまするが、近く本格的な会談を行うことになるものと考えます。

わが国の国際経済関係については、平和条約の効力発生後できるだけすみやかに関係各国と通商航海条約を締結する考えであります。特に日米の間の通商航海条約については、近く米国政府との間に具体的交渉に入ることになっております。

財政関係について申し述べますが、講和後に対処すべき明年度予算においては、わが国経済力の増強と国民生活の確保について万全の考慮を払いつつ、平和回復に伴う新たなる責任を遂行し、自立国家としての地位の確立を期したいと思います。すなわち平和回復に伴って、賠償、防衛負担費、国内治安費等を始めといたしまして、財政支出は相当に増加をいたしまするが、従来の均衡財政の方針を堅持するとともに、経費の重点的配分をさらに徹底せしめ、財政の規模をあくまでも国民経済力の限度に適合したものにとどめたいと存じております。経済規模の拡大発展をはかり、経済安定の基礎を確立するため、今後資本蓄積を強力に推進する措置をとりたいと考えております。また税制については、本年度において実施した改正を来年度においても強化維持し、国民負担の増加を避け、その適正化をはかることにいたしております。今後とも増税は避け、減税に努むる覚悟であります。

行政機構改革について申し述べますが、政府は、講和の成立を機会といたしまして、現行の複雑厖大な行政機構に根本的検討を加えて、極力行政の簡素合理化とともに国費の縮減を行い、簡素かつ能率的な行政機構に改めるがため国家行政組織法及び各省設置法等必要なる改正法律案を本国会に提案する所存であります。

また地方制度にも検討を加え、簡素にしてかつ能率的な地方行政の確立を目ざして、本国会に関係法律案を提出いたしたいと存じております。

国内治安関係について申し述べますが、現下の国際情勢を反映いたしまして、共産分子の国内の破壊活動は熾烈なるものがあると考えられるのであります。まことに治安上注意を要する次第であります。かかる事態に対処して、本国会に所要の法律案を提出する所存であります。

また産業、通商貿易関係について申し述べまするが、広く自由世界との通商貿易を振興するため、価格の低位安定と品質の向上に特段の努力が必要と考えるのであります。政府は、そのため必要な電力、石炭等の急速なる増強をはかると同時に、産業の合理化、生産設備の近代化及び技術水準の向上、特に最新技術の導入につき鋭意施策を講ずる考えでございます。

海運関係につきましては、政府においては、昭和二十四年以来、見返り資金の貸付等によって大型航洋船の整備拡充に努めた結果、本年当初において二百五十五隻、百五十万総トンの外航船腹を保有するに至っております。最近の情勢に鑑み、大型航洋船の建造、改造等に要する資金の確保に特別な措置を講じ、外航船腹の緊急整備をはかる所存であります。

労働関係について申し述べますが、労働者の福祉をはかりつつ労働能率を向上し、進んで国際的信用を維持高揚するがため、現行諸法規につき検討中でありまするが、このことは事態即応の当然の措置であり、経済の民主化、労働条件の国際的水準保持という基本方針に何等変更するものはないのであります。これに関する一部の危惧は、まったく当らざるものであります。

国民生活関係について申し述べますが、生産の増強も、貿易の振興も、また価格の安定も、帰着するところは国民生活の安定であります。終戦以来、逐年国民生活は安定の歩をたどり、生活水準も漸進的に回復を見ておるのでありまするが、食糧政策については前国会において明らかにいたしました通り、食糧事情は、全国農家の理解と協力による生産及び供出の好調と、食糧輸入の順調の結果、着々安定を見ておるのであります。従って、何等前途に不安はないのであります。しかしながら、国内食糧の増産による自給度を高めることは農業政策の大本であります。政府は、来年度において、食糧増産につき格段の予算措置を講ぜんとするものであります。

なお近時、災害による国土の荒廃はなはだしく、産業経済の復興と民生の安定をはなはだしく阻害しておる実情に鑑みまして、積極的に治山、治水、利水事業の総合計画を策定するとともに、道路の整備、住宅の建設に力をいたす考えでございます。

国民生活の安定と相俟って、文教の振興は政府の常に意図するところであります。特に国民教育の基本たる六・三制の義務教育については一層その充実向上をはかるのほか、産業教育を振興し、学術文化の高揚のために必要なる措置を講ずる考えであります。

引揚げ問題について一言いたしますが、いまなお多数の未帰還者のソヴィエトにあることは、まことに憂慮にたえないところであります。目下スイス国ジュネーヴにおいて開催中の国際連合の引揚げに関する特別委員会の主催する会議の招請に応じまして、帝国政府は——日本政府は代表三名を出席せしめたのであります。再度にわたり引揚げ問題について説明の機会を与えられるに至りましたことは、国連引揚特別委員会その他関係諸国の好意と援助とのたまものでありまして、日本政府は、これらの国々に対し深甚なる謝意を表するとともに、すべての連合国が国際連合を介し、または他の方法によって、これら日本人のすみやかなる帰還を実現するために、あらゆる努力と協力とを与えられるよう切望いたしてやまないのであります。

戦歿者の遺族及び戦傷病者に関しては、政府として、国家として、敬弔と感謝のまことを込め、慎重に審議研究を続けて参りましたが、今期国会にこの予算並びに法律案を提出する考えであります。

終りに臨んで一言いたしますが、新日本発足の門出において、私は国民諸君とともにさらに決意を新たにして、外、平和条約を基調とし、国際連合の原則にのっとり、国際協力を推進し、内、治安防衛を確保しつつ経済財政の基礎を強固にするがため、国民的一致協力、国力の培養に専心せんことを要望してやまないのであります。既往六年有余の苦難に耐え忍ばれたる八千余万の同胞の愛国の至情は、世界列国環視のもとに新日本建設の偉業を開く抱負と矜持を持って勇往邁進《ゆうおうまいしん》せられることを私は信じて疑わないのであります。

第十四回国会の施政演説（解散のため行われず）

〔編集係記〕昭和二十四年一月の選挙による衆議院議員の任期満了が、通常国会の期間中に到来するため、第十四回国会（通常）の召集は、国会法の規定により、昭和二十七年八月二十六日に繰上げられたが、この国会では施政方針演説に入らず、八月二十八日突如衆議院の解散となった。

第十五回国会の施政演説――昭和二十七年十一月二十四日及び翌二十八年一月三十日

〔編集係記〕第十五回国会（特別）は、十月一日総選挙の後を受けて、十月二十四日召集、本書の著者は重ねて首班に指名され、三十日第四次吉田内閣が成立した。この国会は、そのまま通常国会に延長され、休会明けの翌二十八年一月三十日、予算案提出とともに、重ねて総理大臣の施政演説が行われた。なお、この国会中は、自由党内の紛争のため、終始政局の安定が得られず、三月十四日、重ねて衆議院の解散をみるに至った。

（第一回昭和二十七年十一月二十四日の分）去る四月、国民待望の講和がなって、わが国はようやく自由諸国家の一員として国際社会に復帰することを得、かつ去る十一月十日には、皇太子殿下の立太子の礼及び成年式が国内はもとより世界各国の祝賀のうちに、めでたくとり行われましたことは、諸君とともにまことに喜びにたえないところであります。

独立後最初の総選挙において国民の大多数はわが党を支持し、私は四たび国政を担当することになりましたが、ここに政府の施政方針を申し述べることを欣快といたします。

政府は、世界平和維持のため国際連合及び民主主義諸国家と提携をますます緊密にし、ことにアジアにおける平和と安定の増進に寄与するため、アジアの民主主義諸国との相互理解を深め、これとの国交に特別の注意をいたしたいと存ずるのであります。また、朝鮮における国際連合の集団的措置が、平和維持の努力であるのみならず、これがわが国に直接かつ重大なる関係を持つことに鑑み、国際連合の要望に対して今後とも能《あた》う限りの協力をいたす考えであります。

わが国の対外国際経済関係については、わが国内の諸経済施策と呼応し、互恵平等の原則に基く通商航海条約を締結し、ことにアジア諸国とは、貿易の増大並びに可能な範囲の技術協力、資本提携を通じ、緊密な経済関係の樹立に努力を傾注する所存であります。また、賠償問題の処理については慎重に考慮をいたしております。

南西諸島及び南方諸島の祖国復帰に関しましては、現地居住者はもとより、全国民の要望するところであります。政府は、その実現に努力するとともに、さしあたり同地域との関係をますます緊密にし、現地居住者に関する懸案事項をすみやかに解決して参りたいと考えております。

民心安定と経済再建の基盤となる治安の確保については、将来にわたる治安情勢の推移に備え、適切な対策を講じて参りたいと存じます。国内における一部破壊分子による暴力主義的の活動は、近時表面的にはややその影をひそめておるかに見えまするが、その基本的な企図には、どうも変化はないのでありまして、国際情勢との関連を保ちつつ、将来一層周到かつ巧妙な方法によって自由社会を崩壊せんとする行動に出ずる危険性は依然としてすこぶる大なるものがあります。この種類の破壊活動に対しては、政府は一貫した治安対策のもと、治安関係諸機関の活動の連携統一をはかるとともに、警察力の発揮に遺憾なからしめ、いやしくも暴力を手段とする不法過激分子の蠢動に対しては、断固法をもってこれを取締り、もって治安の完璧を期したいと存ずるのであります。

なおこれに関連し、戦後急激に改革された現行警察制度及び治安関係諸法令についても、現下のわが国情に適合しないと思わるる点について検討を加え、能率的かつ民主的な治安機構の運営を保障し得るよう是正をはかりたいと存ずるのであります。

在日朝鮮人は、日本に居住する限り、わが国の法秩序を尊重すべきは当然でありまして、日本の治安を乱す一部不法分子に対しては厳重な取締りを励行する所存でありますが、他方、平穏に生活する善良な朝鮮人に対しては、善隣友好の精神にのっとり、安んじて生業を営み得るよう努力したいと存ずるのであります。

戦争犯罪により受刑中の者に対しましては、そのすみやかなる釈放措置が広く一般国民より熱烈に要望されておるところでありますが、幸い仮出所につき、関係国の好意により漸次好転しつつありまして、政府においては、今後もこれが解決のため一層の努力をいたす所存であります。

終戦後の教育改革については、その後の経験に鑑み、わが国情に照して再検討を加うるとともに、国民自立の基盤である愛国心の涵養と道義の高揚をはかり、義務教育、産業教育の充実とともに、学芸及び科学技術の振興のために格段の努力を払う所存であります。

政府は、従来の均衡財政の方針はこれを維持しつつ、国民負担の軽減、公務員給与の改訂、地方財政平衡交付金の増額、米価引上げに伴う措置並びに財政投資及び公共事業費の増額を中心として本年度補正予算を編成し、国会の審議を求めております。

なお政府は、明年度においては国税及び地方税を通ずる税制の一般的改正を行い、さらに国民負担の軽減合理化をはかる所存であります。

次に、当面の金融方針については、物価の安定をはかりつつ、今後も一層民間資本の蓄積を促進するとともに、貸出し金利の引下げ、財政資金の産業投資等をはかるため各般の施策を推進して参ります。

また、国際通貨基金への加入、外貨債の支払いを機会に、友好諸国との貿易の振興をはかるとともに、今後外資導入についてはますます努力いたしたいと思うのであります。

食糧自給の強化をはかることは、民生の安定、経済自立達成上特に緊要である点に鑑み、農地の拡張改良を積極的かつ計画的に施行するとともに、治山治水の対策の実施に努めまして、農業生産の基盤を整備することとし、これがため必要な財政金融の措置を講じたいと思っております。

生産の規模を拡大し、流通機構を整備して生産の増強をはかることは、わが国経済の重要課題であります。これがため、政府はまず貿易の振興について、通商航海条約、通商協定の締結等、一連の経済外交を推進するとともに、外航船舶の増強をはかり、輸出産業の強化、保有外貨の活用とあわせ、輸入を促進することによって輸出市場の開拓をはかり、もって貿易規模の拡大に努め、特に東南アジア諸国との経済提携を促進せんとするものであります。

産業政策としては、その基盤を育成強化するため、電源開発を一層促進し、基礎産業の合理化に努め、これらに対し外資及び優秀技術の導入を進めたいと考うるのであります。

中小企業については、中小企業金融制度の強化と財政資金の投下によって資金供給の円滑化をはかる等その育成振興に努力する考えであります。

政府は、戦時戦後を通じて著しく荒廃した鉄道、電話について、すみやかなる更新拡充をはかるとともに、特に資源開発、観光外客誘致のため、幹線道路、産業観光開発道路の整備増設をはかる考えであります。

国民生活の安定は経済復興の基礎をなすものであることに鑑み、政府は国民一般の厚生施設、勤労者の福祉向上、住宅の不足を緩和する等、各般の施策に留意する所存であります。

また遺家族、留守家族の援護につきましては、去る第十三回国会において所要の立法をいたしましたが、なお軍人等の恩給についても、世論と国家財政を勘案して、近く所要の法的、財政的措置をいたしたいと考えております。

この機会に申し述べたいことは、未帰還者同胞のことであります。政府は、帰還促進についてさらにたゆまざる努力を傾け、その留守家族に対する援護にも遺憾なきを期するものであります。

最後に特に申し述べたいことは、いわゆる再軍備の問題であります。世上再軍備につき種々の論議がありまするが、政府の所信は一貫してかわるところはないのであります。国力の回復に伴うて自衛力の漸増をはかるべきはもちろんでありまするが、現在の段階はもっぱら物心両面における国力の充実に努力を傾くべきときであると信ずるものであります。

（第二回昭和二十八年一月三十日の分）第十五回国会の休会明けにあたり、政府の所信を述ぶる機会を得ましたことは、私の最も喜びとするところであります。

皇太子殿下には、昨年立太子の礼を滞りなく終えさせられ、今春は天皇陛下の御名代として英国女王陛下の戴冠式に参列あらせられる予定であります。なおこれを機会に欧米諸国を御歴訪遊ばさるるよう承っております。この御旅行によってますます知見を広めさせらるるとともに、友好諸国との国交の上にもよい影響をもたらされることを信じ、慶賀の至りにたえないのでございます。

独立後最初の予算案を提出するにあたり、まずもって国民諸君に訴えたいことは、独立日本としては、自由諸国との提携、なかんずく対米親善関係を一段と緊密にし、力を国連協力にいたし、もって世界平和への貢献をなすことであります。米国においてアイゼンハウアー氏が新たに大統領に選ばれ、ダレス氏が国務長官に就任したことは、米国のアジアに対する関心を語るものであり、日米関係の将来にも新しい希望を感ぜしむるものであります。

しかし、日米の関係を緊密にすると同時に、独立日本として、占領中の施策中の行過ぎの感あるもの、または占領中必要ありて、その必要の去りしものに対しては、これを是正するは、国の自主性のために当然の措置であるのであります。

道義の高揚、治安の確保、国民生活の安定は、組閣に際し政府政策の基調として声明したところでありまするが、道義の高揚は、究極において教育の刷新に俟つ他はありません。政府が今回義務教育費の全額国庫負担を決意し、教職員を国家公務員とするの措置をとるは、このゆえにほかならないのであります。もちろん道義の高揚は各種の施策の総合によらなければなりませんが、政府は今回の施策により義務教育の面目を一新するものであります。

政府は、治安の確保のため警察制度の改革を必要とし、近く案を具して国会の同意を求めるつもりであります。現在の警察制度は、占領下、警察制度民主化の名のもとにつくられた制度でありまするが、国警、自警の区別は往々にして両者の連絡を欠き、警察目的の達成に不便を来すことなしといたさないのであります。今回の改革の目的は、叙上の欠陥を是正し、旧弊の復活を戒むるとともに、効率的警察制度を確立せんとするものであります。

昨冬行われました電産、炭労の両ストは、わが国において空前のものであったばかりでなく、外国にも多くその例を見ない長期大規模のものであり、幸いにして潰裂前一歩にこれを収拾し得ましたのでありますが、しかもその一般国民生活に与えた脅威と損害とは実に甚大なものがあります。政府は、今回、この種のストの影響を少くするため、公共的性質を有する産業の争議に対し適当の制約を加うることを考え、この国会中に提案する所存であります。

行政機構の簡素化と行政運営の能率化は、前内閣以来の宿題として、政府は欠員不補充の措置を引続き強化し、配置転換等によって事務の能率を上げておりまするが、さらに一歩を進めて、極力行政事務並びに機構の合理化をはかりたい所存であります。地方制度についても、再検討を要するものは一にして足りませんが、政府は中央地方の有機的関係を密にすることを主旨として、目下地方制度調査会に諮問中であります。その答申をまって改正の実施を行わんとするものであります。

以上、占領政策の是正とともに、政府は財政の許す範囲において旧軍人の恩給を復活することにいたしました。しかしながら、旧軍人といい条、その九八％は普通軍人以外の応召軍人とその遺族であります。総額の九二％は遺族の扶助料であるのであります。国の再建にあたり、まず古い創痍を医するのは、思うに当然のことであり、戦争責任を長く旧軍人にのみ帰することは、社会平和をもたらすゆえんでないと考うるのであります。これに伴い、留守家族の援護もさらに強化することにいたしました。

一般国民の福祉については、政府のつとに意を用い来ったところで、今回国民健康保険を充実強化するの措置を講ずるとともに、従来の健康保険についても、その適用範囲を拡大する等の施策を行うことにいたしたのであります。

政府は、さらに、人口問題が独立日本の前途に横たわる重大にして深刻なる課題なるに鑑み、その解決の一助として、移民問題に関し適当の措置を講ずるつもりであります。

もしそれ二十八年度総予算については、大蔵大臣より説明をいたしますが、独立日本の門出に際し、主力を国家経済の自立と国民生活の安定に注いだのは言うまでもないことでありまするが、政府は、乏しき財源を、電力の開発、道路交通網の整備、食糧の増産に重点的に配付し、特に中小企業の振興を強力に推進いたしたいと思うのであります。防衛費に関しては、不要になった安全保障諸費を削除するとともに、よって生じた余裕の一部を保安隊の訓練強化、装備の充実に充て、もって保安隊創設の目的達成に遺憾なきを期するものであります。

思うに、独立日本の前途は決して容易なるものではありません。政府は、当面する危局を克服し、国の将来を開拓する上に不断の努力を傾けております。諸君におかれても、政府の意のあるところを了とせられ、厳正なる審議を尽されんことを希望いたします。

第十六回国会の施政演説――昭和二十八年六月十六日

〔編集係記〕昭和二十八年四月十九日の総選挙の後を受けて、第十六回国会（特別）は五月十八日に召集され、翌日の首班決定においては、決選投票を経て、本書の著者が指名され、五度《たび》内閣を組織するに至った。この国会には解散で不成立となった予算案や重要法案が提出されたが、第五次吉田内閣は、前国会とは逆に、野党保守派の協力を得て、多くの重要立法を行うことができた。

第十六回国会にあたり、ここに政府の所信を述べる機会を得ましたことは、私の最も喜びとするところであります。

皇太子殿下には、去る二日、御名代として英国女王陛下の戴冠式に参列せられ、滞りなく御任務を果されたことは慶祝にたえません。今後、欧米諸国を御歴訪の上、十分の御成果を収められ、無事帰朝せられまするよう、国民諸君とともに祈念いたす次第であります。

最近の国際情勢は、朝鮮の休戦を始め、東西両陣営の対立が多少緩和する傾向にあるやに見受けられます。もとより共産側の世界政策が基本的にかわることはあり得ないにいたしましても、朝鮮の休戦はアジアにおける平和回復の第一歩と見るべく、わが国としては、これを契機に、アジアにおける平和建設、特に朝鮮の復興に大いに協力いたしたいと考うるのであります。

今や独立後第二年を迎え、祖国再建の要務は一日もゆるがせにし得ざるものがあります。政府は、日本再建の基盤が経済の自立にあることを信じ、内、自給度の向上にあらゆる施策を行うとともに、外は正常なる貿易の振興に最善の努力を傾けんとするものであります。

しかしながら、昨年以来の世界的の輸入制限と、予想される輸出競争の激化に当面いたしまして、事は決して容易ではありません。政府は、経済外交の推進とともに、商社の強化と独占禁止法の緩和による貿易態勢の整備に努め、さらに、わが国物価のコスト高が国際市場進出の一大支障なるに鑑み、基礎産業の合理化を極力促進し、コストの引下げによる国際競争力の培養をはかる考えであります。

同時に、不急不要の物資、特に奢侈品の輸入については、厳にこれを戒めたいと考うるのであります。また中小企業については、それが輸出産業の有力なる一翼たるに鑑み、その組織化、合理化を促進し、特に金融問題については、財政資金の積極的な投入により、その育成強化を期する考えであります。

国際収支の拡大均衡上重大な役割をになう海運については、引続き外航船舶の拡充を推進するとともに、国際競争上の弱点を克服するための幾多の育成措置を講じ、海運基礎の強化に最善の努力をいたす所存であります。

中国貿易に多くを期待し得ない今日、東南アジア関係の重要なるは、あらためて申し述ぶるまでもありません。政府は、東南アジア諸国の繁栄のためには、資本、技術、役務等のあらゆる協力を惜しまず、今後一層互恵共栄の関係を深めたいとの所存であります。

正常貿易の振興、国際収支の拡大と並行して最も緊要なるは、実に民生の安定であります。政府は、前内閣に引続き行政の簡素化、合理化に努め、真に国力と国情に適合した行政制度を確立するとともに、行政監察機構を整備強化し、行政運営の能率化と予算の効率的使用をはかり、もって行政費の節約、国民負担の軽減に資する考えであります。

国民租税負担の軽減については、所得税等において本年度約千二十億の減税を実施するはもちろん、政府は、今後負担の軽減と課税の合理化を目標に、中央地方を通ずる税制の根本的改正に着手する所存であります。

国民生活の基本をなす食糧については、総合的な自給度向上をはかることが緊要であります。このため、増産の基盤である農地の拡張と改良を行うことはもちろん、営農技術の普及改善ならびに畜産の振興をはかり、水産資源の維持開発に努めるとともに、農林水産業経営の安定合理化のため、金融措置、保険制度の拡充強化等に遺憾なきを期したいと存ずるのであります。

住宅問題の解決、結核対策の強化等の厚生施設、戦傷病者遺族及び未帰還者の留守家族に対する援護ならびに中共地方からの帰還者の受入れ援護等は、すべて第四次吉田内閣の計画を踏襲し、旧軍人恩給もまた恩給法特例審議会の建議を尊重し、でき得る限りの措置を講ずる考えであります。

前内閣の争議方法規制に関する法律案も、同様にこれを踏襲し、提案いたしました。本案は、昨年の電産、炭労二大争議の苦い体験に鑑み、前国会に提案して、解散前すでに衆議院の可決を見たもので、公共の福祉と労働争議権の調和を期する上において当然の措置と考うるのであります。

もとより、政府は、労働者の福祉についても深い関心を有するもので、重要産業の合理化と並行して、乏しい財源のうちから失業対策費を増額いたしております。

この際特に一言を要するは地方財政の現状であります。政府は、その窮状打開の一助として、今回とりあえず地方財政平衡交付金の増額及び地方起債のわくの拡大を行い、一応の調整措置をなしたのでありますが、そもそも地方財政の窮乏は、畢竟するに地方制度それ自身に内在するものであります。自治体の財政運営についても厳に検討を必要とするものがあると考えます。政府は、鋭意制度の根本的改革を進め、もって国情にふさわしい合理的な地方制度を確立したいと考えております。

国土の荒廃が産業経済の復興と民生の安定を著しく阻害せる実情に鑑み、政府は、今後治山治水の総合的、多目的計画を実施するとともに、一面重要幹線道路及び資源開発道路、鉄道その他交通を整備し、一段の努力を払って、もって国土の保全及び開発に資したいと存ずるのであります。

最後に、いわゆる防衛問題については、最近種々の論議が行われておりますが、政府は、一貫せる所信により、毫《ごう》も従来の方針を変更する必要を認めておりませんのであります。

以上、政府の所信の一端を述べましたが、国民生活の安定、文教の刷新、道義の高揚、治安の確保は、前内閣以来の不変の信条であります。

思うに、政局の安定と祖国の再建のための強力なる施策の推進とは時局の要請でありま す。政府は、党派のいかんにかかわらず、同憂の各位が必ずや政府とこの認識をわかたるべきを信じ、二十八年度予算案その他重要法案がすみやかに審議可決せらるることを期待いたしてやみません。

第十七回国会の施政演説（施政演説なし）

〔編集係記〕第十七回国会（臨時）は、昭和二十八年夏以後全国各地に発生した冷害、風水害などの応急対策のため開かれたもので、十月二十九日召集され、〝救農国会〟とも俗称された。この国会は会期僅かに十日、約十件の災害関係の法律及び補正予算が成立した。

第十八回国会の施政演説――昭和二十八年十一月三十日

〔編集係記〕第十七回国会閉会後間もなく、昭和二十八年十一月三十日、第十八回

国会（臨時）が、公務員給与改善のための補正予算及び関係諸法案審議のため召集された。

第十八回国会の開会にあたり、ここに政府の所信を述ぶる機会を得ましたことは、私の最も喜びとするところであります。

皇太子殿下には、御名代として英国女王陛下の戴冠式に御参列後、引続き欧米諸国を歴訪せられ、去る十月十二日御つつがなく帰朝されましたが、右御旅行を通じ、殿下御自身の御修養の上に、かつまた各国との友好関係増進の上に多大の御成果を収められましたことは、国民諸君とともに慶賀にたえないところであります。

過般ニクソン米国副大統領が来訪せられ、政府としてはこれを国賓として迎えたのでありますが、同氏の訪日は、日米両国の関係を厚くし、両国民の理解を深める上にきわめて意義が多かったと信ずるものであります。

自由国家との協力提携を通じて世界の平和に寄与することは独立日本の基本方針とするところでありますが、政府は特にアジアにおける諸自由国との関係を緊密にすることの重要なることを感ずるものであります。その意味から、政府は、東南アジアの諸国との間の賠償問題等もこれを積極的に解決することに努め、もってこれら諸国との正常なる国交関係の一日も早く樹立せらるることを期待するものであります。

隣邦韓国との会談がさきに中途にして不調に終ったことは真に遺憾でありますが、政府は、双方公正なる互譲の精神の上に必ずや近く打開の道が見出されることを信じて疑わないものであります。

ここに政府は昭和二十八年度第二次補正予算案を提出いたしましたが、政府は、経済の自立達成上、従来ともに健全財政の堅持、通貨価値の安定を中核としてインフレ傾向の抑制に万全の配慮をなして来たものであり、今次補正予算案の編成についても特にその趣意の貫徹に努めたことは、各位の了承せられるところと信ずるものであります。

予算の詳細は大蔵大臣より説明いたしますが、すべての按配は以上の方針によるもので、米価の改訂、公務員給与の改善等、真にやむを得ざるものについては財源の許す最大限度において捻出し、それ以外は極力財政規模の圧縮に努めた次第であります。本年の災害が異常なものであっただけ、健全財政堅持の結果は、災害復旧、治山治水以外、次年度においても予算財源の特別窮屈を感じさせるものがありますが、政府は、むしろこれを機会に、国家財政を整理し、占領下とかく乱雑となりがちであった政府諸機構もこの際にこれを簡素能率化したいと存ずるのであります。

食糧問題についても、異常の冷害による産米の収穫減に当面して、政府は国民食糧の確保に最善を尽しつつあるのでありますが、一面粉食の奨励等、この機会に食生活改善の機運を拍車し得るならば、災いはむしろ福となると考えるものであります。

以上、政府の所信の一端を述べましたが、これを要するに、政府の一貫する目途は国民経済の自立であり、万般の施策はすべてこの不動の方針に基くことを了とせられたいのであります。切に各位の御協力を希望する次第であります。

第十九回国会の施政演説──昭和二十九年一月二十七日

〔編集係記〕 第十九回国会（通常）は、昭和二十八年十二月十日召集され、直ちに自然休会に入ったが、二十四日特に本会議を開き、奄美群島返還に関する日米協定を両院で可決した。この国会は翌二十九年一月休会明けとともに本格活動に入ったが、いわゆる一兆円予算は、参議院で難航して遂に議決に至らず、四月三日憲法第六十条第二項による最初の事例として、衆議院の議決どおりに自然成立を見た。またこの国会には、当時いわゆる教育二法案、防衛二法案や警察制度改正案、MSA協定及びこれに伴う秘密保護法案などが提案されたため、両派社会党の猛烈な議事妨害を受け、会期を延長すること五回、いわゆる乱闘国会をまで現出したが、政府は野党保守派の支持を受け、これら重要法案は、一応は修正されながらも、全部可決成立した。

第十九回国会の休会明けにあたり、政府の所信を述べる機会を得ましたことは、私の最も喜びとするところであります。

最近の国際情勢を通観いたしますと、国際的緊張はかなり緩和されたように見受けられるのでありますが、東西の冷戦状態は依然として存続していると考えられます。かかる情勢を前にして、わが国は、世界平和の確立を念願する見地より、自由諸国との協力提携を強化せんとする従来の基本的方針を堅持し、なかんずくアジアの自由諸国との友好関係の増進に努めるべきであると考えるのであります。特に東南アジア諸国に対しては、賠償問題の早急なる解決を期し、正常なる国交の樹立を急ぐとともに、経済協力を通じて相手国の繁栄に寄与し、善隣相助けて世界の平和に貢献したいと考えるのであります。

李ライン問題その他隣邦韓国との間の懸案が年を越えてなお解決を見ないのは最も遺憾とするところであります。政府は、あらためて最善の努力をいたすつもりであり、両国唇歯の関係からも必ずや公正妥当の結論を得るに至ることを信じて疑わないのであります。

昨年十二月奄美群島が復帰したことは、まことに御同慶にたえません。過去八年にわたる二十万同胞の労苦に深甚の同情を表するとともに、政府としては、今後同群島の復興と民生の安定につき、能う限りの努力を惜しまないのであります。

沖縄諸島、小笠原諸島等の復帰についても、政府は、今後機会のあるごとに全国民の強い要望を伝えて、その早期実現を要請する考えであります。

未復帰の領土とともに想起を禁じ得ないのは戦犯者の問題であります。政府は昨年濠洲、フィリピン両国政府によってとられた寛容の措置にあらためて謝意を表するとともに、同様の配意がなるべくすみやかに残存する戦犯者の上に注がれることを期待するものであります。けだし、独立後三年、戦争の記憶と創痍とを一日も早く払拭し、国民的気概を新たにして世界の平和に寄与せんとすることは、独立日本の切なる念願であるからであります。

政府は、二十九年度予算案を編成するにあたり、極力財政の規模を圧縮し、これを一兆円以内に収めることにいたしたのであります。わが国の経済が最近インフレ的傾向にあることは、もろもろの数字より見てこれを否定し得ないところであります。もしこの趨勢がさらに早められ、インフレーションによる悪循環がせきを切って奔流するに至れば、それはただちに日本経済の崩壊であるのであります。かかる実情に鑑み、昭和二十九年度においては、わが国経済の基調を積極的な物価の引下げ及び円の対外価値の強化に置き、通商貿易の振興、従って国際収支の発展的均衡に最善の努力を傾けるつもりであります。問題は決して単なる財政の圧縮のみをもってよくするところではありません。すなわち、政府は、金融引締めを継続強化する一方、資本の蓄積、貯蓄の増強等に資するため税法の改正を行う所存であります。民間においても、この際産業設備の合理化、技術水準の向上に努め、もって国際競争力の強化に最善を尽されんことを切望いたすのであります。

政府は、この間においても、治山治水、道路等の国の根本をつちかうものについては、乏しき財源の中から能う限りの施策をなさんとするものであります。昨年の屢次《るじ》にわたる大災害は、もと天災によるとはいえ、戦前戦時を通じ治山治水の対策を等閑に付した結果であります。これ政府がさきに治山治水対策協議会を設けてその根本対策を検討したゆえんであります。本予算においても、災害復旧費とともに一つの重点をこれに置いたゆえんであります。道路もまた治山治水と同様国の将来に対する投資であり、蓄積であり、これは財政圧縮の中にあって特にこれを取上げた次第であります。

財政圧縮を前に当然に考えられるのは食糧問題であります。経済自立の基盤をつちかうためには、総合的な食糧自給度の向上をはかることは急務中の急務と存ずるのであります。政府が過般北海道開発に関する専任大臣を任命した一つの理由も、以上の観点から国の関心をより強く北海道開発に注がんとするものにほかならないのであります。一面、政府は農地の改良、営農技術の普及改善等、従来の方針をさらに強力に推進するとともに、近時国民的食嗜好の変遷の傾向に鑑み、この際積極的に米食偏重の食生活を改善すべく鋭意検討を進めたいと存ずるのであります。

防衛問題については、国力に応じ自衛力を漸増する基本方針については、何等かわるところはないのであります。米国が財政緊縮方針に基きその駐留軍漸減の希望あるに対し、来年度において国家財政を勘案し保安隊を増強する考えであります。それは、ひとり日米安全保障条約上の要請であるばかりでなく、国力の許す範囲において、自由諸国の共同防衛体制の樹立に寄与するため、みずからの手によってみずからの国を守る体制を一日も早く樹立することは、当然の責務であると考えるからであります。これがため近く米国との間に相互援助協定が締結される運びになっておるのであります。政府は、叙上の情勢を考慮して、この際保安庁法その他関係法律に所要の改正を行い、保安隊、警備隊をそれぞれ自衛隊に切りかえるとともに、航空自衛隊を新設し、自衛隊に直接侵略に対処する任務を持たせるため必要の規定を設けたいと存ずるのであります。

政府は、さらに、最近の治安状況に鑑み、その確保と責任の明確化に腐心しつつあったのでありますが、たまたま今回の行政機構改革にあたり、独立後の懸案であった警察制度の根本的改革を行うに決し、近く案を具して国会に提出する所存であります。その主眼とするところは、現在の国家地方警察と自治体警察とをともに廃止して、新たに都道府県警察を設け、警察管理の民主的保障を保持しつつ責任を明確にするところにあります。

一部極端なる傾向が教育界に現われつつある事実もまた政府として見のがし得ざるところであります。学校教育は心身の発達の未熟な生徒児童を対象とするものであり、従って特定の政党政派の主義主張を刻印するがごとき教育を施すことは厳に戒めるべきであります。しかるに、現状においては、学校教育の政治的中立性が侵されんとする危険性が少くないので、政府は、これに対し所要の立法措置を講じ、国の将来のため正常な学校教育の運営を保障したいと考えるものであります。

財政の緊縮に伴い、行政整理と地方諸制度の合理化は、思うに当然の措置であります。

政府は、過去六年の間常に行政各部門の機構とその事務の簡素化を検討して参り、なお今後も努力を続けるつもりでありますが、二十九年度においては警察制度の改革と人事院の改組等を行い、人事整理の面においても事務の簡素化に伴い約六万人の縮減を断行する所存であります。地方制度については、さきに地方制度調査会の答申を得ましたので、その結論の線を尊重し、逐次所要の改正を行う考えであります。

以上、政府の所信の一端を述べましたが、緊縮予算の趣旨を貫くことは、事必ずしも容易でないのであります。政府は、国民各位がよく一旦の耐乏生活を克服して、各界一致、労資協調、国家経済の自立達成に協力せらるるを信ずるものであります。政府においても、この際特に民生安定に努め、この重大時局の打開に際し、いやしくも国民的諧調が害せられざるよう最善の努力を傾ける覚悟であります。切に各位の御協力を希望いたします。

第二十回国会の施政演説――昭和二十九年十一月三十日

〔編集係記〕昭和二十九年九月末から十一月半ばまで本書の著者は欧米旅行を行ったが、その間、野党改進党と日本自由党とは、自由党の反主流派の大量合流を得て日本民主党を結成し、政界の勢力分野に大きな変動を生ずるに至った。その直後に召集された第二十回国会（臨時）では、吉田内閣不信任案が提出され、野党連合の勢力で可決される情勢となったため、ついに内閣総辞職に至ったのであるから、この施政演説は、著者が総理大臣として最後のものとなったわけである。

第二十回国会にあたり、ここに政府の所信の一端を述べる機会を得ましたことは、私の最も喜びとするところであります。

私は、九月二十六日羽田を出発して、五十余日にわたり、カナダ、フランス、西ドイツ、イタリア、ヴァチカン、英、米の七箇国を歴訪し、昨年皇太子殿下御訪問に対する歓待並びに終戦後わが国に寄せられた各国の好意及び援助につき謝意を表するとともに右各国とわが国との間に横たわる各種の問題について互いに隔意なき意見を交換し、相互の理解を深め、もって今後一層の親善関係増進に資せんとしたものであります。

カナダ、フランス、西ドイツ、イタリアの各国におきましては、通商貿易の均衡拡大につき意見を交換し、経済上のますます緊密な関係を維持発展せしむること、すみやかに通商航海条約の成立をはかることにつき、強く要望いたしたのであります。

英国においては、わが国のガット加入及び通商航海条約の締結に対し好意的考慮を要望し、また、先方よりは平和条約第十六条の戦時俘虜救恤《きゅうじゅつ》に関する義務履行の要求に対し早急にこれを履行すべく努力する旨私は答えておいたのであります。

米国においては、日米両国の友好的な協力の精神を相互に確認したほか、東南アジアの経済開発促進につき懇談をいたし、また余剰農産物一億ドルの受入れにつき意見の一致を見たほかに、旧小笠原諸島住民の帰還問題につき申入れをなしたのであります。先方よりは、これを好意的に考慮すべき旨の回答を得たのであります。このほか、米国民間銀行よりの借款について了解を得ましたほかに、世界銀行その他からの借入れ等についても協議を進めて参りました。

また、戦犯者釈放についても関係国に対してこれが早期解決方を要望したところ、それぞれ好意ある考慮を約束してくれたのであります。

今回の旅行を通じて私の受けた強い印象は、列国の日本に対する関心と期待は、敗戦後の今日といえども、戦前に比べて決して薄らいでおらないということであります。この点について、われわれは決して民族的自信を動かしてはならぬと考えるのであります。同時に、私の心を最も強く打ちましたことは、訪問した諸外国においては戦後の復興がまことに目ざましいものがあるのであります。わけて、貿易の自由化と通貨の交換性回復という国際経済の大勢に沿って政府、国会を問わず真剣な努力が払われていることであります。今後の日本は経済自立への真剣な努力と国際的な友好協調とにその進むべき道があることは申すまでもないのでありますが、それには、まず何よりもわが国内の政治、経済態勢の確立こそ根本的な条件であり、これがあってこそ初めてわが国も国際社会に復帰し得る資格が生ずることを痛感いたして参ったのであります。

さらに、注意を新たにせねばならぬことは、今日の自由諸国を通ずる最大の問題は共産主義に対する対策であります。これら自由諸国は、わが国に対しても旧敵国関係の感情を一擲して、わが国を自由諸国側に引入れんとする考えより、わが国に対して親善関係をつくらんとするものと見られることは最も明瞭なのであります。他面、共産側の浸潤政策の目標がわが日本を含むアジア諸邦に最も強く向けられておる事実に十分に思いをいたさなければならぬと考えるのであります。私は、この対共防衛のためには、東南アジアの経済を開発し、もってこれ等諸国民の生活が向上することの急務なることを過般ワシントンにおいて力説いたしましたところ、その後漸次具体化の傾向にあることは、まことに喜ぶべきことであります。

懸案の賠償問題も、先般ビルマとの間に平和条約と賠償協定を締結いたしましたことにより解決の端緒を開いたことは、まことに欣快にたえないところであります。これを先例として、今後フィリピン及びインドネシア各国との賠償をも逐次解決して、かくして東南アジア諸邦との経済協力と親善強化を推進し、一面もって共産攻勢に対し間隙なからしめたい所存であります。

今回提出の昭和二十九年度補正予算につきましては、大蔵大臣から説明いたしますが、予算関係法律案及び予算案の前国会における修正等に伴いまして、歳入歳出につき所要の補正を行うほか、本年度発生災害の急速な復旧、経済健全化に伴う社会保障関係経費の充実、警察費その他地方財政の財源不足を補塡するための地方交付税交付金の増額等、必要最小限度の経費に限り補正を行うことといたし、財源といたしましては、主として既定経費の節減等によりまかなうことにいたしまして、他面、極力財政規模の圧縮に努めた次第であります。財政経済の基本方針としては、当面あくまでも緊縮方針、均衡財政を堅持すべきことはあらためて申すまでもありません。その成果がようやく上って参りました今日、その基本方針から生ずる摩擦を除去し、かつ国民経済と国民生活の堅実なる発展をはかるため、この際積極的な諸施策を講ずる所存であります。すなわち、引締め政策を堅持しつつ、生産と貿易の拡大を総合的、計画的に進め、もって産業の繁栄をはかり、同時に中小企業の積極的育成策並びに失業対策、生活保護等の社会保障諸施策に対し万全を期する覚悟であります。

なお政府は、補正予算のほか、これに関連する所要の法律案を提出いたす考えであります。

切に各位の御協力を希望いたします。

【回想余話】娘の立場から

麻生和子

父の戦後十年の政治生活をかえりみるとき、いつも眼に浮ぶのは、終戦直後しばらく住んでいた麻布市兵衛町の外務大臣官邸のころのことです。父はよく朝早く起き出して、庭とてない狭い官邸の、裏の崖の上を、まるでオリの中の虎のように、あちこちと歩き回っておりました。赤茶けた焼跡が目のとどく限り拡がっていて「これがいつになったら片付けられて、家並みが揃うのだろうか。二十年後では無理かもしれない」と父はよく申しておりました。何とかしなくてはいけない、そうした気持に、かりたてられていたのでしょう。歩き回る父の顔には、いまの顔からは到底求めることの出来ないような険しさがありました。それほど、せっぱつまったものだったのです。わずか二畳の仏間に寝起きしていましたが、夜中に、寝つかれぬまま、そっと床を抜け出して、外を散歩する父の姿に何度か驚かされました。外へ出ても、そこにあるのは、ただ焼跡だけで、気持を静めるには何の役にも立たず帰ってくるのでしたが、その後は私を相手に、何かぶっつけるような話し方で夜明けまで語り明かしたものでした。

申すまでもなく、終戦直後の、社会情勢は決して安穏なものではありませんでした。どんなことで、どのようなことになるか、官邸から父を送り出す毎日が、不安であったことはたしかでした。おおげさに申すのではありませんが、それこそその毎日に父の死を覚悟しておりました。

その頃のこと。私が所用で主人の郷里の飯塚へ帰ったことがありましたが、父は、私に手紙を寄越し「占領軍の方針も分らず、どう対処していいか迷うことのみ多い。自分はいま砂漠の中にオアシスを求めてさまよい歩いているようなものだ」と心境を吐露しておりました。とにかく当時の占領軍を相手に、一日も早く日本を立ち直らせようと努力した父の、国を思う〝明治の情熱〟には、全く頭が下る思いでした。

父が自由党の総裁の椅子を受け継ぐという話が持ちあがりましたとき、私は娘として、これに反対せざるを得ませんでした。私は私なりに、当時の社会情勢から、社会党が政権をとるべきだと考え、保守党は、いっとき野に下って、態勢の挽回につとめるべきだと、心ひそかに考えておりました。従って私が、飯塚へ帰るときも、父の知人のある方に、出馬をおもいとどまってもらうようにと、よくお願いして参ったほどでしたが、それも無駄になってしまいました。父がその条件はともかくとして、自由党の総裁をお引受けし、次の内閣を組閣すると聞いたとき、父が、お役に立たないうちに、公人としての生命をこれでむざんに終らせるのではないかと思い、実は居ても、立ってもいられぬ思いでした。

父が二十年でも無理だろうといった国の復興も、その半分にも満たない月日で、戦前を凌ぐような姿になったいま、その頃のことを憶うにつけ、まるで夢のような気がいたします。

さて率直に申しまして、父は生れつき有能な政治家、外交家だとは思いません。癇癪持ちで、知らない人と会うことを億劫がるのみか、愛想よくしたり、お世辞をふりまいたりすることの出来ない人です。それが二十数年間の外務省務めを果したということには、その蔭に母（註――吉田雪子夫人のこと）の内助の功があったればこそと思います。母はおよそ父と正反対の人柄でした。ただ一つ父との共通点は、明治に生れ、明治に育った人々の共通点でもありましょう、愛国的とでも申しますか、ほかに適当な言葉を知りませんが、とにかく長い海外生活の中、日常の一挙手一投足は、たえず日本人としての意識から離れることがなかったのです。こうすれば、日本のためになるとか、ああすれば日本人が重きを置かれるようになるとか、といった心遣いを常住坐臥していました。父が在外使臣としての生活を完うするためには、母は欠くことのできない好伴侶だったと思います。

母自身も本来決して社交的という人ではなかったのですが、誠実で、それこそ大変な努力家でありました。例えば、語学の勉強にしましても、幼いころ、オーストリア公使として赴任した祖父牧野伸顕に随って、欧洲の生活を経験しておりますので、外国語も、自然達者になったのですが、父がイタリー大使在任中に、母は英語の勉強を根本的にやり直すというわけで、ローマ在住のさる英国人について、発音の習得に全力を尽したものでした。しかもこの勉強は、父が英国大使として、ロンドン生活をするようになっても、母は依然としてこれを継続しておりました。

後年母が清泉学園の創立に関係いたしましたのも、母一流のお国に奉仕したい気持の表現によるものだったと思います。清泉学園はスペインのマドリッドに本部をもつカソリック系統のものですが、スペインでは貴族の子弟を教育する学校だということです。母がローマ在任中に、エルネスティン・ラマロ童貞さんとお知合いになり、日本にも女学校を創設したいということで、ラマロさんから頼んでこられたのです。もともと母の考えでは、この学園を外交官向きの花嫁学校にしたかったようです。外国語をミッチリ教えこむと同時に、日本固有の文化についても、造詣を深めて国際的にも恥しくないだけの教養を積ませたいというのが、母の念願だったと思います。清泉学園は戦災で焼失しましたが、いまでは花嫁学校ではなく横須賀に大学部もおいて、立派な大きな学園に成長しております。母亡き後、父もこの清泉学園は母の記念とし一席講話するのを楽しみにしているようです。

父は新聞記者を嫌い、写真を嫌うということで有名になってしまいました。コップの水をかけたり、ステッキをふりあげたりして悪評嘖々《さくさく》たるものがあります。しかし、根っから新聞記者や写真班を嫌いだというのではありません。記者ではなく、新聞を嫌うといった方が正しいかと思います。というのは、政治家にしても、外交官にしても、新聞を利用したり、新聞に利用されたりしてはいけないという固い信念を持っていたからです。過去、現在を通じて政治家が新聞を利用して反響を見たり、新聞記者がまたこれを承知で利用されたりすることを非常に嫌い、そうすることは一種の堕落だとまで信じております。写真班にいたしましても、父を大勢でとり囲み、花火のようにパッパッとフラッシュをたくのですが、これなど眼がくらんで歩けなくなるから、いい加減でよさないかと、どなったりするのです。主人から聞いた話ですが、国会の廊下で、ある写真記者が父の歩いてくるところを撮ろうとしてねらっておりましたが、その記者がシャッターを切る前に、「お願いします」とピョコリお辞儀をしたものですから、父は、立ちどまってポーズをとってしまいました。少々勝手がちがったのでしょう。その記者はあわててシャッターを切りましたが、生憎とそれがピンボケだったということです。「一枚撮らせて下さい」とか、「これから撮ります」とか断って下さったら、これを拒むものでは決してありません。蔭からいきなり飛び出してきてパッとやられたら、誰だって驚くし、また腹立たしくなりますでしょう。

これも主人から聞いたことですが、父は新聞記者会見などで「新聞はウソを書くからね」とよくいったそうです。しかしこの場の雰囲気は、大変なごやかなもので、大いに笑い飛ばしてのものだそうで、もちろん冗談であることは、その場に居合せた方は、おそらくお分りになったことでしょう。しかしそれがそのまま活字になりますと、冗談が冗談でなくなり、『一国の総理が不見識なことをいう』といった悪評が生れてくる結果になるのです。ウソといえば、こんなことがありました。父が外遊したとき、ニューヨークでの出来事です。ある新聞の特派員の打った電報の中に、『ニューヨークで吉田首相の人気は、他の国の宰相の場合のように、市中行進で花吹雪すらまかれなかったことでもわかる。吉田首相一行は要人と会見する時間におくれたりして評判を悪くしている。この外遊日程が首相にとっては、どれほど窮屈なものであったか、ニューヨークで沢田《さわだ》〔廉三《れんぞう》〕国連大使を訪ねた時、出された日本食を、存分に食べたことでも分る』といった意味のことがありました。しかしこれらの報道は、事実とは全く違ったものです。いまさら言うほどのことでもございませんが、花吹雪のことは、「ニューヨーク市から申し入れがあったが、花吹雪はどうするか、断われば断われる性質のものだ」という連絡が土屋総領事からありました。主人は、父の気質から、そのようなことはご遠慮申し上げたいと、総領事と相談して、お断りしたものでありました。また約束の時間におくれたことなどは一度もなく、むしろこちらが待たされて足踏みしていたほどです。沢田大使のお宅を訪問したことは一度もありませんでした。どうしてこのような間違ったことが報道されるのか、私たちは全く狐につままれた思いをいたしました。アメリカでよりも日本国内で、父の人気が落ちていたせいでもありましょうが、事実は事実として正直に伝えていただきたいものだと遺憾に思った次第です。

昭和二十六年の秋でしたか、朝日新聞社がヴァイオリンの世界的名手メニューヒン氏をアメリカから招いて、日本の各地で演奏会を開いたことがありました。東京の演奏会の時には、父も招待されましたが、その時の父の感銘では、メニューヒン氏のヴァイオリンは二十年前ロンドンで聞いたときの方がよかったように思われて、それほど驚かなかった様子でした。それよりも伴奏者のアドルフ・バラー氏のピアノに感心しておりました。もともとバラー氏のピアノは日本でこそそれほど知られていなかったようですが、欧米では既に可成り有名で、独奏者としても立派に通っている人なのです。それは兎も角、右のメニューヒン氏の演奏会のあった翌日でしたか、父がある人から「メニューヒンを聴いての感想は如何ですか」と質問を受けました。すると父はいきなり「メニューヒンのピアノは良かったよ」と答えたものです。いうまでもなく、これは父一流の皮肉交じりのシャレに拠る、言葉の省略法ともいうべきものでしょう。ところが翌日の新聞に父の右の言葉がそのまま伝えられますと、その後暫らくは、新聞雑誌のゴシップ欄の材料にされ、ある相当高名な音楽批評家までが、「世界的名手メニューヒンのヴァイオリンをピアノと間違える程度の音楽鑑賞力しか持たない総理大臣の下では、日本はとても文化国家にはなれない」といったような大真面目な非難が現われる始末でありました。

先年外遊の際、ボンでアデナウアー西独首相と会談して、帰ってきた時は、余程アデナウアーさんの人柄に感動したものとみえて、しみじみとその偉さを話しておりました。「アデナウアー首相こそ真の政治家だと思う、他人の毀誉褒貶などは眼中になく、緊縮政策の所信を断行したからこそ、今日西独の興隆をみるに至ったのである。それに比較すると、戦後の日本はもっと娯楽や消費の方面を節約、緊縮して、生産方面に全力を尽すべきだった。当時自分は日本人の国民性を考えて、あれ以上に民心を暗くしたり、滅入らせたりしては、いけないと思い、手加減をしたのだが、もしもアデナウアー氏ほどに徹底してやっておれば、今日の日本も西独に負けない繁栄をみたであろうに……。流石にアデナウアー首相こそ、現代世界の政治家のうちでも最も傑出した人物だと思う」ということでした。

アデナウアー首相の場合と反対だったのは、イタリーのムソリーニ統領の場合です。

もともと自由主義者である父が、ファッショと合うわけはなかったのですが、駐伊大使として信任状を捧呈するため、ムソリーニ統領と初対面した時から、余り良い印象を受けなかったようです。大使官邸に帰って父はその日の会見の模様を話しておりました。何でもムソリーニ統領は長い広間の一番奥の大きな机に向って立っていて、そこに歩きつくまで出迎えようともせず、胸を張って、にらみつけていたそうです。そして会談中も威容を示すためか、いろいろポーズをとって、いわば演出過剰の印象を人に与えたものらしいです。つまり父の最も嫌うタイプだったのでしょう。嫌いといえば、ムソリーニ統領の方でも、父には余り好意を持っていなかったのではないかと思います。と申しますのは、従来、大使が任期満ちて暇乞いに行きますと、イタリーではその場で勲章を贈呈するのが常例だったのですが、父の場合には、この常例によらず、ローマを引揚げてから満一ヵ年も経過して後、日本へ届けられました。

こういう風で、イタリー大使在任二ヵ年の間は、仕事の面では面白くなかったようでした。ファシズム下のイタリーといえば、父の大使在任中の昭和五年から七年頃でも、既に日本との関係は相当友好的だった時期なのですが、父自身にとっては、決してよき思出はなかったようです。これと対照的なのは、昭和十一年春から十四年暮にかけての駐英大使時代でしょう。当時の日支関係、ひいては日英関係からみて、英本国の対日空気が決して良かろうはずがないことは、誰しも考えたところなのですが、実際には、父の外交官生活において、このロンドン勤めは、最も快適なものの一つだったようです。このように国家間の関係では、友好的なはずの土地での勤務は、個人としては不愉快な印象を受け、その逆の場合には今でも快適な印象を持ってるというのは、徹底的な自由主義者としては、当然の宿命だったのかもしれません。

父の海外生活中、日本から来られた芸術家には、いつも快く接していたようでした。藤原義江《ふじわらよしえ》さんが初めて父と母とに会われたのは、大正九年、父が在英大使館附一等書記官の時だということです。その時父の主催でラングハム・ホテルという芸術家の泊るホテルでティー・パーティーが開かれ、新聞人や音楽批評家を前にして、藤原さんが〝荒城の月〟や〝箱根八里〟を歌ったのが、欧洲におけるテナー藤原さんの公式の第一声だったそうです。藤原さんについての私の記憶は、父の駐伊大使時代のことです。ローマにやって来られた藤原さんに対し、父が「君の美声はオペラよりも清元向きだ、早い時期に清元への転向を考えたらどうだ」と言っていました。その全盛期にあった藤原さんは、父の言葉をいつもの皮肉ととられたのでしょう、大へんご機嫌が悪いように見受けました。しかし今日になってみますと、先代の延寿太夫があの年齢まで歌っていたことを思えば、藤原さんへの父の忠告も必ずしも皮肉からのみ出た言葉とは考えられません。また原信子さんのイタリー修業時代、よく母を訪ねて来られ、時には母の室で、母一人に歌って聞かせていた原さんのお姿が、私の印象にありありと残っています。こうして日本の芸術家が来られると、ロンドンでも、ローマでも、その芸術を紹介する意味で、大使館でリセプションを催しておりましたことをおぼえております。

主人の話によると、昭和二十九年暮、いよいよ第五次吉田内閣が総辞職するか否かを決める最後の閣議では、総辞職論と議会解散論との対立で、閣僚の意見が真二つに分れて、深刻な緊張場面を呈したそうです。長時間の激論の後、父は独り隣室に退き、好物の葉巻をとり、それを悠々と吸いながら、暫時の休憩をとるかに見えましたが、やがてソファから起ち上り、主人に向って「では罷めて、大磯でゆっくり本でも読むか」と静かにいいながら、また閣議室へ入って行ったそうです。閣議が終り、総辞職の発表されたのは、それから間もないことだったということでした。(著者の次女、麻生産業社長麻生太賀吉氏夫人)

附録

問題となった本書著者の発言

本書の著者が総理大臣在職中に、著者の「放言」もしくは「暴言」の類として特に問題にされた場合が三つある。実質的には殆ど取るに足らぬ事柄であるけれど、余りにも世に喧伝せられ、時には重大な誤解と非難の種となったのみならず、著者の人柄を側面から物語る資料でもあるに鑑み、ここに録してその大要を残すこととする（編集係）。

「不逞の輩」の年頭の辞

昭和二十二年一月一日、第一次吉田内閣の総理大臣としての著者の年頭の辞が諸新聞に発表されたが、その中において、労働運動を指導する急進過激な分子を指して、不逞の輩と呼ぶ字句があったというので、当時の世評によって厳しく非難された。この点についてはすでに著者自ら述べておるが（第五章）、その前後の真相を明白ならしめるために、昭和二十九年夏刊行された限定出版『吉田内閣』（註）の「序論」（第九頁）の中から次に引用する。

×　　×　　×

吉田と徳田との対決は、第一次内閣当時を頂点として、二十五年六月四日マッカーサー元帥によって共産党中央委員会の全員が追放されるまで続いた。殊に二十一年の第一次内閣成立当時においては幣原前内閣を圧倒した徳田の指導力は危うく吉田の組閣を断念させようとさえした。そして、それに引き続いて、敗戦による経済恐慌と食糧危機に乗じて、激しい「人民攻勢」を組織し、資本蓄積のためのインフレーション政策と企業再建のための人員整理方針に対決してきた。その攻勢は二十二年に入って、かの二・一ゼネストにまで高まったが、その時徳田は「三段階革命論」を唱え、ゼネストに次ぐゼネストをもって支配階級の政権を一挙にくつがえす人民革命の見通しを大衆に呼びかけていたのである。これに対して吉田は、危殆に瀕した保守政権を防衛するために激しい気魄をもって立ち向い、二・一闘争直前の年頭の辞においては、共産党のみならず、共産党に同調するものに向って強い挑戦の言葉を吐いた。

『……わが現下の経済事情は、まことに憂慮すべき事情にあるのであります。然のみならず、昨秋以来労働争議、ストライキ、ゼネストなど頻発し、生産減退、インフレおよび生活不安を激化し、いわゆる経済危機を醸成せしめつつある現状であります。

一般に労働問題の根本も、生活不安、インフレが目下の問題であり、これが解決は生産の増強以外にないのであります。政府は国民食糧確保の根本策として肥料二百万トン、産業の基礎資材料たる石炭三千万トンの生産を実現して、もって産業復興の基礎をまずもって確立し、さらに他の生産増強に及ばんとして着々その歩を進めつつあるのであります。これは空虚なる理論、弁説をもって他を欺かんとするものではありません。すでに連合国においても政府の意の存するところを諒として、先般重要資材の輸入を許可せること議会における政府の発表通りであります。

然るにこの時に当って、労働争議、ストライキ、ゼネストを頻発せしめ、いわゆる労働攻勢、波状攻勢等と称して、市中に日々デモを行い、人心を刺激し、社会不安を激成せしめて敢て顧みざるものあるは、私のまことに意外とし、また心外に堪えぬところであります。産業復興、経済再建は一内閣の問題でないのであります。政党政派を超越した国家問題であります。

この悲しむべき経済状態を利用し、政争の目的のために徒らに経済危機を絶叫し、ただに社会不安を増進せしめ生産を阻害せんとするのみならず、経済再建のための挙国一致を破らんとするが如きものあるにおいては、私はわが国民の愛国心に訴えて、彼らの行動を排撃せざるを得ないのであります。かかる行動は中央ヨーロッパその他の敗戦国において現に頻発する事態でありますが、わが国においても同様の事態を生じ、悲しむべき経済状態をもって政権争奪の具に供せんとするにおいては、連合国もまた今後物資輸入に対し、同情を以て考慮せざるに至るべしと思うのであります。

然れども私はかかる不逞の輩がわが国民中に多数あるものとは信じませぬ。わが経済の現状を認識し政府政策の真相につき十分なる諒解が生ずるにおいては、由来愛国的熱情に富めるわが国民は、この経済事態克服に一致協力、経済再建に邁進せんとする国民運動の発生することを確信して疑わぬものであります……』

昭和二十三年十月、吉田がふたたび内閣を組織した後も、共産党との激しい闘争は続けられた。吉田政府は米国の政治的、経済的支援を背景として、共産党の革命運動の擡頭を抑えつつ、日本の政治的、経済的安定のために努力を集中した。この努力は、米国を中心にして漸く曙光を見せはじめた対日講和締結の動きを、一日も早く結実せしめんとする吉田の悲願に結びついたものであった。（以上『吉田内閣』序論より引用）

〔註〕限定出版『吉田内閣』は、昭和二十九年七月、自由党有志による刊行会（会長海原清平氏、編集委員長竹内雄氏）の手で出版されたもので、第一次内閣から第十九回国会（いわゆる乱闘国会）終了に至るまでの間の吉田内閣の事績及び自由党の消長を記録している。B４判六八六頁に及ぶ大冊である。

「曲学阿世の徒」ということ

本書の著者が、日本の講和論議に関して、いわゆる全面講和論——米英等自由国家群との部分講和を非とするの論——を否定して、特に当時の東大総長南原繁《なんばらしげる》氏を指して、「曲学阿世《きょくがくあせい》の徒」と非難したというので問題になったことがある。事の由来は、昭和二十五年五月三日、自由党の両院議員総会の秘密会において、吉田首相から特に発言を求め、対日講和問題の情況について、米国との話合いの大要を述べた際に、「永世中立とか、全面講和などということは、いうべくして到底行われないことだ。それを南原東大総長などが、政治家の領域に立ち入って彼れ是れいうことは、曲学阿世の徒に外ならないといえよう」と極言した旨が、一部新聞に伝えられたにある。

これに対して、南原総長は、五月六日特に新聞記者を引見して、次のような反駁声明を発して、学問の自由に対する弾圧だとまで断じ、世論も喧しくこれについて論評した。

南原東大総長の声明

吉田総理が自由党議員秘密総会で語ったとして諸新聞に伝えられる言葉は、一国の首相としてあり得べからざることと思うが、もし事実とすれば、社会に対する影響の重大なるを考え、一言所信を述べる。

全面講和を論ずるは、〝曲学阿世の徒〟であるというが、かかる極印は満洲事変以来、美濃部博士をはじめわれわれ学者に対し、軍部とその一派によって押しつけられ来ったものである。それは学問の冒瀆、学者に対する権力的強圧以外のものではない。全面講和は国民の何人もが欲するところであって、それを理論づけ、国民の覚悟を論ずるは、殊に私には政治学者としての責務である。

またそれは現実を知らぬ学者の空論であるというが、国際の現実は政府関係者だけが知っているとなすは官僚的独善といわなければならぬ。私が先般のワシントン教育会議の内外で会った人々や、また私の知れるカナダやイギリスの関係者で、われわれの意見に賛同する人も少からずいる。現に英連邦の対日講和運営委員会で、アジア代表者たちは、単独講和に反対していると伝えられ、また中ソ側からも具体的提案があるかも知れず、米国においては日本の講和問題と国際保障について、さらに最善の努力が払わるべく、それをめぐって今後幾変転あることであろう。

これらの複雑変移する国際情勢の中において、現実を理想に接近融合せしめるために、英知と努力を傾けることにこそ、政治と政治家の任務があるのである。それを初めから曲学阿世の徒の空論として、全面講和や永世中立論を封じ去ろうとするところに、日本の民主政治の危機の問題があるといえよう。

これに対しては、佐藤自由党幹事長から次のような声明を出すなど、一時は頻りに新聞その他の話題とされたが、問題の言葉が秘密会の発言であった関係もあり、実質的には何ら取るに足らぬ問題でもあったため自然消滅となってしまった。

佐藤自由党幹事長の反駁

南原総長が講和問題について、自由な判断をするのはよいだろうが、現実の政治問題として政治家がこれに論評を加えることは当然のことだ。党は政治的観点から、現実の問題として講和問題をとり上げているのであって、これは南原氏などにとやかくいわれるところではない。もとより学問の自由は尊重する、この問題はすでに政治の問題になっているので、象牙の塔にある南原氏が、政治的表現をするのは日本にとってむしろ有害である。

吉田首相が秘密議員総会で述べた所信を以て、直ちに学問への権力的強圧を加えるものだとか、学問の冒瀆であるとかいうのは、それこそ学者の独善的判断といわざるを得ない。政治問題に対して学問の立場から斯の如き反論を出すことそれ自体、非民主的といわれても已むを得まい。これは全く地位の護られている学究の徒として、その自由な立場を乱用するものであり、国民諸君も南原氏の所論には耳をかすまいと信ずる。

「汚職は流言飛語」

昭和二十九年八月十日、自由党の全国支部長会議が開かれ、席上吉田総裁は、当時党内外に亘って進められていた新党運動と、その数ヵ月前に起ったいわゆる指揮権発動事件とについて、一場の説示を行ったが、その要旨が新聞に伝えられた際、一、二の新聞が「汚職は流言飛語」と吉田総裁が断言した如く報道したため各方面に亘って重大なる誤解を生じ、多くの問題を起した。

説示の内容真意は、必ずしも伝えられたようなものではなかったが（註）、前後の表現の不完全さから、世間一般にもまた同じように理解したものが多かったようである。中でも日本新聞協会では、特に新聞報道の立場からこれを採り上げ、十四日編集委員会を開き、その決定に基いて、十六日代表者が自由党本部に池田幹事長を訪問し、小田島《おだじま》〔定吉《さだきち》〕協会会長から吉田首相に対する質問書を手交し、これに対しては、自由党から吉田総裁の名で回答するなどの遣り取りがあった。

吉田総裁の説示（NHKの録音による）

酷暑の折から全国から支部長諸君がお集りになったこの機会に私は歓迎の辞とともに、この際問題になっている一、二のことについて大体のお話をして御参考に供したいと思います。

昨今は御承知の通り、独立後三年、正に内外諸問題が輻輳《ふくそう》しているときであります。また地方においても地方支部でもいろいろ国民諸君に対する説明もしくは警察法等について御苦労なことがあると思います。この際中央における問題として考えられることは新党問題であるのであります。刻下としては何と致しても政界の安定が第一でありますその政界の安定を目指して保守合同、新党という問題が出てきたのでありますが、だんだん経過を見てくると志を同じゅうする同志の結合ではなく、むしろ政権争奪の争であるかの如き様相を呈しつつあるのであります。また現在呈している。これは所期の目的に反し、われわれとしては意に添わないのであります。政界の安定がその目的であるに拘らず、いかにも政界の、政権の争奪が目的である新党であるかの如く国民が誤解し、そう感じ得る事実を生じつつある。かかる政党に対しては、われわれの初めの予期に反するところの、希望に反するものである。徒に新党問題で、却って政界の安定は害され、斯の如き政党については、われわれは反対せざるを得ないのであります。目的は政界の安定にあるのであり、政界安定を如何にして遂げようかということは、今後なお引続き大きな問題であります。もし新党問題がこの点に注意し、すべての注目が集るなら、われわれの賛同の意を表する。そういう風にまた仕向けてゆかねばならぬと考えるのであります。

その次に問題となったことは、汚職事件で指揮権発動の問題でありますが、政府としては信念をもって指揮権を発動したのでありまして、汚職問題、汚職問題と申しますが、その内容は何でありますか。何故幹事長を逮捕しなければならないかということを突き詰めてみると、政党の会計簿というか、記帳が不十分であるということに帰するのであって、一体政党の帳簿の内容が、会計帳簿なるものが不正確であるのは当然であり、何となれば、善意によってする寄附であり売名ではない。党の資金を喜んで寄附するのであり、自分の名前は出してもらいたくないのは当然であります。然るにその寄附者の名前金額が届け洩れであるから逮捕しなければならないということは、われわれのなんとも不可解に存ずるのであります。逮捕ということは基本人権において最も慎重を期さねばならない。そのため英国においては革命まで生じたのであります。自由を擁護するためには革命まで生じた。基本人権の尊重はここにあるのであります。逮捕しなければ証拠が集らないということとなれば、われわれは当局の能力を疑わざるを得ないのであります。また新憲法においても人権の擁護を第一としているにもかかわらず、軽々しく逮捕する、あるいは容疑者としてすでに逮捕された、手続きをみだしたということだけで逮捕しなければ証拠収集が難しいということは私がかつて聞かざる議論である。また政党資金として運動資金をもらったということは、名前を出してもらいたくないというのは人情である。その人の名前が不明確であるから逮捕するなら、これはまたはなはだおかしな話といわなければならない。

　もしかかる如きことになれば、幹事長になり手がなくなり、党に資金を寄附するものもなくなり、これは政党政治の破壊である。政党政治の破壊を目標とするわけではあるまいが、国家を、民主主義を、政党政治の破壊を来すもので、政党としてはこれと断乎闘うのは当然で、政府の指揮権発動の所以であります。この点についていろいろ誤解もありますが、新聞その他で面白半分に流説しているものがあるのであるが、政府としてはかかるこれら流言飛語を考慮せず、法律の命ずるところによって指揮権を発動したのであります。これは諸君で県民諸君に十分お話を願いたいと思います。いちじるしく内外情勢は重大となっているのであります。内にはインフレ、物価が高騰する、したがって国民生活にひびき、外には共産主義活動が冷い戦争となって、今後一層その活動をみるであろうと思うのである。かくの如く内外の緊張が現われていることは諸君の御承知のことと思う。かかる情勢において、誰が日本の独立を完成し日本の進路を開くか、もし、政権のみ目的とする政党に委ねるなら、国の利害はその政党だけの利害、その政党の立場だけにいたずらに利用され、民意に迎合するだけである。民主政治をひろめるため、われわれ自由党諸君は、決意を新たにして真に国家の再建のため、また新たに日本の進路を拓く挙党一致、国家の利益のため、政党の擁護、国家の擁護のため協力一致せられんことを希望する。

新聞協会の質問書（小田島協会会長より吉田首相宛、八月十四日附）

総理は八月十日の自由党全国支部長会議の挨拶で、政府の指揮権発動に関連して『この点についていろいろ誤解もありますが、新聞その他で面白半分に流説しているものがあるのであるが、政府としては、かかるこれらの流言飛語を考慮せず、法律の命ずるところによって指揮権を発動したのであります』と、新聞報道に全く根拠がないとの断定を下されました。総理がこのように新聞報道に不当な非難を加え、新聞全体の名誉と信用を傷ける言動に出ていること一切に止まらぬことは周知の事実であります。

申すまでもなく新聞は広く大衆に情報と意見を伝えることにより、各人の判断の材料を提供する民主政治の土台となる重要な機関であります。これなくしては総理のいわれる政党政治の成立も、民主主義の発展もありません。

勿論《もちろん》われわれ新聞人は現在の新聞の足らざる点を深く反省し、自由にして責任ある新聞の確立に努力しなければならぬこと言うまでもありませんが、一国の総理が、新聞の社会的機能を理解せず、自ら民主政治の基礎を危うくするが如きかかる無責任の言動を繰り返えしていることは、遺憾に堪えないところであります。

よってわれわれは自由党全国支部長会議の挨拶で、新聞の報道を流言飛語と断言された総理の言明の根拠を明かにし、速に責任ある所見を寄せられんことを、当協会加盟百十五社を代表して要請いたします。

吉田首相の回答書（吉田首相より小田島日本新聞協会会長宛、八月十九日附）

支部長会議における私の挨拶の真意は新聞が流言飛語を流布したとか、疑獄が流説の結果であるとかいう意味ではないのであります。

当時指揮権発動に関する政府の意図や措置等について種々の流説が世間に行われ、それが一部の新聞にも報ぜられたのでありますが、政府はこれを顧慮せずに信念を以て指揮権を発動した旨を述べようとしたもので、新聞を非難する考はなかったのであります。

ところが原稿なしに話を致しましたので用語が適切を欠いて意味がはっきりせず、ために誤解を招き不測の影響を及ぼしたことは遺憾であります。

御説の通り新聞は民主政治の土台となる重要なる機関でありますから、私は今後とも自由にして責任ある新聞の発展のため十分協力致したいと思います。

〔註〕 月刊雑誌『新聞研究』昭和二十九年十月号には、当時『時事新報』の主幹内海丁三氏の「報道の正確のために」と題する一文が見えるが、その中で本書著者の右

の〝暴言〟について、次のような記述がある。

「八月十日自由党支部長会議での吉田総裁の挨拶全体が、政治家の発言として甚だ妥当を欠くものであることは明かである。また政治家の責任に関する不感性、新聞に対する挑戦的態度などが言葉の裏に現われていることも、否定の余地がないほど明かである。その限りでは、吉田発言を〝暴言〟として報道した新聞は別に誤ってはいない。しかし〝吉田暴言〟の内容として伝えられている『疑獄は流言飛語』という表現については大いに異論を唱えたい。一言にすれば、それは吉田発言の内容にあることではなく、それを伝えた新聞の見出しから発したことだということである。

吉田挨拶を伝えた十一日の夕刊で、『朝日』は『疑獄は流言飛語』の見出しをつけ、『読売』も同じように『汚職は流言飛語』とつけた。ところが内容は少しもそうなっていない。指揮権発動についてはいろいろなことが伝わっているが、「これら流言飛語に迷わずに」政府として処置したという意味になっている。同じ日の『毎日』の夕刊が全く別の見出しをつけ、第三者の言葉も、野党代表の純政治的批判をのせているに過ぎないことは、この際に意味深いことだと思うのである。

ところがこの『朝』『読』両紙の見出しの効果は大きい。その後引続きプレス・キャンペーン的に〝暴言〟批判が展開された事実も手伝っているだろうが、吉田発言の内容は専らこの見出しによって決定的に誤解されている。一般読者が見出しを読んで内容に多く注意しない事実を如実に例証するものでもあろう」

吉田茂回顧録刊行会役員

上巻、著者の序文中に記されている通り、昭和三十一年暮、「吉田茂回顧録刊行会」が形成されたが、その役員は左の諸氏であった（ABC順、＊印常任）。

〔委員〕愛知揆一、保利茂、福永健司、池田勇人、＊加来美知雄、増田甲子七、周東英雄、＊岡崎勝男、佐藤栄作、＊田中不破三

〔顧問〕林譲二、板倉卓造、益谷秀次

解　説——吉田茂の政治的な遺産

井上寿一

吉田茂『回想十年』全三巻は本巻をもって完結する。

第二十三章から第三十三章までの本巻は三つに大別できる。第二十三章から第二十七章までを第一部とすれば、第一部の主題は戦後日本の経済再建である。続く第二十八章から第三十一章までの第二部は、主に戦前の回想に充てている。第三部の第三十二章と第三十三章はいわば資料編であり、書簡と論文、施政方針演説を収録する。

以下では最初に三部の構成順に解説する。つぎにこの巻のまとめをとおして、吉田茂とはどのような人物だったのかを記す。

第一部は第三次内閣時の回想から始まる。第三次内閣は長く続くことが予想された。一九四九（昭和二十四）年一月の衆議院総選挙で吉田の民主自由党が絶対多数を獲得したからである。それでも吉田は第二党の民主党に接近する。第三次内閣は保守連立政権となる。

吉田の回想はこの間の経緯について触れるところがない。おそらくは講和と経済復興の困難さを予期して、政権基盤を強固なものにしたかったからだろう。実際のところどちらの問題も容易ではなかった。

この第二十三章では経済復興との関連が示唆される。先の総選挙の直後、二月一日にGHQの経済顧問ジョセフ・ドッジが来日する。吉田はドッジの用向きがわかっていた。それは「インフレーション収束のためには絶対に均衡予算を組むべきであること、国民には耐乏の覚悟がなくてはならぬこと」だった。

ところが吉田の民自党は総選挙で減税と公共事業の拡大を掲げて圧勝した。このままでは公約違反の責任を問われかねなかった。吉田はGHQと減税の交渉をするように指示した。一週間を費やしても局面は打開されなかった。「ドッジという人も頑固な人だけに、思い立って云い出したら、そう簡単に折れる見透しもないことが判った」吉田は、超緊縮財政案を吞むことにした。吉田の腹心、池田勇人大蔵大臣も同じ意見だった。池田の秘書官だった宮澤喜一は、吉田が「これにになら乗った方が得策だ、もし間違えば向うがなんとかするだろう」と考えたのではないかと推測している。

国会では与党の一部からも公約不履行を非難された。それでも吉田は、所得税減税の中止、公共事業費の減額、鉄道運賃の六割値上げなどを強行する。吉田は安堵した。「多数党としての安定政権の強みを、まずこの国会で、はっきり知ったわけである」。

このような経済状況は翌年の朝鮮戦争勃発によって、大きく変わる。朝鮮戦争に伴う朝鮮特需は戦争景気をもたらす。超緊縮財政の前提は崩れて復興が加速したはずである。朝鮮特需の重要性にもかかわらず、第二十四章の回想は短くて多くを伝えていない。「この頃からその年（一九五二年）八月末の国会解散までは、政局の方がごたごたしているので、あまり財政や金融の方には記憶がない」からなのだろう。たしかに講和論争をめぐる国内政治の方がより大きな問題だったにちがいない。しかしつぎの二点は補足しておきたい。

第一に吉田は一九五一年の初めの段階で朝鮮休戦とそれに伴う反動不況を予期していた（ジョン・ダワー『吉田茂とその時代（下）』中公文庫、二〇一四年）。そうだからこそ、吉田の回想は、朝鮮特需によるインフレによって経済の混乱状態に逆戻りすることを心配したことになっている。

第二に日本の独立回復によって、アメリカの対日援助打ち切りが問題になっていた。吉田は援助打ち切りと対等な日米経済協力を肯定する。「大国の恩恵にあずかりながら暮してゆくのでは、国家としての誇りが許さない、独立国家として、対等の立場で、経済的に手を握ってゆくことなら結構だ」。

しかし実際には吉田の対米協調路線は動揺していく。冷戦下、被占領国の首相吉田を庇護したアメリカが去ろうとしつつあったからである。

第二十五章は独立回復後の予算問題を扱う。この章の冒頭で吉田は言う。「昭和二十七年四月、待望の講和独立を完了し、爾後日本政府の独自の判断と責任とにおいて内外の問題を処理することとなったが、さてそうなると一層大切なことは、政局の安定というか、強い政治力というか、とにかくそういったことの必要を私はかねがね考えていた」。この一節は率直な回想といえるだろう。求めてやまなかった独立の回復は、他方で吉田の後ろ盾としてのアメリカ占領軍の喪失を意味したからである。

吉田は一九五三（昭和二十八）年度予算を均衡財政から積極財政へ転換しようとする。予算案は衆議院を通過したものの、三月の国会解散で不成立に終わる。予算は総選挙が終わるまで暫定予算となった。

五月に第五次内閣が成立する。この内閣は吉田の自由党の単独少数内閣だった。三カ月遅れで予算案を提出すると、国会ではインフレ予算に対する非難が巻き起こった。吉田はさらに四カ月を暫定予算でつながざるを得なかった。

吉田は単独少数内閣を補うために連立を模索する。強く働きかけたのは、重光葵を総裁とする改進党だった。戦前、対米協調路線を重視した外交官としての共通のキャリアが吉田をして重光に接近させた。

しかし重光に足元を見られた吉田は、思うようにはいかなかった。戦後日本の外交安全保障政策の基本方針をめぐって、吉田と重光の溝は深かった。

加えて吉田が回想のなかでふれることを避けた事情があった。造船疑獄事件（造船業界から政界・官界への大規模な贈賄事件）が吉田内閣を襲った。吉田の腹心の部下、自由党幹事の佐藤栄作の逮捕を免れるために、法相による指揮権発動を画策したことが仇となった。吉田の政治権力の求心力が弱まった。吉田の時代が終わりに近づいていた。

第二十六章は吉田内閣期の全般にわたる行政整理問題を主題としている。この章は予算問題などの財政経済政策を扱う前章までの補遺として位置づけることができる。

吉田をして「出来れば避けたい嫌な仕事」と言わしめた行政整理の頂点は、第三次内閣の時に訪れる。ドッジ構想に基づく超緊縮予算は過酷な行政整理を要求した。吉田は回想する。「たとえ国家大局のためとはいえ、政府の施策として大量の解雇者を出すということは、情においては誠に忍び難きものがあった」。

実際のところ、超緊縮財政にともなう官公庁の人員合理化は、混乱状況のなかで進む。一九四九（昭和二十四）年七月、国鉄職員の三万人規模の人員整理通告の直後、下山定則国鉄総裁が轢断《れきだん》死体となって発見される（下山事件）。それから十日も経たないうちに、今度は中央線の三鷹駅で無人列車の暴走事件（三鷹事件）、さらに一カ月後、東北線で列車転覆事件（松川事件）が起きる。社会不安が広まる。

それでも吉田はつぎのように回想する。「国有鉄道の大量整理も、懸念されたような破局的場面に立ち至ることなく、案外順調に進められた」。このように回想することができたのは、ドッジの効果によって、日本経済が常態に復帰していったことを知っているからだろう。ドッジの効果が現われるまでの吉田の辛抱は報いられたことになる。

第二十七章は、第二十三章からのまとめとして、経済再建を中心とする戦後日本の復興過程全般に言及する。

吉田はここで戦後日本の復興が日米合作だったことを隠そうとしない。「見事な復興再建をもたらした第一の力は、何よりも日本国民の勤勉と努力とであったであろう。そのことは、戦後東洋諸国民の立直りに協力と援助とを続けてきた米国の指導者たちが、アジアにおける最も優れた民族として、改めて日本国民を見直すに至った経過に照らしても明白である」。

戦後日本の復興過程を回想する吉田は自信に満ちている。経済復興の先行きを悲観する社会主義勢力の考え方を「被害妄想癖」と片づける。さらに吉田は「社会主義者の理想とするところに近づきつつありとする考え方が、漸く有力となりつつある」と述べる。資本主義に基づく経済発展が格差の是正につながることを見通していたかのような表現である。

吉田の反論は続く。戦後日本はアジアで国際的な孤児となったのか。そんなことはなかった。一九五〇年代前半の国際政治情勢のなかで、「中ソ両国との間に外交的危機が生ずるどころか、反対に日本は両国からのいわゆる微笑外交の誘引に応接し兼ねる有様」だったからである。

破壊活動防止法や警察法などの警察制度再改正の場合も吉田は同様の姿勢を示す。吉田は言う。「論者の憂慮した如き事態は、少しも発生していない」。ここでも吉田は「被害妄想癖」を正す。「警察国家とか、政治警察とかの再現を恐れる説が、全く被害妄想的空論であったことを知るのである」。

吉田は繰り返す。日本は隷属していない。吉田は強弁する。「殊に米軍駐留の事実が、日本政府に何らかの政治的圧力となった経験は全くない」。吉田は自覚を促す。日本国民よ、自信を持て。吉田は戦後日本の復興を力強く正当化した。

第二部と呼ぶべき第二十八章から第三十一章の最初の章は、上巻の第一章と対応関係にある。第一章の表題が「日本外交の歩んできた道」であるのに対して、第二十八章は「わが国の進むべき道」である。

この章も第一章と同様に、『回想十年』が二十世紀初頭のイギリス外相エドワード・グレイ『回想二十五年』へのリスペクトであることを繰り返している。吉田は近代日本外交の基調が日英同盟による対英協調だったことを強調する。その延長線上で、戦後は対米協調が日本外交の基本路線となった。

吉田は戦後日本にとって、政治的にも経済的にも対米協調が必然だったことを説いてやまない。対米協調路線は、吉田に言わせれば、「敗戦、占領、講和、独立の歴史的過程において、自然且つ必然に、いわゆる巧まずして発展生成した事実関係」だった。

対米協調路線の前提となっていたのは、戦後日本の安全保障政策である。憲法第九条を持つ日本の安全保障をアメリカに委ねることは、吉田にとってこれもまた「自然且つ必然」だった。吉田はためらわず何度も言う。「戦力なき日本が、米軍の戦力によって護られているこの状態が、日本国民に対して寄与しているところは、決して尠少《せんしょう》でないことを私は重ねて強調したい」。

吉田の時代感覚は日米安保体制を必然のものとする。戦後の冷戦状況のなかで、時代は集団安保の時代を迎えた。どの国も単独で自国の安全を確保することができなくなった。欧州における北大西洋条約機構のように、アジアでは日米安保条約がある。

吉田は日米安保条約の不平等性を意に介さない。吉田は退ける。「今に及んでも、対等であるとかないとか、議論を上下している。斯かる人々は、現今の国際情勢を知らず、国防の近代的意義を解せぬもの、いわゆる井底の蛙、天下の大なるを知らぬ輩と評する外はない」。こうして吉田は対米協調路線こそ「わが国の進むべき道」であることを確認したのである。

第二部の第二十八章が理路整然とした対米協調路線の擁護であり、あるいはすぐあとで言及する第三十章と第三十一章が客観的な戦前の回想であるのと比較すると、第二十九章は叙述のリズムを乱す破調となっている。

破調の直接の原因は「臣茂」問題である。一九五二（昭和二十七）年十一月十日にお こなわれた皇太子の立太子礼に際して、吉田は寿詞を奉読した。その冒頭は「茂謹みて言す」となっている。吉田はわざわざ「臣」の文字を加筆して、「臣茂」と称した。吉田の寿詞は難解な文語調もあって、民主主義に逆行する保守反動との非難を受けた。

吉田は激怒した。「憤懣やる方なく、かかる論者を面罵して、その反省を促さんかとも考えた」。吉田にとって天皇制と民主主義は対立しない。対立しないどころか、吉田は「先進君主国は民主主義国」と断言する。

吉田の模範国はイギリスである。吉田に言わせれば、「王室に対する忠誠の観念」は、保守党であろうと労働党であろうと、同じだった。

吉田はイギリスや英連邦諸国、スウェーデン、ノルウェー、デンマーク、オランダ、ベルギーなどの国を挙げて、「今日の世界において最もデモクラシーの発達している国家、しかしてまた最も新しい意味での福祉国家には、君主国が非常に多い」と指摘する。吉田にとって、日本もこれらの国に列する「民主主義国」で「福祉国家」の「先進君主国」だった。

吉田は復古主義者ではなく、天皇制に対する絶対的な帰依者でもなかった。外交官出身の吉田は、国家体制の国際的な比較の視点を持っていた。天皇制にひれ伏すというよりも、吉田は「先進君主国」日本を主導する心構えだったのだろう。

そうだとすれば、吉田はのちにつぎのように批判されることを見越して、あらかじめ反論したことになる。のちの批判とは、講和をめぐって吉田外交は天皇外交との二重外交で、天皇の意向を重視した結果、吉田は拙劣な外交を展開することになったとの説を指す。吉田は反論をもってこの章を終える。「臣と称するを特に非難する精神こそ不可というべきである」。「先進君主国」日本を主導する。吉田の信念に揺らぎはなかった。

同時代の現実政治と密接に結びつくことで抜き差しならない緊張感を持つ前章と比較すると、第三十章は過ぎ去った戦前の外交官時代の穏やかな回想となっている。たとえば幣原喜重郎や斎藤博、白鳥敏夫の英語力に関するエピソードは微笑ましい。あるいは自らの失敗談も今は昔のことである。吉田はこの章を楽しんでいる。

それでも注目に値する記述がある。一つ例を挙げる。吉田は一九三二（昭和七）年に帰朝すると、内田康哉外相からの駐米大使のオファーを断っている。なぜ魅力的なポストを断ったのか。吉田は言う。「私はかねがね国際連盟を脱退した内田外交に慊《あきた》らぬ思いをしていたので、ワシントン行きを即座にお断わりした」。

ここには一九三一年の満州事変前後の日本外交における二つの路線の問題が横たわっている。この時期の国際協調外交といっても、二国間協調と多国間協調のちがいがあった。吉田は政友会の田中義一内閣の外務次官として、田中の対英協調路線を支えた。しかし田中外交は中国情勢をめぐって、破綻をきたす。吉田は国際連盟外交の多国間協調に転換する。対する内田外交は二国間協調主義だった。吉田は内田外交と対立した。

もう一つの吉田の強調点を確認する。吉田は「素人外交家」を退けて、「玄人外交家」を擁護している。吉田は外交官出身のプライドを前面に押し出す。外交の任に当たる者は「国際的な訓練を長年修得したものでなければならない」。吉田からすれば、「玄人外交」は「素人外交」に優る。「餅は餅屋」だった。

第三十一章は吉田の人物評となっている。岳父の牧野伸顕や元老西園寺公望、陸軍の寺内正毅、海軍の山本権兵衛、原敬、外務省関係では加藤高明、本野一郎、珍田捨巳と多士済々である。

単なる人物評とは異なる記述がある。吉田は田中（義一）外交と幣原外交を比較する。吉田は田中外交（＝自主外交）対幣原外交（＝協調外交）の対立図式を退ける。「幣原外交といっても、満蒙の権益を軽視して放棄論を唱えたわけでは決してなく、また田中外交が自主的だといっても、それまでわが国と欧米各国の間に結ばれていた条約や協定などを全然無視してまで、自己の主張を押し通すなどという、後年の軍部外交とは全く無縁のものであった」。このように評価する吉田だからこそ、内田外交は田中外交とも幣原外交とも異なる「軍部外交」に近く、受け入れがたかったにちがいない。

この章では例外的に戦後の人物評が記されている。それはマッカーサーについてである。吉田はマッカーサーを称える。「元帥の功績の第一は、われわれ日本人からみれば、天皇制を今日の姿において保存維持する上に元帥の立場として許される最大の好意と支持とを与えてくれたことである」。吉田にとって戦後日本が「先進君主国」として再出発することができたのは、マッカーサーのおかげだった。天皇制と民主主義はマッカーサーの理解を得て、両立できるようになったことになる。

資料編となる第三部の第三十二章は一九五七（昭和三十二）年十二月の「憲法調査会に対する公述書」などを収める。この資料はマッカーサーと吉田の関係や憲法の戦争放棄について、回想録の記述を確認できる内容となっている。

また一九五六年七月に日ソ交渉の全権としてモスクワに出発した重光葵全権に「与うるの書」と「平和条約締結五周年を迎えて」は、吉田外交では果たせなかったのが日ソ国交回復だったことを示している。

第三十三章は衆議院における施政方針演説を網羅的に収録している。

この章に続く「附録」も一読に値する。吉田の放言集となっているからである。講和問題をめぐって吉田は南原繁東京大学総長を「曲学阿世の徒」と非難した。自由党幹事長の佐藤栄作は吉田を擁護する。「象牙の塔にある南原氏が、政治的表現をするのは日本にとってむしろ有害である。……国民諸君も南原氏の所論には耳をかすまいと信ずる」。吉田は草の根の保守主義に支えられていたのかもしれない。

以上の本巻の内容を踏まえると、吉田茂とはつぎのような人物だったことがわかる。

第一に吉田は戦後日本外交の対米協調路線を確立した。平和憲法と日米安保条約は矛盾する。それでも経済復興を優先させた吉田は、この矛盾を矛盾として引き受けた。戦後の日本国民が長く支持し続けたのは、このような吉田路線だった。

第二に吉田は戦後日本の明確な国家像を示した。それは象徴天皇制と戦後民主主義を両立させる「先進君主国」としての日本像だった。日本の国家像が「先進君主国」であることは、吉田にとって戦前も戦後も変わりがなかった。

第三に吉田は国家目標の実現のためならば、強力な政権基盤を求めて、多様な政党政治の枠組みを模索した。別の言い方をすると、吉田の権力への意思は国家目標の実現のためだった。

これら三つの吉田の政治的な遺産に基づいて形成された戦後日本の「レジーム」から脱却するのは、容易なことではないだろう。吉田の政治的な遺産は、吉田路線がもたらした戦後日本の平和と経済発展を想起しつつ、発展的に継承すべきである。（学習院大学学長）

本書は『回想十年』（全四巻、新潮社、一九五七～五八年刊）を底本として上中下三巻に再編集したものです。本書には、今日の人権意識から見て不適切と思われる表現が使用されておりますが、当時の時代背景、史料的価値、および著者が故人であることを考慮し、発表時のままとしました。

中公文庫

回想十年《かいそうじゅうねん》（下《げ》）

1998年11月18日　初版発行
2015年1月25日　改版発行

著　者　吉《よし》田《だ》 茂《しげる》

発行者　大橋 善光

発行所　中央公論新社
〒104-8320　東京都中央区京橋2-8-7
電話　販売 03-3563-1431　編集 03-3563-2039
URL http://www.chuko.co.jp/

DTP　柳田麻里
印　刷　三晃印刷
製　本　小泉製本

Published by CHUOKORON-SHINSHA, INC.
Printed in Japan　ISBN978-4-12-206070-8 C1121